M&A思考が日本を強くする

JAPAN AS NO.1をもう一度

株式会社日本M&Aセンター
渡部 恒郎
TSUNEO WATANABE

東洋経済新報社

◉はじめに

これからの日本を変える「最高の協調戦略」

M&Aの力で日本はもう一度世界のトップに立つことができる。と、本気で思っている。M&Aは、最高の協調戦略だ。1人や1社では実現できないことを、協調することによって実現していくことがM&A思考だ。1社ではなし得なかった技術を、経営を、そして伝統を残し、次世代につないでいくことができる。後継者がいなくて廃業せざるを得ない企業を救うことができる。

素晴らしい技術を、伝統を、製品を広めるためには、経営の力が必要だ。経営は、「人」「モノ」「金」といわれてきたが、これからはそれに加えて「データ」と「ネットワーク」が必要になってくると考えている。「データ」は蓄積することと、分析する頭脳が大事だ。データを積み上げられない企業に勝ち目はない。一方で、何でもネットで比較されるデータ社会において「ネットワーク」の価値も高まってくる。その土地や業界での地盤や歴史など長期的な信頼関係や「ファン」の構築が、一時的な安値攻勢に負けない会社をつくるのだ。それは企業だけでなく病院や教育施設、スポーツチームにも必要なことだ。M&Aによって閉鎖的なファミリー経営から、開かれたパブリックカンパニーになり、息を吹き返す企業を何社も見てきた。最も大事なことは、「経営」ができる人がリーダーであることだ。以前は、たくさんの企業が誕生し、世界に打って出ていった。

しかし、いまは毎年企業の数は減る一方である。右肩上がりで希望に満ちあふれた日本はどこに行ってしまったのだろう。過去30年で米S&P500種指数は約800%上昇したのに対して、日本は1989年12月29日に日経平均株価3万8915円の最高値をつけた後、下落に転じて40%も下がったままだ。1990年に日本の上場企業の世界の時価総額に占める割合は31・2%だったのが、2018年には7・7%になり、世界の名目GDPに占める日本のシェアは13・7%から5・7%になってしまった。

さらに、アップル、マイクロソフト、グーグルの親会社のアルファベット、アマゾン、フェイスブックの5社の時価総額の合計は、日本の株式市場の時価総額の合計の85%を超えており、いつ抜かれてもおかしくない状態だ。この5社の純利益はアメリカに本社のある上場企業の約12%となっており、アメリカの成長の大部分はこの5社が成し遂げている。

エズラ・F・ヴォーゲルは、1979年に『ジャパン・アズ・ナンバーワン』を発刊した。いまから40年も前の話である。当時は、日本経済の絶頂期だった。能力の高い官僚が国家戦略を練り、メガバンクが優秀な人と資金をコントロールし、商社が商流（バリューチェーン）をつくっていた。「交番」の仕組みが安全な世の中をつくり、「医療制度」や「保険制度」「年金制度」が機能していた。

学校教育では、とくに初等教育で均質的な教育をすることで国家全体のレベルを底上げしていた。人口が増加し、未来は明るかった。しかし、いま日本の高齢化は進む一方で、日本の人口の中央値は48歳だ。アメリカや中国は38歳である。2050年には、日本が54歳、アメリカが42歳、中国が47歳になる。日本の国内の人口は減少フェーズに入っており、縮小均衡モードである。1949年に270万人の赤ちゃんが誕生したが、2019年は86万人だ。つまり、出生数は3分の1になった。そこに日本中につくった道路や電力などインフラの維持コストがのしかかってくる。このまま日本は青息吐息、なすすべなく沈んでいくのだろうか。

いまの日本には、企業にも家計にも貯まっている多額の「現金」がある。日本人の個人の金融資産は1800兆円以上ある。亡くなるときには、平均で3000万円の現金が残っているのだ。いちばん近い成長経済圏であるASEANが世界の中心になっていくなかで、その資金を国内に置いておくのではなく、ASEANに振り向けていくこともできる。

サミュエル・P・ハンチントンはその著書『文明の衝突』で、「西側」「東側」という分類から、文化は人間が社会のなかで自らのアイデンティティを定義する決定的な基盤であり、文化の多極化が進み、7つか8つの文化によって構成されるとした。そのなかでも、日本は他のどの文明にも属していない中間文明である。どの文化からも理解を得られやすいこのポジショニングを活かし、日本は世界のなかでリーダーシップをとることもできる。2001年に策定されたミレニアム開発目標（MDGs）の後継である持続可能な開発目標（SDGs）は、2015年9月の国連サミットで採択された、2016年から2030年までの国際目標だが、まさに日本はこういった社会を実現するためにも、世界のリーダーとしての役目を果たす力があるのではないだろうか。

日本はもう一度、世界の頂点に立つことができる

日本は、経済的な意味だけでなく、持続可能な社会、平和で充実した人生を送る社会をつくっていくことができる。

たとえば、教育は日本が強みを取り戻せる分野だ。充実した義務教育という土台がある。しかしながら、「大量生産・大量消費社会」に適した「飛び出さない」教育を引きずってい

るのではないだろうか。グローバル化、ＩＴ化していく世の中で、教育では底上げでなく、トップレベルをさらに引き上げる必要が出てきた。残念ながら、いまの小学校や中学校、高校の教師はプロフェッショナルと呼べない人も多い。不祥事の数も増え、毎月都内の公立学校で、4、5件もの不祥事が発生しているのが現実だ。教えるということに関しても、勉強は「塾」、体育や音楽もスクールには敵わない。「教える」ということのレベルが高くないことを認識して、学校では集団でしかできないこと（ディスカッション、演劇やプレゼンテーションなど）に特化するべきだと考えている。学習は教育センスの高い塾の要素を取り入れ、スポーツや音楽などは引退した選手やプロのシニアを活用するべきだ。

スポーツもトップに立てる分野だ。日本は国土が狭いという利点がある。スポーツは密集して同じ競技をやっている人口が一定数いればライバルの存在で競技のレベルが上がっていく。料理もナンバーワンになれる。東京はパリの倍の星つきレストランの数があり、京都や大阪はパリと同等だ。すでに日本はトップなのだと自覚して、自信をもって海外に出ていくことが大事だ。海外で料理修業をすることが評価されるのではなく、日本のスタイルを広めていくことが求められている。実際に、２０２０年のフランス版『ミシュランガイド』でも日本人初となる三つ星のミシュランシェフが誕生している。上場している外食企業は、海外展開を本格化させており、２０１９年は上位10社の海外出店数は１０００店を上回り、国内出店を7割も上回っている。日本の外食企業は、海外で通用し始めている。ゲーム大国である日本は、eスポーツもトップに立てる可能性が十分あるはずだ。2018年はeスポーツ元年と呼ばれるが、2017年に3・7億円だった市場が、2018年には48・3億円と13倍に伸びている（Gzブレイン調べ）。

日本は、模倣が多く、年功序列で、横並び主義であり、国内目線だという面が強く、このままではグローバル化もIT化も遅れてしまう。同じような志の企業が、同じ志のもとに集まり、個性を活かして、若者が活躍する社会をつくっていかなければならない。そして、中堅・中小企業が競争するのではなく、協調していくことによって、新しい魅力的な社会をつくっていけるのではないか。そして、もっと多くのスタートアップが誕生し、新しいコンセプトや新しい技術を広めていかなければならない。

私はこれまでM&Aコンサルタントとして、さまざまな企業経営者に寄り添い、企業経営の現場を見てきた。だから、いま、問いたい。現在の日本企業は、「過去の延長線上」のモノや組織であふれていないだろうか。その一方で、創業者が掲げた「理念」や「社会的意義」「職業倫理」を忘れてしまっていないだろうか。

国家を代表するような企業がまた誕生する社会に。

さあ、JAPAN AS NO.1をもう一度。

M&A思考が日本を強くする　目次

再びナンバーワンになるために

第2章 スタートアップ大国日本の復活

第3章 業界スペシャリストによるM&A動向

第 1 章

再びナンバーワンになるために

かつての日本の強さを支えていた前提条件

アメリカの社会学者エズラ・F・ヴォーゲルが『ジャパン・アズ・ナンバーワン』を書き、この本は日本でも翻訳版が発売されるや評判となり、70万部を売り上げた。大ベストセラーになったのはいまから約40年前の1979年だ。

当時の日本は、1980年代のバブル経済に向かって突き進んでいる時期であり、日本経済の黄金期といってもいい。アメリカに追いつけ追い越せと経済を拡大させ、GDPはアメリカに次ぐ世界第2位にまで上り詰めていた。

たしかに、当時の日本経済の勢いは世界最強だった。自動車、家電、半導体など、メイド・イン・ジャパンの製品が世界中を席巻した。1980年代のバブル絶頂期には、山手線内の土地でアメリカ全土が買えるといわれるほど地価が上昇し、日経平均株価は過去最高値の3万8915円をつけた。

日本企業によるアメリカ企業の買収も相次いだ。株価がピークだった1989年には、ソニーが米コロンビア・ピクチャーズを買収、同年には三菱地所によるロックフェラー・センター買収も行なわれている。いずれもバブル景気を背景にしたジャパンマネーによる海外資産の買い漁りという批判を招き、ジャパン・バッシング（日本叩き）の象徴的な出来事となった。

そこに至るちょうど10年前、『ジャパン・アズ・ナンバーワン』が出版されたとき、アメリカではどのような反応があったのか。ダイヤモンド・オンラインの２０１７年10月の記事に、著者であるエズラ・F・ヴォーゲルが当時の様子を語っているものがあるので、それを引用したい。

日本での反響に比べると、アメリカでの反応は限定的でしたが、それでも先見的な経営者、知識人、政府関係者などから、「日本の強さの源泉がよくわかった」という感想をもらいました。１９７０年代後半は、ちょうど日本製品がアメリカを席巻している時期でしたから、「なぜ日本の製品はこれほどよく売れるのか」ということに対してアメリカ国民の興味が高まっていました。当時、日本の強さを社会構造から分析した本は出版されていませんでしたから、エリート層が強い興味を持ったのだと思います。ただし、一般の人々にはそれほど受け入れられなかった印象があります。「アメリカのほうが進んでいるのだから、日本から学ぶ必要などない」と日本に対して反感を抱いていた人が……

多かったからです。

また日本叩きが盛んに行なわれている時期に、なぜ日本を称賛する本を出したのかについても次のように語っている。

……………………………

私は、「アメリカが絶対的に正しい」とは思わなかったんですね。1970年代に日本に滞在したときに、「日本は今後もっと強くなる、アメリカは日本から学ばないと大変なことになる」と思いました。当時、ジャパンバッシングが始まっていましたが、日本を攻撃するよりも日本から学ぶことのほうが大切だと感じました。

……………………………

エズラ・F・ヴォーゲルは、日本から何を学ぶべきだと思ったのだろうか。

当時の日本はとにかく勤勉だったし、よく働いた。そして、完璧に国家システムが機能していた。東京は急激に人口が増加し、ニューヨークの2倍になっていた。大阪は世界で第2位の都市になっている。日本は国土全体が小さいため、すべてをコントロールすることができていた。どの都市をどう発展させ、どの産業をどう発展させるべきなのかがわかっていた。

通商産業省（現経済産業省）、大蔵省（現財務省）のとてつもなく優秀な官僚が経済、産業を主導して高い競争力を実現していた。国は地方交付税交付金を用いた地方自治体の財政格差の解消をし、全国のインフラを整備していた。企業は安価なものを大量に生産し、国民は自動車や家電など大量に同じものを買い求めた。一部の産業は、より発展し高い技術レベルに達した。同質的な初等教育や「交番」制度による治安の良さは世界でも最高水準となり、安全においても世界のトップに立った。長期雇用制度や年功序列や年金の制度によって、人々は安心して定年まで働いていた。人口が減り始めるまではそれでよかったのだろう。

あれから40年が経過して、いまの日本を見るとどうだろうか。地方交付税交付金はむしろ中央集権を強め、当事者意識を失った地方自治体は、若者を中心とした人口流出に苦しんでいる。平等にするよりむしろ、県ごとに競争し、特色のある税制や産業を育成していかなければ人は集まらない。補助金を出して、工場を誘致したり移住を促したりしても効果はいまひとつで、まったく効果的とは思えないような政策しか出てこないのが現実だ。

優秀な官僚が主導する政策運営は、日本経済がどん底から高度成長を遂げていく過程においては有効に機能した。しかし、経済が成熟期を迎えたいま、迅速な意思決定を阻害する要因として、むしろ弊害となっている面が多い。また、農業や医療など既得権益を守ろうとする団体や補助金に頼っている部分があまりにも多すぎる。しかし、民主主義という側面から、高齢者の票の塊がある限りは、そういった補助金は打ち切れないだろう。素材・部品分野においてはいまも強みを持っているが、かつての日本が欧米先進国の技術レベルを追い抜いてきたように、中国や台湾、韓国といったアジア諸国の優秀な人材によって、いつの日か追い抜かれることも十分に考えられる。

長期雇用といっても、かつてのような「終身雇用制」と「年功序列賃金」は崩壊し、教育水準についていては、大学進学率は上がったものの、少子化によりその内実は年々劣化しつつあるように思われる。

つまり、かつて「ジャパン・アズ・ナンバーワン」といわれるようになった強さを支えていた国家システム、雇用制度、教育水準、技術力といった前提条件は崩れつつある。そうしたなか、私たちは違う観点からのナンバーワンになる新たな価値を見出していく必要がある。

いまの時代に求められるナンバーワンの価値とは？

ＧＤＰの規模やその成長率、上場企業の時価総額、業績、労働生産性、研究開発費、経常収支、海外純資産、大学進学率など、かつて日本が世界一になったものもあったが、これら数字で比較できる範囲において、日本がナンバーワンの座を維持し続けられるものは、これからはますます減っていくだろう。

なぜなら人口が減るからだ。

人口が減れば国内の需要は後退する。では海外で売上を伸ばせばいいのかというと、そのやりすぎはすぐに貿易不均衡問題につながり、さまざまなハレーションを引き起こす。だからこそ1980年代以降、何かにつけて「内需拡大」がいわれ続けてきたわけだが、人口が減少していく社会において簡単に内需が拡大するとは思えない。

その結果、今後もGDPの成長率は低下せざるを得ないし、GDP世界第3位という現在のポジションも、いずれは確実に下がっていく。そうなれば、上場企業の時価総額も伸びないだろうし、研究開発費を捻出することも困難になる。

このように、数字で比較できるような要因については、人口の減少が避けられない限り、すべて縮小を余儀なくされる。

だからこそ、違う視点からナンバーワンになれる価値を見出していく必要がある。

その視点のひとつが、GNHという概念が用いられる「国民総幸福量」という指標だ。これも最終的には数値での比較になるが、国内総生産（GDP）のように個人消費や設備投資の多寡によって計測されるものではない。

具体的には、①心理的幸福、②健康、③教育、④文化、⑤環境、⑥コミュニティ、⑦良い統治、⑧生活水準、⑨自分の時間の使い方、という9つの構成要素が設けられている。GDPが経済的な豊かさを比較するための統計であるのに対し、GNHは精神的な豊かさを比較するための統計といってもいい。それがすべてではないが、これからの日本はGNH的なところにナンバーワンの拠り所を求めていくべきだろう。

日本に眠っているナンバーワンを掘り起こせ

GDPでは世界一になれなかった日本だが、個別に見ていくと、まださまざまな世界一がある。具体的にいえば、「教育」「スポーツ」「食事」などの分野では世界一になれるのではないかと考えている。

日本は教育者に対して大きな投資をしてこなかった。たとえば、学校の設備などには投資をする一方、(算数や国語だけでなく、体育や音楽も含めて)優秀な先生を年収2000万〜3000万円で雇用しようという考えはない。しかし、本来はハードではなくソフトに投資をすることで素晴らしい教育を実現できるように思える。

スポーツも同様にトップを狙える。狭い国土に人口が密集しているため、「スポーツ選手が、切磋琢磨するライバルを見つけやすい」という最大の利点を持ち得ている。さらに、科学的な練習や栄養価の高い食事ができる土壌が整っている。ただし、２０１０年と２０１８年を比べると軟式野球の競技人口は、29万人から16万人と約40％も減っている。人気のあるサッカーでさえ、約10％も減少しているのだ。人口が５％程度の減少に対して、中学生の男子部員は10％以上も減少している。それにもかかわらず、小学校から高校までの部活動では、ひとつにしか入れない。ひるがえって海外では、野球と陸上など２つの部活動に入ることも多く、さまざまな能力を身につける機会がある。制度改革が追いついていないのだ。

「食事」においては、すでに東京のミシュランの星の数は世界最大だ。味だけでなく、サービスや見た目の芸術性なども非常に高いものがある。日本人は海外に料理の修業をしにいくが、海外からも日本の食を学んでもらうような仕組みが必要だろう。

教育制度をアップデートせよ

『ジャパン・アズ・ナンバーワン』では、日本の教育制度が日本の国力の源泉であることが指摘されていた。しかし、教員志望者数は２０１２年以降、毎年減少している。教師こそ、国家が発展するにおいて最も重要といってもは過言ではないにもかかわらず、その人気は衰えている。その背景には、時間外での部活動の指導など、教員の時間的・身体的負担が指摘されていることもある（しかも、自分がやったこともないようなスポーツの指導をさせられたりしている）。福井県は中学・高校の部活を地域のスポーツクラブへ移行する方針を示したが、素晴らしい方針だと思う。少人数で競ってもレベルは上がらないし、教える人も得意な競技を選びやすくなる。また、設備なども共有することができる。

日本が戦後、奇跡とまでいわれた高度経済成長を成し遂げた背景のひとつに、戦後の教育制度があった。工業国として経済復興を遂げようと考えた日本は、優秀な人材を大量に育てて産業界に送り込むための教育モデルを考えついた。一握りの天才を育てるのではなく、全員が等しく優秀な能力を持てるような教育制度である。天才はいらないとする教育制度なので、海外でよく見られる「飛び級」などはあり得ない。天才も凡才もみな、小学校に6年間、中学校に3年間、高校に3年間通う。全員、横並びでボトムアップさせていくという、大量生産・大量消費の社会に適した教育制度が戦後の日本の教育の骨格だった。

当時は、より良い大学に進学するため、受験戦争といわれるほど子供たちは勉強に注力した。戦後間もなくの日本の進学率は、高校が40％未満、大学に至っては10％未満だったが、年々上昇をたどり、いまや高校進学率は98・8%だ。中学を卒業した大半の子供たちは高校に入学する。大学への進学率は高校に比べると低くなるが、それでも54%にもなっている。高校を卒業した子供たちの半分以上が大学に進学する。

しかし、こうした教育制度はすでに時代に合わなくなっているのではないだろうか。とくに暗記を中心とした詰め込み学習の弊害が、さまざまなところに噴出している気がしてならない。いまは少数であってもあらゆる分野で天才を育成する教育システムも求められる時代になったと考えている。

たしかに、共通する知識を等しく与え、集団のなかで特異な意見をいわないようにし、年長者に従わせる、という学習方法は、全員の能力をボトムアップさせてローパフォーマーを出さないというためには有効だった。

しかし、それは焼け野原から立ち上がった日本の工業力が、アメリカをはじめとする欧米先進国を凌駕するところまで成長した時点で、見直されるべきだったと思う。ましてや、経済が成熟段階に入っているいま、日本が戦後高度経済成長をするために必要だった教育制度をまだ続けているというのは、おかしな話だ。

たとえば、英語教育。中学校、高校と6年間にわたって多くの時間を割いて英語を勉強しているのに、英語でコミュニケーションできない日本人は相変わらず多い。なぜかといえば答えは簡単で、コミュニケーションするためのツールとしてではなく、英語という言語に関する学問的な知識を詰め込むという発想でしか勉強していないからだ。そもそも英語は英語圏の人たちが普通にコミュニケーションをするための言葉に過ぎない。日本人がそれを学ぶ必要があるとすれば、外国人とコミュニケーションをとるためのツールとして学ぶべきである。そうであるにもかかわらず、日本の中学校、高校での英語の勉強は、英文法など、コミュニケーションに役立たないことを主に教えている。これではいつまで経っても、英語をコミュニケーションのためのツールとして活用できない子供を大量に生み出すだけだ。

ディベート能力の低さもよく指摘される。とりわけ文系の科目については、知識を持つことが重視され、すでにあるものを覚えることを中心とする学習方式だったので、自分自身でロジカルに物事を考える訓練がなされていない。

ディベート能力とは、相手との対論を通じて、物事をロジカルに考え、相手に自分の意見をわかりやすく伝えるスキルのことだ。経済のグローバル化が進めば、外国人とディベートをしなければならない場面に直面することもあるだろう。そのときに、自分の意見を伝えるどころか、普通の会話さえできなかったらどうしようもない。

そして何よりも、均質性を重視する教育制度のせいで、突飛な発想を持つ天才が輩出されないことが問題だ。アップルの創業者であるスティーブ・ジョブズ、アマゾンの創業者であるジェフ・ベゾスなど、アメリカには天才といってもいいビジネスパーソンが次々に現れる。「いやいや、日本には孫正義がいるだろう」という意見も出てきそうだが、ソフトバンクの孫会長はアメリカで大学教育を受けている。

私が小学校3、4年生の頃だと記憶しているが、学校にとても面白い先生がいた。小学校4年生の算数のカリキュラムといえば、小数の概念を覚えたり、面積を求めたり、折れ線グラフを学んだりするわけだが、この先生は一方的に子供たちに教えるのではなく、自分たちで調べさせたり、考えさせたりする時間を設けていた。

たとえば「桁を調べる」という授業があった。小学校4年生で数字の桁というと1億を超える桁を覚えるとしてもせいぜい「兆」までなのだが、この先生はその先まで自分で調べろという。兆の上は京（けい）で、垓（がい）、秭（じょ）、穣（じょう）、溝（こう）、澗（かん）、正（せい）、載（さい）、極（ごく）、恒河沙（ごうがしゃ）、阿僧祇（あそうぎ）、那由他（なゆた）、不可思議（ふかしぎ）、10の68乗である無量大数（むりょうたいすう）……と続く。ちなみに、10の100乗がグーゴル（googol）であり、グーグル社の社名の由来といわれている。正直、いまの自分の仕事にはまったく役に立っていないが、不思議なことにすべて覚えている。やはり自分たちで調べたということで、記憶に深く刻み込まれたのだろう。いまこれらを記憶していなかったとしても、無量大数の前に不可思議という単位があったことを知った喜び、この知的好奇心を小学生のときに体験したかどうかが重要なのだ。

また、コンピュータのプログラミングも教わった。当時、まだパソコンを使う人は本当に少数だったと思うが、授業でキーボードの配列も覚えた。数字のキーのすぐ下にあるアルファベットのキーは、左からQWERTY……と並んでいる、と習ったことなどをいまだに覚えている。

これらは私自身の経験にもとづく一例に過ぎないが、小学校の授業がいかにつまらなく、簡単だったかを記憶しているし、そう考えている人は非常に多いだろう。塾に通っている生徒が、数年間に及ぶ貴重な時間を費やして他の生徒と同じように算数や国語を学ぶのは、ムダな時間でしかない。それであれば、体育、音楽、演劇など、学校では集団でしかできないことをやるか、レベルに合った授業を用意すべきである。

ただ単に「覚えなさい」といわれて詰め込む勉強よりも、自分で考え、自発的に学んで得たことのほうが記憶に残る。それを少しずつ積み重ねていくことによって、徐々に肌感覚の知恵がついてくる。紙から学んだ知識よりも、自分でアクションを起こして積み上げた知恵のほうが、大人になってからはるかに役立つものになる。

数字の桁を調べて「無量大数」までそらんじることができるという知識が大切なのではなく、「自分たちで調べる」という知的好奇心の満足が大切なのだ。

数字の桁を知るうえで、どの情報源に当たればいいのか、その情報源にたどり着くためにはどうすればいいのか、もしその情報源が間違っていたらどのようにカバーすればいいのか、というように、子供の頭の中にはさまざまなことがどんどん浮かんでくる。

そこから、自分の判断でどう行動すればいいのかを選び、実行し、みなと協力して結果を出していく。このようなトレーニングを日々、積み重ねていけば、桁を覚えることの副次的効果として、大人社会にも通用する「知恵」を学ぶことができる。

これからの学校教育に求められるのは、こういったことなのではないかと思う。スポーツや音楽、ダンス、演劇、グループワークやディベートでもいい。学校にはせっかく大勢の子供たちがいるのだから、個でする勉強よりも、「集団でなければできないこと」を学ぶべきだろう。

それでは身につける知識の量が足りないという意見があるかもしれない。しかし、もっと学習のプロフェッショナルである塾を活用すればいい。正直、教育コンテンツのレベルで比較したら、一般的に公立の小学校よりも塾のほうがはるかに上を行く。

もちろん、塾に通わせるにはお金がかかるから、ますます貧富の差がつくという批判もあると思うが、それならば国の予算を塾に振り分ければいい。国の助成金で塾代をすべてフリーにすればいいのだ。教育の機会はみな平等であるべきだ。そうすれば、学校では「知恵」

を、塾では最高の教育コンテンツを活用して「知識」を身につけることができる。音楽やスポーツについては、現役を引退した一流の選手から一流の指導を受けるべきだ。たとえば、「正しい走り方」「上手なボールの投げ方」「楽しい絵の描き方」など簡単なことでさえ、残念ながら、多くの学校ではほとんど教えてくれない。

大学の統廃合を考えるべき時期がきた

まず、オーストラリアや北欧各国のように大学進学率を少なくとも70%まで引き上げる必要がある（図表1-1）。そのうえで、もちろん、大学も改革したほうがいい。前述したように、日本の大学進学率は2019年には54%にもなり、いまや全入時代といわれるくらいだが、正直なところ、ホワイトカラーの仕事は大学1年生程度の能力があれば、ある程度はこなすことができる。私自身、大学1年生の頃から人材派遣会社で働いていたが、さしたる違和感もなく、大学を卒業した社会人たちと同じレベルで仕事ができた。

医師などの専門職は別にして、世の中の大半の仕事、すなわち企業の事務職のような仕事なら、むしろ大学に行かなくても十分にこなせるはずだ。そう考えると、とくに文系学部の

図表1-1　大学進学率の国際比較（2010年）

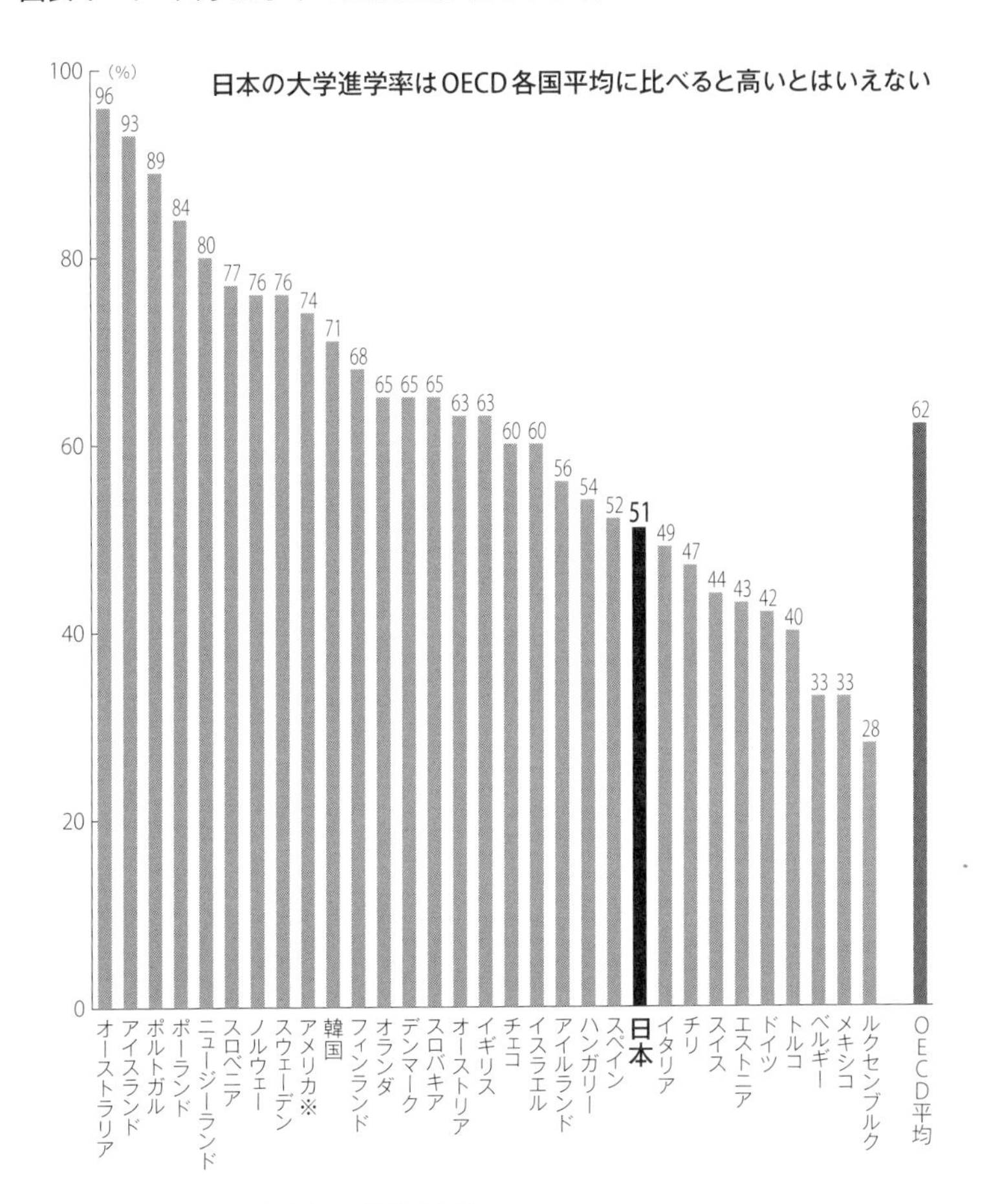

※このデータには定義上、留学生の入学者が含まれている。
※アメリカのみ、2年制の機関が含まれた値。
※OECDは、留学生が進学率に及ぼす影響を明らかにするため、データのある国については、留学生を除外した調整後の値を示している。日本は留学生の在籍者数は把握しているが、入学者を区分して調査していないため、留学生を除くことができない。
出所：OECD「Education at a Glance 2012」

大学に関していえば、専門の研究者になるのでなければ、果たして4年間も通う必要があるのかという疑問が生まれてくる。

通常の場合、文系学部は2年制、あるいは3年制で十分だ。いまよりも1年か2年早く卒業するようになれば、労働市場で問題になっている若者の人材確保の問題も、多少ではあるが解消するだろう。

あるいは大学の数を減らすことも視野に入れるべきだと思う。これから若者の人口が減少傾向をたどっていくのに、いまのままでは多すぎる。日本私立学校振興・共済事業団の2019年度の調査によれば、四年制私立大学で定員割れした大学は33％もある。大学の統廃合を真剣に考えるべき時期にきていると思う。

さらに、「知的な人」の活用は最も考えなければならないテーマだ。海外では、大学院に進学して、高い専門性や能力を持った人がすぐに活躍でき、高い給与が得られる職場がある（図表1-2）。しかし、日本では、「年功序列」や「お局」という言葉に示されるように、長く働いている人、声の大きい人、既得権益によって職場が成り立っており、生産性が低いままだ。

図表1－2　博士課程に進む人数の各国の比較

国	博士号取得者数	人口	割合
日本（2016）	559,678人	1億2,709万人	0.44%
アメリカ（2014）	1,894,934人	3億1,923万人	0.59%
ドイツ（2013）	224,782人	8,064万人	0.28%
フランス（2013）	181,818人	6,592万人	0.28%
イギリス（2013）	421,850人	6,410万人	0.66%
韓国（2016）	338,476人	5,061万人	0.67%
中国（2013）	3,130,415人	13億6,072万人	0.23%

※国名の次の数字は調査年。
出所：文部科学省科学技術・学術政策研究所「科学技術指標2017」を基に、日本M&Aセンターが加工・作成

日本の人口を増やすためにできることとは？

これまでもたびたび触れてきたが、日本の未来を考えるうえでいちばんの問題は超高齢社会の到来であり、それに伴う人口減少だ。

２０２５年にはすべての団塊世代が後期高齢者になる。当然、医療や介護の負担が重くなり、社会保障費は増大の一途をたどる。そのうえ「人生１００年時代」などといわれるように、長生きする高齢者も増加傾向をたどっていく。個人にとって長生きすることは歓迎すべきことだが、日本の社会保障費負担増、財政問題といった観点からすると、大きな問題を抱えているといわざるを得ない。

では、どうすれば人口問題を解決できるのか。選択肢は2つ考えられる。ひとつは移民を受け入れること。もうひとつは生まれる子供の数を増やすという方法だ。

移民政策については議論するべき点が非常に多く、ここで結論づけるのは非常に難しい。移民を積極的に受け入れている欧州においても、いま多くの問題が発生している。イギリスのブレグジット問題も、そもそもの発端は移民の受け入れにあった。

2000年代、イギリスは東欧をはじめとするEU新規加盟国から移民を積極的に受け入れてきた。しかし、2008年のリーマンショック以降、イギリスの労働者から「移民に職を奪われた」という不満が噴出し、移民をこれ以上受け入れないようにするため、EUからの離脱を国民投票で決定した。この事例だけですべてを語るわけにはいかないが、世界に目を向けると、他にも移民から派生する問題を抱えている国は少なくない。日本の国民性からしても、人口が減るからといって、移民の積極的な受け入れに諸手を挙げて賛成するかといえば疑問が残る。

そうなると、もう少し現実的な方法を考える必要があるだろう。そのひとつとして、若いうちに出産することのインセンティブを高める政策を提案したい。

現在の少子化対策は、より多くの人が子供を産めるようにするための政策ばかりだ。たとえば父親の育休を取りやすくして子育てしやすい環境をつくる。働きながら子供の面倒をみ

図表1－3　日本の合計特殊出生率

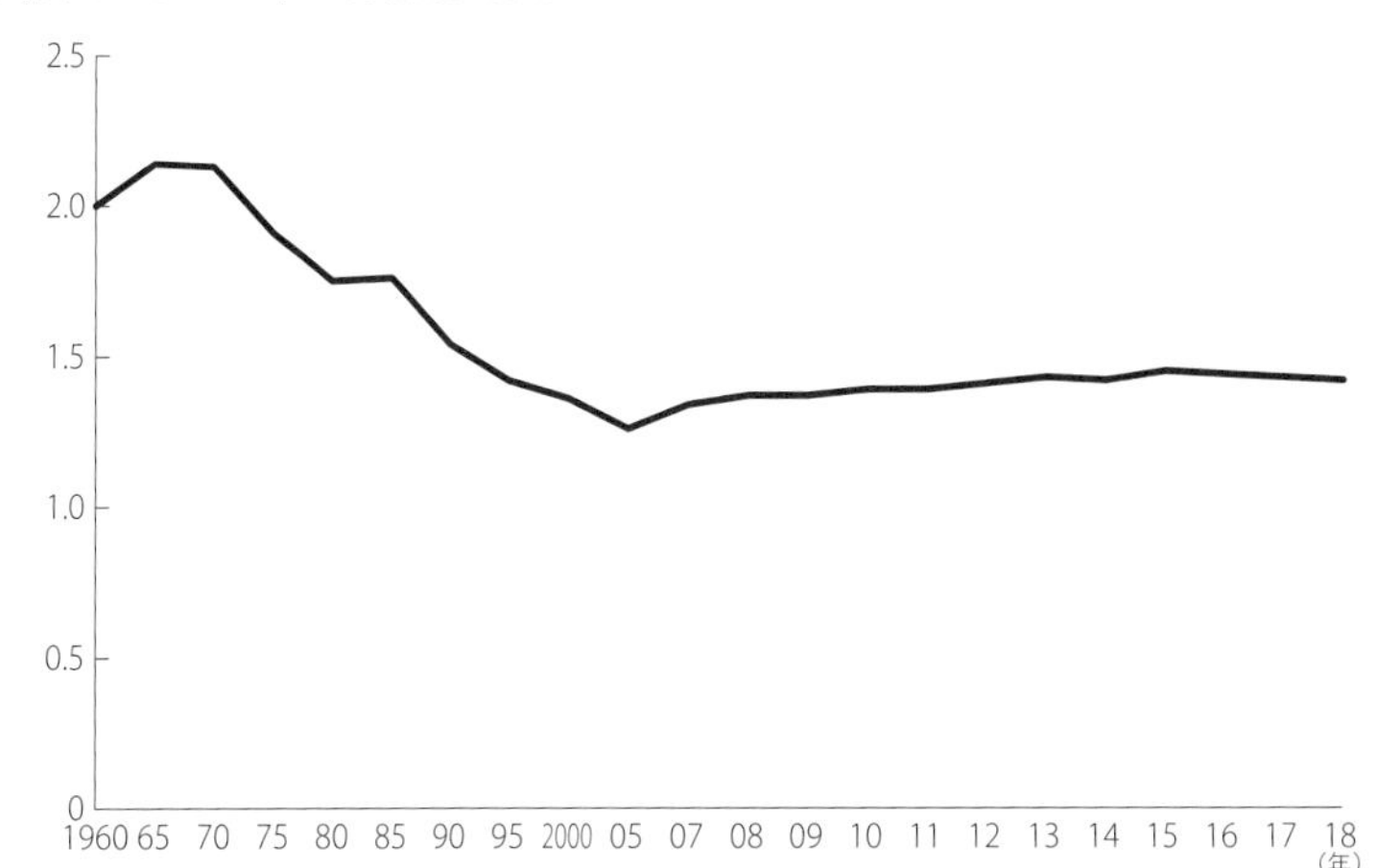

出所：厚生労働省「平成30年人口動態統計」を基に、日本M&Aセンターが加工・作成

られるようにする。そのほか、幼児教育の無償化、待機児童の解消など、いろいろな手が打たれているが、少子化に歯止めがかかる気配は見られない。

直近の数字を見ると、2018年の出生数は91万8400人で、3年連続で100万人を割り込んだ。合計特殊出生率は1・42と低迷を続けている（図表1－3）。現在の少子化対策は、残念ながら成果を上げていない。

こうした状況下で子供の数を増やすには、「子供を早く産むことのインセンティブを高める」ことが有効だと考える。現在、第一子の出産年齢は30歳を超えているが、これを早めるとどういうことが起こるのか。

たとえば36歳で第一子を産むのと、18歳で産むのとを比較してみよう。

ある人が１００歳まで生きるとして、18歳で産んだ子供が18歳になって子供を産み、さらにその子供が18歳で子供を産むというように、18歳の均等間隔で子供を産み続けたとしたら、１００歳で亡くなるまでに、世の中は５・５世代を経ることになる。

これに対して36歳で産んだ子供が36歳で子供を産むという状態だと、２・７世代しか経ないことになる。つまり18歳の均等間隔で子供を産み続ける社会になれば、36歳の均等間隔で子供を産み続ける社会に比べて、子供の数は2倍前後になる。

いまの少子化対策はより多くの人が子供を産むことにフォーカスされているが、少しでも早く産むことへの視点が抜け落ちているように思う。

もちろん、この方法で子供を増やすには、意識の変革や社会インフラの整備にかなりの時間をかける必要があるし、ここに挙げた数字はあくまでも机上の計算に過ぎない。しかし、現在の対策で成果が上がっていないことを考えれば、検討してみる価値はある。

ただ、20代だと仕事をもっと頑張りたかったり、お金がなかったりする。若く産んだ世代は、仕事の面でも出世や昇進が遅れてしまうのではないかという心配があったりする。まずは、若く産んだ人や2人以上産んだ人の経済的な負担を減らすことが必要だろう。保育園の数を増やすことはもちろんとして、その送り迎えや保育園の時間外のフォローなども不可欠となるから、各家庭にベビーシッターや家事手伝いを確保するような政策が最も望ましいと

図表1－4　日本の生産年齢人口

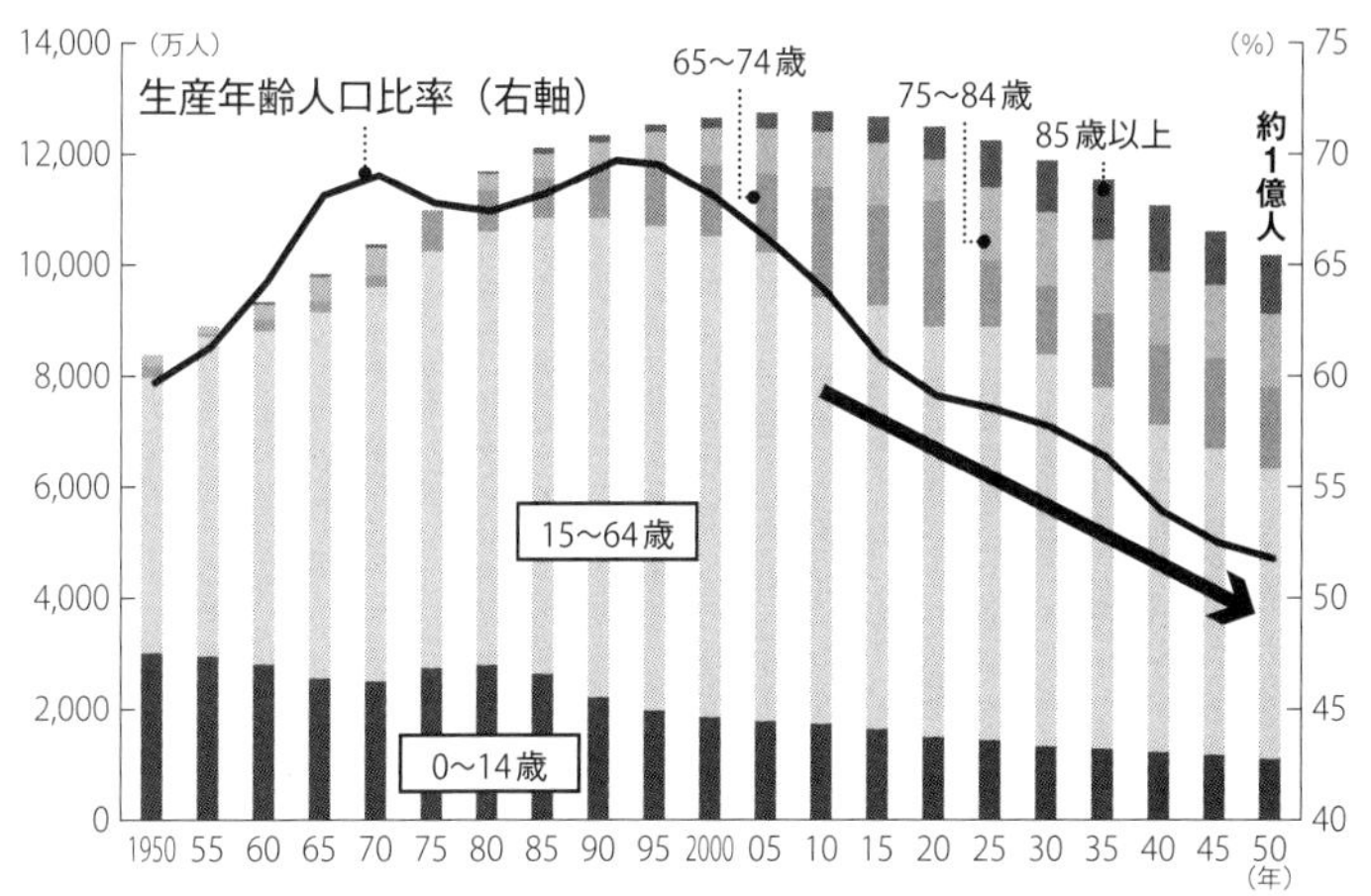

出所：経済産業省「2050年までの経済社会の構造変化と政策課題について」

考えている。

生産年齢人口は発想を変えれば増やせる

人口問題については、生産年齢人口を増やす、という視点も重要だ。

日本の生産年齢人口が総人口に占める比率は、1992年の69・8%をピークに低下傾向をたどり、2018年は59・7%になった。この数字は、比較可能なものとして1950年に並ぶ低水準だ（図表1－4）。

これが目下の人手不足の原因となっている。生産年齢人口とは15歳以上64歳以下の人口を指している。現状、若者の人口は減少傾向をたどっているので、将来を考えればさらに生産年齢人口は減少傾向をたどることになるだろう。若者の人口を急に増やすことは難しいが、高齢者も女性も働ける社会を築くことによって、生産年齢人口を維持できる。

　女性の労働人口はかなり増えている。総務省の「労働力調査」によると、男女合わせた労働人口は、２０１２年の６５６５万人をボトムにして年々増加傾向をたどり、２０１８年は６８３０万人まで増えている。これを男女別に見ると、男性の労働人口は２００８年が３９０４万人であるのに対し、２０１８年は３８１７万人となっている。２０１５年に３７７３万人まで減少したことからすれば増えているが、この10年で見れば87万人の減少である。

　一方で、女性の労働人口は、２００８年が２７７１万人だったが、徐々に増加傾向をたどり、２０１８年は３０１４万人になった。この10年間で男性とは対照的に２４３万人も増えている。ただしこれは、パートや時短、非正規雇用を含む。

　女性の働き手、それもパートタイマーやアルバイトだけでなく、フルタイムで働く女性を増やすためには、出産して一時的にキャリアが途絶えたとしても、再び復帰できるような労働環境を構築する必要がある。

　たとえば30歳で年収６００万円だった女性が、出産を機に一度キャリアから外れ、子供が中学校に入学する42歳くらいで職場復帰を果たしたときに、年収が３００万円になってしまったら、働く気もなくなるだろう。現状はこうしたケースが少なくない。だから、女性は

「産むか、産まずにキャリアを追求するか」という選択を迫られて苦悩することになる。そうではなく、出産を経験しつつも、キャリアを落とさずに職場復帰できるような仕組みを、企業も真剣に考えるべきだろう。これは女性社員に対する救済策ではなく、企業にとっても優秀な労働力を確保するための戦略である。

もちろんいまも、女性でキャリアを続けながら、子育てをしている人はいる。しかし、キャリアと子育ての両立は、想像する以上に困難だ。

キャリア志向の女性は、自分のキャリアを途絶えさせたくないため、出産してから間を置かずに職場復帰しようとする。子供は保育園に預けることになるが、午後5時半くらいに子供を迎えに行くとなると、働けるのは午後4時くらいまでが限界だ。しかも朝は子供を保育園まで送り届けなければならない。その間に食事をつくるという家事もある。なんとかこなしている人も多いが、どこかに無理が生じてしまう。

だからこそ、子育てをする時期は子育てにある程度時間を割きつつ、子供がある程度育った時点で本格的に職場復帰してもキャリアが途絶えないようなキャリアプログラムを国や企業が用意すれば、双方にとってメリットがある。最も大切なことは、20代や30代で出産した女性が、一定期間子育てに専念して、たとえ退職したとしても、子供が中学生などになり、仕事に復帰したいというときに、以前のキャリアにふさわしい給与と仕事内容を日本社会が整えておくことだ。

テレワークを活用するというのもひとつの方法だろう。子育てが必要な時期は、出社せずにキャリアを継続できるよう、テレワークで働く。ITが浸透している現代社会だからこそ可能な働き方だ。もちろんテレワークで働くのは、女性だけでなく男性も可能なので、より多様な働き方が可能になる。働き方の多様化が求められるゆえんだ。

生産性の改善に不可欠な「標準化」という視点

日本経済の活力を維持していくためには、働き手の数をできるだけ減らさないようにすることも大事だが、それとともに生産性を向上させることも必要になる。

日本企業はバブル経済の崩壊後、「失われた20年」と呼ばれる、非常に長い低迷期を経たが、この間に日本企業は生産性を向上させ、かなり筋肉質になったともいわれている。

ただ、現実にはまだまだだ。さまざまなところでムダが目立つ。その最たるものが、あらゆるところで「標準化」が遅れていることだ。

たとえば、さきほど触れた教育もそうだ。学校の先生は、毎年担当する学年が変わっていくのが普通だ。かつ全国で同じ教科書を使って授業を行なっているにもかかわらず、プリントは先生の手づくりで、それを生徒に配布して授業の参考資料に使っている。

これはビジネスの現場ではありえない話だ。いってみれば、販売する商品の担当者が変わるたびに、それぞれの担当者がいちいち独自の提案書を作成してプレゼンテーションに臨んでいるようなものである。もし、商品ごとに用意されたプレゼンテーション資料が共有されていれば、セールス担当者がいちいち提案書をつくり直す必要がなくなる。

学校の授業の現場では20種類くらいの指定教科書があり、それに付随して共有すべき標準的な教え方があるはずなのに、そのノウハウは一切共有されることなく、先生一人ひとりのオリジナルに終始してしまっている。もちろん、先生一人ひとりの個性は大切だが、共有できる部分も多いはずだ。合理化すべきところは合理化したほうが、その分、個性を伸ばして面白い授業を行なうこともできる。

共有するという文化が、日本には決定的に欠けているように思う。それと同じことがビジネスのノウハウについてもあてはまる。

たとえば同じ証券会社のA支店とB支店で、販売している金融商品は同じなのに、両支店のあいだで販売ノウハウを共有することは、あまりないのではないだろうか。A支店とB支店は完全な競争相手になっていて、同じ会社であるにもかかわらず、お互いにノウハウを隠そうとする。

これは非常に違和感がある。目指すべきは会社全体の利益を上げることなのに、なぜか支店ベースでは競争意識が強く、お互いにノウハウを隠し持ってしまう。これではもっと成長できるはずの企業も成長しない。

もし、個々人が持っているノウハウが共有化され、それをみなの手で徐々にブラッシュアップしていくことができれば、そのノウハウが徐々に標準化されていく。標準化されたノウハウが有効である限り、その販売マニュアルは再現性を持つことになる。

身近な事例を挙げてみよう。

日本M&Aセンターの仕事は、その名のとおりM&Aの仲介を行なうことだが、このビジネスは日本M&Aセンターだけが行なっているのではなく、たとえば野村證券や大和証券、外資系でいえば三菱UFJモルガン・スタンレー証券なども参入している。M&Aを行なう場合、買収される側の企業価値を計算し、買収する側に適正な価格を提示する必要があるが、かつては資産価値が同じ5億円でも、日本M&Aセンターと野村證券、大和証券、三菱UFJモルガン・スタンレー証券ではそれぞれ計算方法が違っていた。つまり、被買収企業の資産価値が5億円だということを買収する側が認識していたとしても、計算方法が異なるのだから、5億円の温度感や意味合いが違ってくる。

もっと以前、20年以上前の話をすれば、同じ日本M&Aセンター内でも、AさんとBさんとでは計算方法が違うケースもあった。それは計算方法の共有化と、それによる標準化が進んでいなかったからだ。

そこで日本M&Aセンターは、野村證券や大和証券、地方銀行、会計事務所などのあらゆるプレーヤーに対して、企業価値を算定する際の計算式を公開した。たとえば不動産価値を算定する場合、ある会社は路線価で評価し、またある会社は実勢価格で評価し、計算のロジックがバラバラになるようなイメージだ。日本M&Aセンターがひとつの計算事例を提示することによって、そのノウハウを業界内で共有した。

さらに、お客様に提案する際の提案書や契約書についても、日本M&Aセンターが使っているものをすべて提供した。つまりノウハウをすべて公開したのだ。

かつてM&Aビジネスはそれほど多くの利益が出るようなビジネスではなかった。たとえば証券会社でいえば、稼ぎ頭は個人営業であり、M&Aはファイナンスで稼ぐ仕事だった。それが、ノウハウを業界全体で共有し、M&Aの標準化を進めることによって、余った力を別の付加価値をつけることに注ぐことができ、M&A仲介業の生産性はかなり向上した。

なぜ日本は標準化が進まないのか。それはおそらく日本が職人文化だからだろう。

たとえば寿司職人になろうと思ったら、寿司屋で修業するが、それは文字どおり「修業」

であり、先輩職人がつくったマニュアルによって技術を学ぶのではなく、「見て盗め」ということになる。そして、寿司職人として独り立ちするには、それこそ10年、15年という長い歳月を必要とする。しかし、ホリエモンが提言して話題になったように、寿司の握り方をすべてマニュアル化して共有すれば、誰でももっと短期間で一人前の寿司職人になれるはずだ。「見て盗め」という文化が根強く残っているのは、結局、先輩職人が自分の立場を危ういものにされたくないからではないかと思う。誰でも寿司職人になれたら、職人である自分の存在価値が薄らいでしまう。別の言い方をすれば、自分の既得権益を守るため、わざとノウハウの共有化、標準化を進めないのだ。長い時間をかけて反復練習し知識吸収する、戦後教育の考え方とも共通する文化だ。しかし、時間をかけることこそ美徳だった時代からは脱却しなければならない。

中小企業経営においても、社長が率先して営業をするのはいいが、社員がそれをまったく引き継げていないというケースはよくある。残念ながらこのような中小企業に未来はない。社長が倒れたら、その時点で終わってしまうからだ。そのようなことにならないためには、社長の存在感が大きな企業ほど、そのノウハウを社員と共有することが必要だ。

すべての組織でこれを徹底すれば、日本企業の生産性はまだまだ向上するだろう。

プロフェッショナルの技術と経営力を融合させよ

本田技研工業というと、創業者の本田宗一郎が稀代の技術者であり、素晴らしいベンチャースピリッツの持ち主であったことが常にメディアでも取り上げられる。しかし、本田技研工業が世界のホンダになれたのは、本田宗一郎が優秀で独創的な自動車を次々に開発したから、というだけではない。その草創期に、本田宗一郎とともに本田技研工業の経営や営業を仕切った藤沢武夫がいたからだ。

それはソニーにもあてはまる。ソニーが本田技研工業と同様、戦後日本の成長を象徴するグローバル企業になったのは、技術者として豊かな才能を持っていた井深大とともに、盛田昭夫が経営や営業を仕切っていたからだ。

いくら技術者として天才的な能力があり、現実に素晴らしい商品をつくったとしても、それだけで世界的な大企業になることはできない。製品を販売して利益を上げていくには経営や営業の才能も必要になる。本田宗一郎にとっての藤沢武夫、井深大にとっての盛田昭夫が、まさにその役回りだった。

図表1-5　士業の人数と法人数

	人数	法人数	割合
医師	327,210	110,528	33.8%
税理士	78,590	4,133	5.3%
弁護士	41,118	1,217	3.0%
公認会計士	31,786	245	0.8%

出所：厚生労働省「医師・歯科医師・薬剤師調査の概況」（2018年12月末）、厚生労働省「医療施設動態調査」（2018年10月末）、日本弁護士連合会「弁護士白書（2019年版）」、日本税理士会連合会（2019年12月末）、日本公認会計士協会（前同）

世にプロフェッショナル、つまり専門家と呼ばれる人はさまざまな分野にいる。弁護士や税理士、医師、スポーツ選手などは代表的な例といってもいい。また日本全国の中小企業経営者のなかにも、特定の分野における専門家で、専門性を活かして仕事をしたいがために独立して事業を行なっている人が大勢いる。

私自身、そういう中小企業経営者を大勢見てきたが、ときどき残念な気持ちになることがある。それは、専門分野においては非常に深い知識やセンスを持っているのに、経営能力を持ち合わせていないがために、その力が広く、世のため人のために活用されていないケースが多いからだ。こういう企業は、いくらいい商品やサービスを提供していても、なかなか規模が大きくならない。

病院もそうだ。開業医は医師であると同時に、病院を経営する経営者でもある。日本国内に医師は32万7210人存在している。一方病院、クリニックなどを含めた医療機関数は11万528施設である。これは医師の約3人に1人は経営に携わっている可能性があるということだ。しかし、自分が経営者であると思っている医師は、少ないのではないだろうか。

弁護士や税理士も同様だ。弁護士は4万1118人・1217事務所、税理士は7万8590人・4133事務所、公認会計士は3万1786人・245事務所である（図表1-5）。最近は「弁護士法人」を名乗るところが増えてきているが、「弁護士事務所」のイメージのほうがまだ強い。現実問題として、弁護士で自分が経営者と思っている人は、非常に少ないと思う。

専門家として高いスキルを発揮できれば、仕事は自然についてくる、と思っている人もいると思う。しかし、世の中はそう甘くはない。現実に、法律事務所の看板を掲げながら、まったく食えていない弁護士は大勢いる。いくら法律の知識が豊富でも、看板を掲げただけで仕事が入ってくることなどありえないのが現実の社会だからだ。

ただ、最近は代表者が弁護士、医師、スポーツ選手、薬剤師、公認会計士……といったプロフェッショナルが社長を務める企業で、上場までたどり着くケースも非常に増えてきた。

あらゆる領域が成熟化していくなか、それぞれの領域におけるプロフェッショナルが活躍する時代になっていくのだから、プロフェッショナルが経営センスを身につけたら、もっと成長するのではないかと考えている。

あるいは、自分に経営センスがなく、それを身につけることもできないというのであれば、プロ経営者とタッグを組めばいい。特定分野のプロフェッショナルと経営のプロフェッショナルがM&Aをするようなものだ。M&Aによって、職人や親方と呼ばれている自営業者が、プロ経営者によって経営され、かつ資金力も豊富な企業と融合すれば、大きく伸びる可能性がある。

ZOZOの前澤社長から学ぶべき考え方

2019年9月、ファッションの通信販売をメイン事業にしているZOZOが成功の過程で企業の事業承継を発表した。もちろん急成長の最中ではなく、初の減益などを経たうえではある。それでも、2019年3月期で売上高1184億5000万円、営業利益256億5400万円をたたき出し、時価総額は7000億円前後だった。2019年9月13日時点での時価総額をみると、丸紅が約1・3兆円、双日が約4000億円、サイバーエージェントが約5000億円、大和証券が約8000億円だから、ZOZOの優秀さがわかる。日本の株式市場のなかでも上位数本の指に入る企業を21年でつくり上げたことは事実だ。

一方、M&AによってZOZOをグループに入れたヤフーは、これまでにもやはり成功過程にあった一休をグループに入れた経験を持つ。競合していくのでなく、ヤフーの力、あるいはソフトバンクグループの力を使って、一気に勝者となっていくのだ。個人で株を持つことは企業のコントロールには役立つが、一休やZOZOがヤフーのプラットフォームを活用できるように、やはり法人が株を保有していることの事業上の利点は非常に大きいといわざるを得ない。

それとは別に、私自身は同じくM&Aに関わる者として、企業の経営者、それも創業者の想いを受け止めることは極めて難しいことだと再認識した。

われわれM&Aコンサルタントは、オーナー経営者の想いを正確に理解するところから始まり、企業の価値を最大化できる法人や経営者につないでいくことが仕事だ。

2019年9月12日に行なわれたZOZOの前澤氏の会見では、ある記者からこんな質問があった。

「退任するのは無責任なのではないか?」

前澤氏は、こう答えた。

「本当の無責任とは、自分の権力や地位に甘んじて、会社の成長機会を逃し、自分の地位に安住することではないかと考えます。ZOZOはいま課題を持っており、その課題を解決するために行なった今回の提携は素晴らしいものになります。これまでのような私一人のトップダウンによる、ある意味わがままな経営から、社員一人ひとりが権限を持ち、あたかも一人ひとりが社長のように振る舞える、総合力を持った組織にならなければなりません。それによって、いま以上の総合力を持った企業として、ZOZOはさらなる成長を遂げていく必要がある。そのための苦渋の決断でした」

また、記者からはこんな質問もあった。

「結局、嬉しいのか悲しいのかどちらなのか？」

これに対しては、「嬉しくもあり、寂しくも悲しくもある。これが偽らざる答えだ。オーナーにとって、子供が結婚するような気持ちだ」と前澤氏は答えた。

そして最後に、「毎日毎日が新しい始まり。スタートトゥデイは、ZOZOにとっては非常に重要な名前だし、僕にとっても大切。ここにきて、別々の道を歩むことになったが、このシンプルな考え方をもとに、これからも互いに一歩一歩、新しい人生を楽しんで生きていけたらいいなと考えている」と語った。

多くの大企業は、いままでの延長線上に事業が成り立っている。企業を引き継いだ経営者は、創業者のようにリスクを取る勇気がなく、統治することに苦心し、企業はつまらなくなり、成長力を失っていく。

一方で、創業者というのは、毎日新しいことを考え、生み出している。

ヤフーは大企業ではあるが、川邊社長をはじめ、創業経営者の集まりだ。ヤフーのグループに入ったZOZOには、この創業者の考え方を忘れずにさらなる飛躍を遂げてほしい。

事業をより大きくするために、経営能力の高い経営者がいる企業と組むという流れは、これからも増えていくだろう。素晴らしい技術力を持っているけれども、企業として成長の限界を感じている中小企業はたくさんある。M&Aを駆使することによって、高い技術力を持っている中小企業、零細企業を、より大きな企業が手を組めば、企業の活力がいま以上に高まる可能性は十分にあると考えられる。

スポーツ業界の事例から企業再生のヒントを学ぶ

プロフェッショナルの力と経営の力を融合させることの必要性について詳述したが、その現実と理想について、スポーツ業界を例にとって、もう少し詳しく考えてみる。

スポーツ選手はプレイヤーとして競技に集中すべし。日本ではそんな風潮が根強くあった。しかし、今後スポーツビジネスがより発展していくなかで、一流のアスリートも引退後に経営に携わる必要が生じる可能性が高いと考えている。

ただし、現実はまだ発展途上だといわざるを得ない。現役のスポーツ選手が社長として所属球団や団体を経営する例はよく見受けられるが、経営を成功させるうえで、さまざまな困難がつきまとうようだ。ガバナンス上の問題や経営に関する知識・ノウハウが不足している場合が多いためと考えられる。

まずは一例としてプロレス団体について検証してみよう。

プロレス団体は歴史的に著名な選手個人が旗揚げして新団体を立ち上げることが一般的である。そのため選手兼社長となってしまうことが多い。しかし、図表1－6で挙げた日本の主要プロレス団体は選手個人が経営していたときは経営状況が悪化し、株主が入れ替わるということを経験している。

その後、現在ではエンターテインメントが得意な企業のグループ入りをすることで、経営の立て直しを試みているのが4社中3社である。

図表1-6　日本国内の主要プロレス4団体

団体名	新日本プロレスリング	全日本プロレスリング	NOAH	DDT
法人名	新日本プロレスリング株式会社	オールジャパン・プロレスリング株式会社	ノア・グローバルエンタテインメント株式会社	株式会社DDTプロレスリング
設立	1972年1月	1972年10月	2000年6月	1997年4月
創業者	アントニオ猪木	ジャイアント馬場	三沢光晴	武藤伸太郎
現代表者	ハロルド・ジョージ・メイ	福田剛紀	高木規	高木規
株主	株式会社ブシロード他	個人	株式会社サイバーエージェント	株式会社サイバーエージェント
株主変遷	2012年株式譲渡によりブシロードグループの子会社となる	2014年に前代表の秋山氏が新法人を設立し、事業譲渡により事業を移管	2019年株式譲渡によりリデットエンターテインメントの子会社となるが、2020年に同じく株式譲渡によりサイバーエージェントの子会社となる	2017年株式譲渡によりサイバーエージェントの子会社となる
経営体制	親会社はカードゲーム、玩具、キャラクターグッズの開発、制作、販売を行なうブシロード。プロレス関連商品のグッズ化を実現。現代表は前タカラトミー代表取締役のハロルド・ジョージ・メイ氏	2019年に前代表で現役レスラーの秋山氏が代表を退き、株主でもあり不動産会社を経営する福田氏が新代表に就任	親会社はパチンコホールのプロモーション等を得意とするリデットエンターテインメントからインターネットテレビ局「AbemaTV」を運営するサイバーエージェントへ。格闘チャンネルでの配信を見込む	親会社はインターネット広告、ゲーム、動画配信サービスを行なうサイバーエージェント。「AbemaTV」を通じ興行の配信を実施。現代表はプロレスラーの高木氏

出所：日本M&Aセンター作成

大企業がスポーツ球団をM&Aする事例が急増

次に、プロスポーツのビジネスとしては日本でいちばん先行しているプロ野球について検証してみる。アメリカのMLBと日本のプロ野球は、1995年の売上はほぼ同程度だった。いまはMLBはプロ野球の約5倍の1兆円超になっている。MLBは30球団、1試合で約3万人、プロ野球は12球団、1試合で約2・9万人の入場者数だ。MLBは早くから全球団が手を組み、「放映権」を一括管理し、コンテンツとしての価値を上げてきた。チケット料金の価格変動制（ダイナミックプライシング）などの最新の経営手法も、日本よりかなり早くから取り入れている。結果として、メジャー選手の平均年俸は4億円、プロ野球は4000万円程度とわずか20年ほどで10倍も差がついてしまった。スポーツにも協調戦略が有効なのはいうまでもない。

プロ野球においては、プロレスとは異なり、著名な選手がそのまま球団の代表となって経営を取り仕切っているケースはほとんどない。プロ野球史上最も著名な選手といえる王貞治が、孫正義が率いる福岡ソフトバンクホークスに会長として名前を連ねている例はあるが、通常は２０１７年まで中日のゼネラルマネージャーを務めていた落合博満のように、あくまで球団の中核をなす野球チームを強くする、という役割を担うにとどまっている。その意味では、現役引退後に球団の役職者として仕事をするのは、必ずしもプレイヤーとして一流であった人に限らず、チームをまとめたり強くしたりするための戦術や戦略面において潜在能力を持っていた人であることも多い。

一方、組織としてのプロ野球の球団は、昔からM&Aによって統廃合されたり、親会社が変わったりすることが繰り返されてきた。図表１－７は現行体制である2リーグ制が開始された１９５０年と２０１９年の球団、親会社、その業種の一覧である。2リーグ制の開始当時は日本野球機構の加盟球団は15球団であるが、統廃合を経て現在の12球団となっている。最近では２００４年のプロ野球再編問題に起因し、大阪近鉄バファローズがオリックス・ブルーウェーブに吸収合併され、現在のオリックス・バファローズとなったことが記憶に新しい。さらに、現在の12球団のうち8球団でM&Aがされており、とくにパ・リーグではすべての球団でM&Aが行なわれていることがわかる。

親会社の業種をみると、１９５０年は鉄道7社、新聞4社、映画2社、食品1社（※広島カープは特定の親会社なし）である。一方、２０１９年は食品3社、ＩＴ3社、鉄道２社、新聞２社、金融１社、個人（自動車）１社である。

1950年当時は鉄道インフラ需要により、鉄道関連会社が大きく成長していた時期であり、自社の路線沿線の開発に球場を活用していたことや、広告宣伝の需要が大きかったことなどがある。現在では鉄道関連は2社にとどまるが、タイガースの運営母体である阪神電気鉄道は2006年に阪急ホールディングスと経営統合を行なって阪急阪神ホールディングスの子会社となった。阪急阪神ホールディングスは鉄道に加え、不動産、エンターテインメントを手がけるコングロマリット企業であり、鉄道関連売上はグループの約30%のみである。同様にライオンズの運営母体である西武鉄道も、親会社である西武ホールディングスのなかでの鉄道関連売上比率は約29%である。純粋な鉄道会社はプロ野球球団の運営からすべて撤退している、という見方もできるだろう。

逆に昨今の特徴として、日本を代表する伝統的な大企業ではなく、ソフトバンク、楽天、DeNAという新興IT企業が台頭している。3社とも共通していることはB2C事業の売上比率が高く、球団運営によって自社サービスの認知向上を狙っているものと考えられる。同じB2C事業といえど、成熟した鉄道会社は自社の認知向上を図る必要性が薄いということだ。

また、かつては子会社のひとつという扱いで、親会社の役員が球団社長に就任し、広告宣伝の一環として球団の赤字は親会社が補填、というケースが多かったが、最近は単体として

図表1－7　プロ野球球団一覧

1950年			2019年		
球団名	親会社	親会社業種	球団名	親会社	親会社業種
読売ジャイアンツ	読売新聞グループ本社	新聞	読売ジャイアンツ	読売新聞グループ本社	新聞
国鉄スワローズ	日本国有鉄道	鉄道	東京ヤクルトスワローズ	ヤクルト本社	食品
大洋ホエールズ	マルハニチロ	食品	横浜DeNAベイスターズ	ディー・エヌ・エー	IT
中日ドラゴンズ	中日新聞社	新聞	中日ドラゴンズ	中日新聞社	新聞
大阪タイガース	阪神電気鉄道	鉄道	阪神タイガース	阪神電気鉄道	鉄道
広島カープ	なし		広島東洋カープ	個人（松田家）	（自動車）
東急フライヤーズ	東急	鉄道	北海道日本ハムファイターズ	北海道日本ハムファイターズ	食品
			東北楽天ゴールデンイーグルス	楽天野球団	IT
西鉄クリッパース	西日本鉄道	鉄道	埼玉西武ライオンズ	西武ライオンズ	鉄道
毎日オリオンズ	毎日新聞社	新聞	千葉ロッテマリーンズ	千葉ロッテマリーンズ	食品
阪急ブレーブス	阪急電鉄	鉄道	オリックス・バファローズ	オリックス野球クラブ	金融
南海ホークス	南海電気鉄道	鉄道	福岡ソフトバンクホークス	福岡ソフトバンクホークス	IT
近鉄パールス	近畿日本鉄道	鉄道			
西日本パイレーツ	西日本新聞社	新聞			
松竹ロビンス	松竹	映画			
大映スターズ	大日本映画製作	映画			

出所：日本M&Aセンター作成

球団の経営を成り立たせるために、人気を高める、球場に集客する、放映権を売る、グッズを拡販する、ファンとのつながりを強固にするといった取り組みが不可欠であり、球団社長にも経営者としてのセンスが求められるようになっている。

そうした結果、テレビ中継の視聴率は下がっているものの、球場への集客は右肩上がりの傾向が続いており、プロ野球においては、チームを強くして商品力を高めるという部分と、売上を増やして経営を維持するという部分について、それぞれのプロが役割分担する体制が確立しつつあり、それが一定の効果を上げているといえよう。

ここまで日本プロ野球のM&Aの歴史をみてきたが、昨今は野球に限らず他のスポーツにおいても大企業がスポーツ球団をM&Aする事例が急増している。図表1-8は2015年以降に成約したサッカーおよびバスケットボール球団のM&A一覧である。

まずプロ野球との大きな違いは、地場の企業や個人がM&Aで譲受を行ない、オーナーとなっている事例があるということだ。また、譲渡側も地場企業や個人が保有株を譲渡している事例が散見される。リーグ自体が成長過程にあり、小規模で経営基盤が整っていないことなどに起因するものと考えられる。

一方、プロ野球と同様の傾向として、メルカリ、サイバーエージェント、ミクシィといった新興IT企業がスポーツ球団を譲り受けていることがわかる。上記3企業もB2C企業で

図表1-8　サッカー・バスケットボール球団のM&A

時期	分類	買収	譲渡	球団
2016年6月	サッカー	トヨタ自動車	名古屋グランパスエイト	名古屋グランパス（サッカーJ2球団）
2017年3月		ジャパネットホールディングス	V・ファーレン長崎	V・ファーレン長崎（サッカーJ2球団）
2018年4月		RIZAPグループ	湘南ベルマーレ	湘南ベルマーレ（サッカーJ2球団）
2018年10月		サイバーエージェント	ゼルビア	FC町田ゼルビア（サッカーJ2球団）
2019年6月		東洋ワーク	AC福島ユナイテッド	福島ユナイテッド（サッカーJ3球団）
2019年7月		メルカリ	日本製鉄	鹿島アントラーズ（サッカーJ1球団）
2019年10月		NOVAホールディングス	パルコホールディングス（住宅建築）	いわてグルージャ盛岡（サッカーJ3球団）
2015年11月	バスケットボール	個人（アビタシオン会長）	代表個人	ライジング福岡（バスケbjリーグ）
2016年4月		個人（壮関会長）	リンクアンドモチベーション	リンク栃木ブレックス（バスケNBL）
2018年7月		加藤製作所	TE・S	東京エクセレンス（バスケBリーグ3部）
2018年12月		NOVAホールディングス	代表個人	広島ドラゴンフライズ（バスケBリーグ2部）
2019年4月		ミクシィ	個人株主複数	千葉ジェッツふなばし（バスケBリーグ1部）
2019年6月		オープンハウス	個人など複数	群馬クレインサンダーズ（バスケBリーグ2部）
2019年8月		バンダイナムコエンターテインメント	個人株主複数	島根スサノオマジック（バスケBリーグ1部）

出所：日本M&Aセンター作成

あり、自社サービスの認知向上を狙っているものと考えられる。

たとえば、鹿島アントラーズを譲り受けたメルカリのプレスリリースによると、自社の持つテクノロジーを駆使し、①新しい広告の企画、②スタジアム内店舗のキャッシュレス化、③チケットのペーパーレス化、④クラウドファンディングの実施等々を企画しているという。アントラーズの前運営母体は日本製鉄であるが、より一層の成長を遂げるためのパートナーとしてメルカリを選択したということだ。

今後、他の日本のスポーツ球団においても似たような判断が求められることは必至だろう。BリーグやJリーグがより発展した際、アントラーズと同様の選択肢を採る球団が増える可能性は非常に高いといえる。

「アジアとともに成長していく」戦略

ここまで日本国内に目を向けてきたが、人口減少によって市場の拡大が難しい日本の企業は、どこに活路を見出すべきなのだろうか。

日本M&Aセンターは、２０１３年４月に海外支援室を設置し、２０１６年４月にシンガ

図表1－9　世界のGDP成長率の予測

（前年比、%）

暦年	2017（実績）	2018（実績）	2019（予測）	2020（予測）
予測対象地域計	4.0	4.0	3.4	3.3
日米ユーロ圏	2.3	2.2	1.7	1.2
アメリカ	2.4	2.9	2.4	1.6
ユーロ圏	2.4	1.9	1.2	1.1
日本	1.9	0.8	0.9	0.0
アジア	6.2	6.2	5.5	5.5
中国	6.8	6.6	6.2	5.5
NIEs	3.2	2.8	1.8	1.5
ASEAN5	5.3	5.2	4.9	4.8
インド	6.9	7.4	6.0	6.6
オーストラリア	2.5	2.7	2.0	1.9
ブラジル	1.1	1.1	0.8	1.9
メキシコ	2.1	2.0	0.6	1.2
ロシア	1.6	2.3	1.8	1.8
日本（年度）	1.9	0.7	0.6	0.3

出所：IMF、各国統計より、みずほ総合研究所作成

ポール・オフィスを開設した。これは東南アジアを中心にした中堅・中小企業のＭ＆Ａニーズに対応するためだ。２０１９年10月には、東南アジア第二の拠点として、インドネシアに駐在員事務所を開設し、クロスボーダーのＭ＆Ａ案件に対応するための体制を整えている。

図表１－９は直近のＧＤＰ成長率を示したものである。世界の成長率は２０１９年予測３・４％に対し、日本は０・９％、アメリカは２・４％、ユーロ圏は１・２％である。現在において世界の経済成長を牽引する地域は、アジアの５・５％である。

高い成長率を維持してきたアジア諸国は、人口増加を背景にこの先も継続して経済規模が拡大していく。その結果、世界のＧＤＰの

うちアジア（日本を除く）が占めるシェア（図表1－10）は、2019年が29％であるのに対し、2050年には49％を占めると予想され、まさにアジアの時代の到来が確実視されている。

その一方で、1990年に世界のGDPの14％をも占めて国際競争力を発揮していた日本は、2019年は6％となり、2050年は2％まで減少すると予測され、国際的な影響力や競争力は大きく後退してしまう。

この動向は主に、アジア圏の生産年齢の人口増加に起因した人口ボーナスによるものである（図表1－11）。かつての日本がそうであったように、アジアの多くの国は人口ボーナスにより継続的に経済成長を果たす。この間、国民の所得は向上し、所得や教育の格差は改善され、消費を牽引し、企業や国の成長を導く。この過程で勢いのある業界や企業が生まれ、国や業界を代表する中核企業が育ってくるだろう。

日本国内をみていても、最近は中国やインド、東南アジアからのヒトやモノの動きを意識することが増えている。これが加速し、アジアが世界のGDPの約50％を占めて世界経済の支配的勢力として台頭するようになれば、さらに景色が異なってくる。

経済的な意味でいうヒトやモノ、資本、情報、技術の交流にとどまらず、文化や価値観まで含めた交流も活発になり、いままで以上にアジアの国々は身近な存在になるだろう。日本

図表1−10　世界のGDPに占める国・地域別のシェア

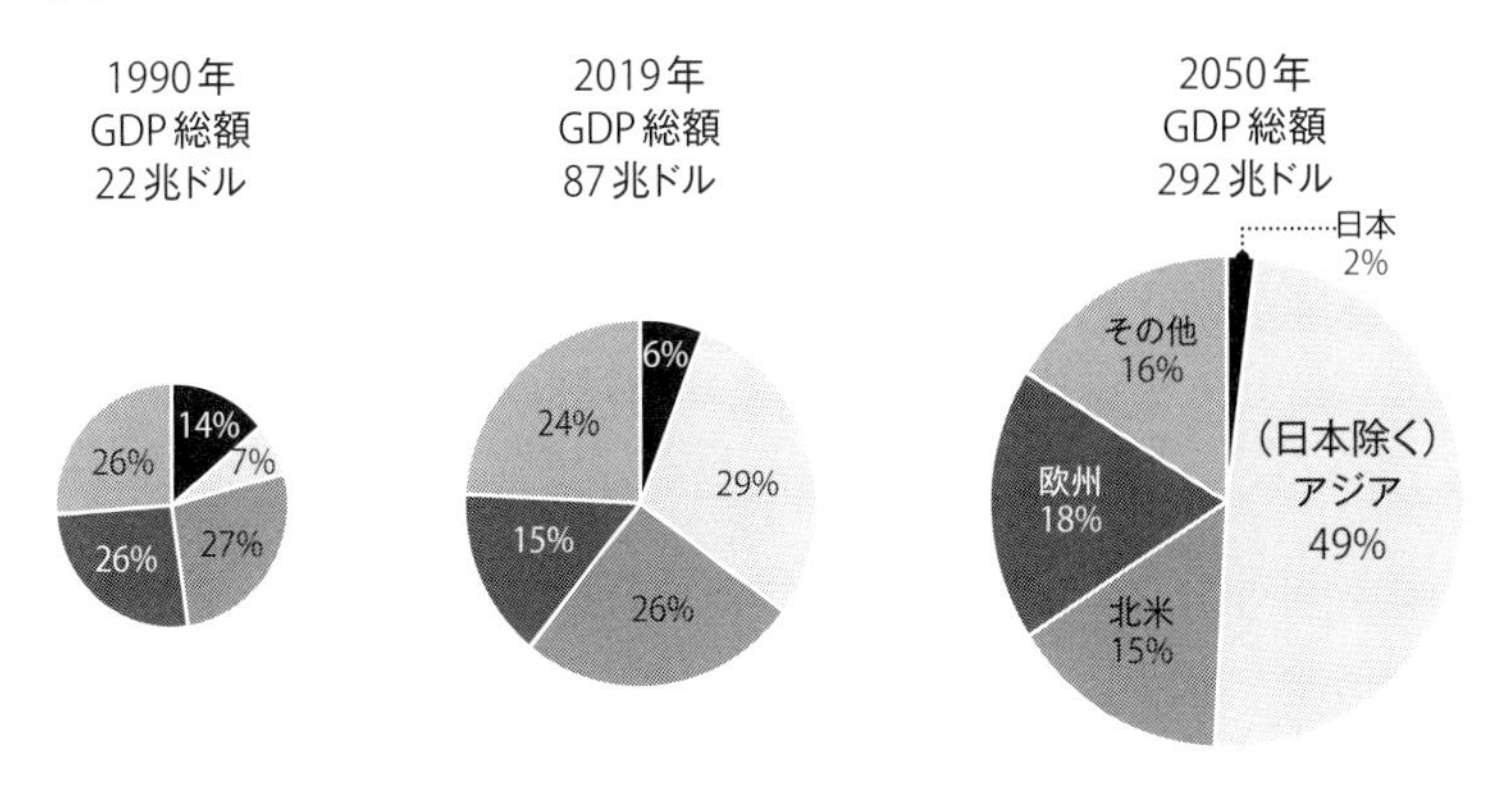

出所：PwC「2050年の世界」、アジア開発銀行「ASIA 2050 Realizing the Asian Century」

図表1−11　世界の地域別人口

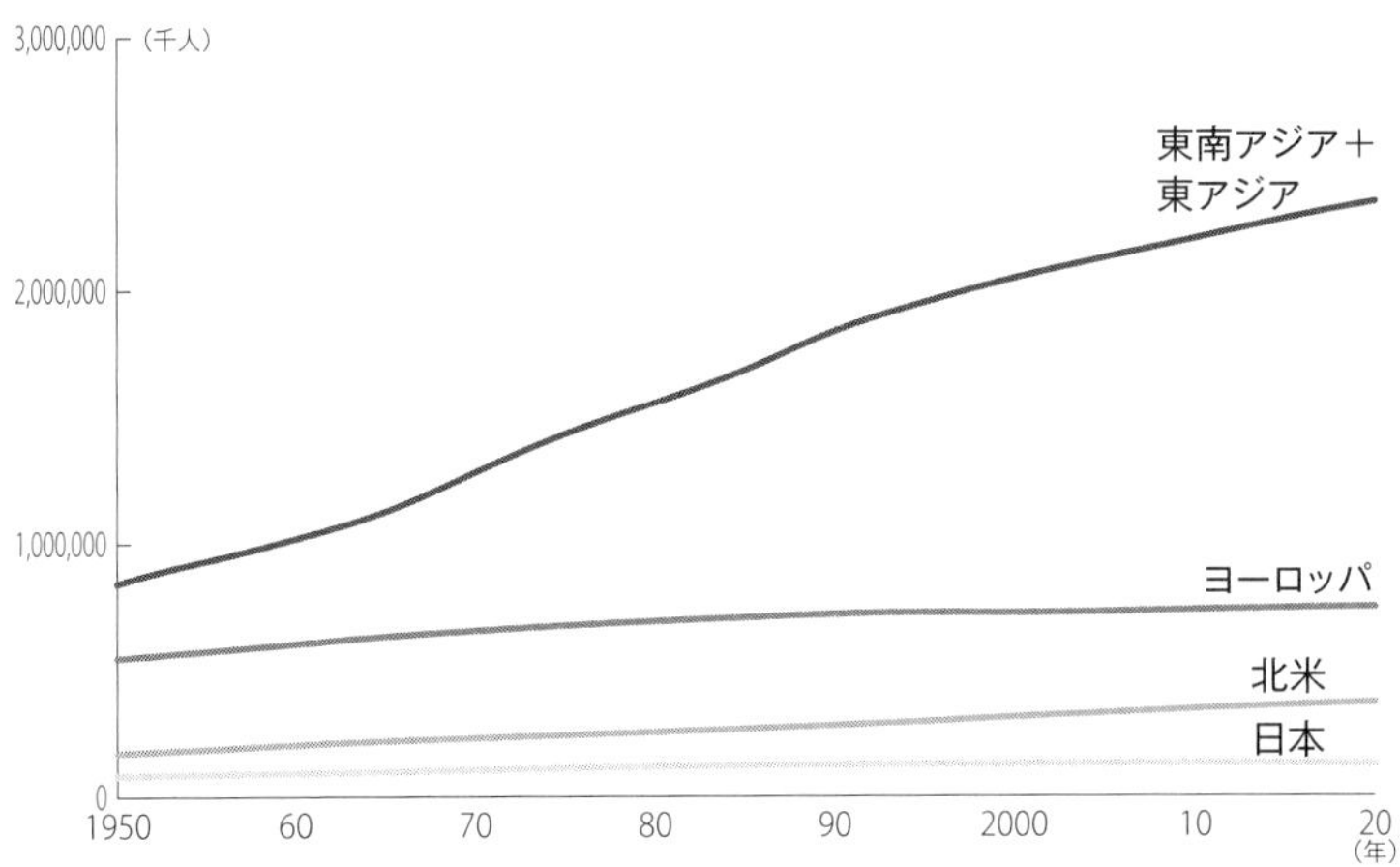

出所：United Nations「United Nation World Population Prospects 2019」を基に日本M&Aセンターが加工・作成

や世界に対する影響力は経済や政治という大きな視点だけでなく、生活レベルに至るまで増大する。これまでグローバル化といえば、日本から海外に進出（In-Out）するイメージで語られてきたが、海外、とりわけアジア圏が日本に進出（Out-In）してくるという双方向の意味でグローバルの時代が到来する。たとえ日本からアジアに出ていかずとも、日本国内でアジアと競争や協業が当たり前になる時代がくると考えられる。

この変化を受け身でとらえてはいけないし、かといって脅威ととらえる必要は決してない。物理的な距離が近く、文化的な共通項を見出しやすいアジア諸国というのは、欧米企業以上に、日本企業こそが進出しやすい地域である。世界経済の中心が、日本の近隣にシフトしてくるというのであれば、日本企業としても成長のチャンスを海外に求め、「アジアとともに成長していく」という戦略の必要性が高まる。

日本国内という狭まる市場での生存競争に対する活路が業界再編である一方、広がる市場での成長への糸口はアジア進出で見出すことができるはずだ。とりわけ成熟業界にある企業にとって、次のステージは海外展開をおいてほかにない。戦うエリアを変えることで成熟産業も成長産業になり得るのである。

アジアへ進出する目的は「低コスト」から「市場拡大」に変化

これまで日本企業のアジア戦略は「低コスト」を求めた進出であった。それは各国の市場を購買力が乏しい未成熟なマーケットだととらえて、生産拠点としてコスト競争力を求めた戦略であった。ゆえに、進出企業の多くは海外にいるにもかかわらず、「現地の日系企業」を顧客としたビジネスに取り組んでいた。

それがいまやコストではなく大きな市場としてアジア圏をとらえ、現地の市場に参入する時代である。ここで考えるべきは、現地市場に参入する方法と効果である。これまでのように現地の日系企業だけを相手にしていては、現地の成長マーケットに入り込むことはできない。真の意味で海外進出するためには現地の消費者や非日系の現地顧客を開拓しなければならない。

ただ、現地からみれば「外国人」に過ぎない日本人がいくら奮闘したところで、地場の営業開拓は容易でない。そのため、現地で雇用した社員の力によって、非日系企業やマーケットを開拓するような活動をすることが必要だ。しかし、この開拓にかかる時間と費用は相当なものである。うまく収益化に至ることができても、それまで何年も要してしまうというのが実態である。変化の速いアジアにいながら、これでは遅すぎる。

そこで有効なのは、事業基盤が構築された「いきのいい」現地企業を買収し、その経営資源を活用することである。現地の顧客や仕入先、外注先などのサプライチェーン、若く意欲ある従業員といった、自社では容易に構築できない有形無形の資産を保有する現地企業を買収することによって、タイミングを逃さずに短期間で本格的に市場参入することが可能になる。

単独で事業基盤を構築するまでに浪費する時間とコストを考えれば、M&Aは大きな効果が期待できる有力な選択肢である。現に日本M&Aセンターには、自社努力による市場開拓に苦しむ日本企業から、現地企業のM&A相談が多数寄せられてきている。

実際に日本企業による海外企業の買収案件（In-Out）は増加傾向にある。図表1-12は1996年以降5つの業界における、日本企業による海外企業の買収件数を示したものである。日本の人口がピークに達した2010年以降、海外進出や強化の機運は高まり、海外M&Aが増加傾向にある。とくに食品や建設といった成熟して業界再編が進む業界では、次なる成長マーケットへの参入手法として海外M&Aが活用されている。

アジアはその企業規模から、M&Aのディールサイズが欧米に比べて小さい傾向がある。

図表1－12　日本企業による海外地域別買収件数

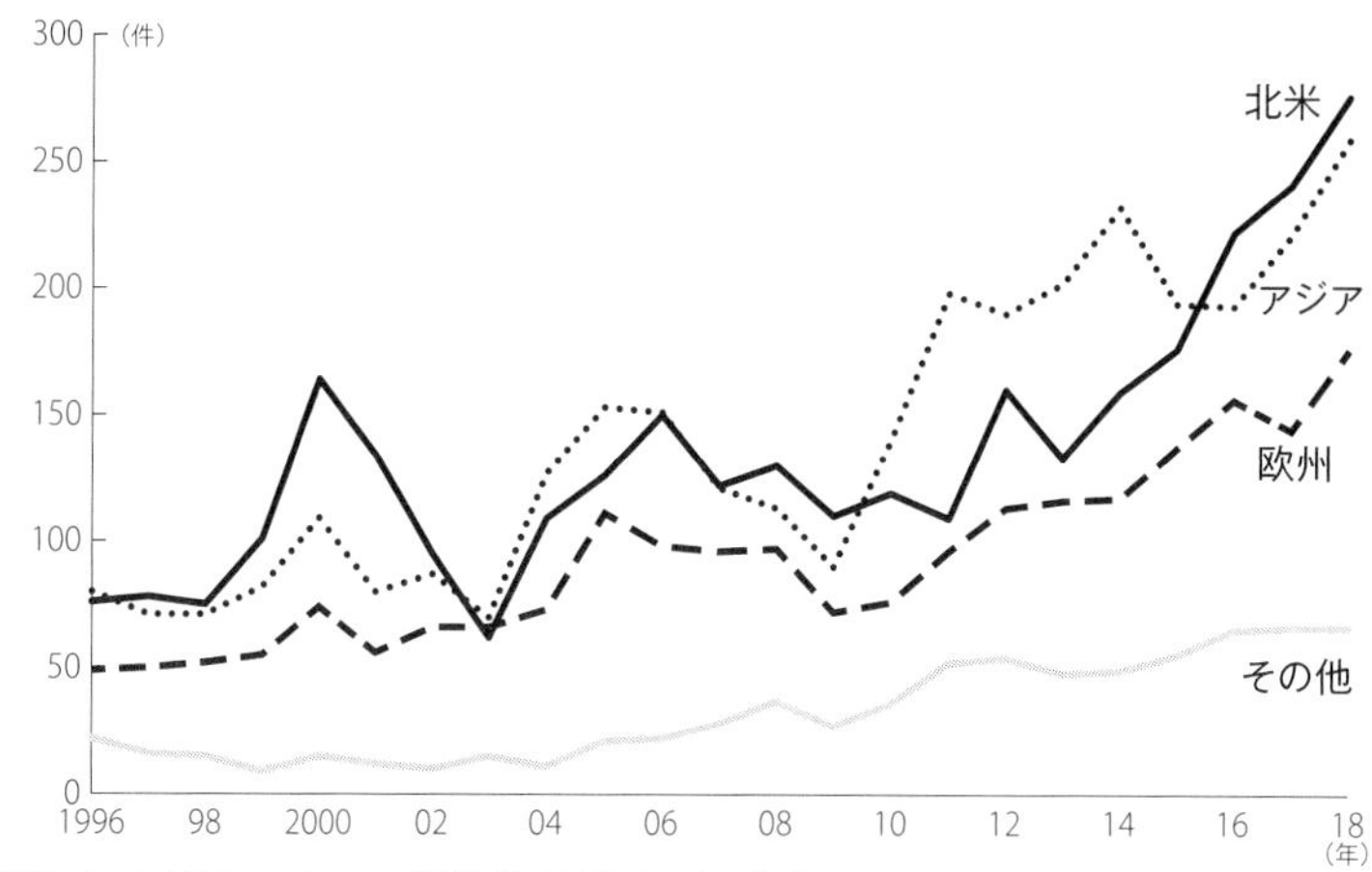

出所：レコフM&Aデータベースを基に日本M&Aセンター作成

買手のなかには売上数兆円あるいは数千億円の日本企業もある。

その理由として、実は海外では小さなビジネスしか展開できていない、現地顧客や外注先を開拓できない、有能な社員の雇用が進まない、長年赤字で困っているなどのケースは珍しくないということがある。これらの海外ビジネスの課題に対する打開策として、たとえ売上規模が数億～10億円程度で、本体に比べればきわめて小さなM&Aであっても、成長戦略上ではきわめて大きな一手として活用されているのである。

海外M&Aの成否を分けるポイント

一方で、アジアにおけるM&Aは、大手企業だけのものではなく、中堅中小企業が取り組むチャンスもある。国内の熾烈な競争に疲弊するのではなく、次の活路をアジアに求める経営者は相当数いる。将来は有望だが、まだ成長過程の中小企業がアジアには多く存在するし、数年で売上を急増させるケースも珍しくない。この規模をターゲットにすれば、投資額は数億から数十億円程度のM&Aで効果的に現地に参入し、アジア拠点を築くことが可能である。現在はまだ「成熟前のアジア市場」である。いまならば、買収後に拡大する可能性は大いにあるのである。

海外M&Aは、国内と異なる固有の論点が存在する。一言でアジアといっても、その実態は国や企業経営者の考えによって異なる。会計制度、税制度、外資規制その他法規制、商慣習など、その実態を把握して取り組まなければ、なかなか成功させることはできない。

しかし、これらを理由に海外M&Aを躊躇してはいけない。国、業種業界、対象企業、経営者などをよく理解し、目的やリスク許容度に応じた選択とそれに沿ったスキームを採用することで、実行の道筋をつくることができる。

経済環境は安定して続くことはなく、変化を怠ると事業は緩やかに死んでいく。10年先20年先を見据えたときに、将来、世界や日本、業界がどのように変わっていくのかを考えてみてほしい。そして自社はどうあるべきか。次世代を担う後継者や若い従業員にとって、魅力ある会社として存続するために、いま何を実行すべきか。

この先に起こる変化の中心はアジアであり、次世代には間違いなく無視できない存在になってくる。そこに将来の競争や協業の相手がいて、成長の可能性があるとみなすのならば、目先の課題を理由に先延ばしするのではなく、アジア展開を優先度の高い経営課題として取り組むべきである。

日本のような成熟した市場では、急速に進む業界再編と同様に、アジアとともに現地の市場で成長する、という選択は不可欠な成長戦略である。海外展開、とりわけ海外M&Aを選択する場合、成否を分けるポイントは、業界再編の場合と同様に、経営者の強烈なビジョンやコミットメントである。

将来の成長性を考えれば、たとえばアフリカ諸国、中南米諸国なども高いポテンシャルを持っているが、いずれも日本からの物理的な距離が遠いうえに、文化的な共通性が少ない。

一方、ASEAN諸国は日本にとって物理的にも精神的にも身近な高成長地域だ。人口減少による経済成長の低迷をカバーするためには、ASEAN諸国をはじめとするアジア地域の国々と、いかにうまく連携を図れるかにかかっている。

第 2 章

スタートアップ大国日本の復活

かつての日本はイノベーション大国だった

戦後から高度経済成長期の日本はイノベーション大国だった。しかし近年、かつての本田技研工業やソニーのような、世界レベルで活躍しているといえる日本企業はほとんどみられなくなった。中国のアリババやテンセントの株式時価総額が50兆円を超えて世界のトップ10入りする一方、ホンダやソニーの株式時価総額は7兆円前後と、中国企業のわずか7分の1に低迷している。日本で時価総額1位のトヨタ自動車ですら23兆円にとどまる。

日本はいま、人口減少という大きな問題を抱えている。しかし、それだけが経済縮小の理由だろうか。真の問題は、多くの企業にチャレンジ精神がなくなっていることではないだろうか。しかし、経営者の平均年齢が60歳を迎える状況で、高齢化した経営者に若い頃と同じチャレンジ精神を求めるのは少々酷なことかもしれない。

一方で国内のスタートアップは再びブームを迎えている。イノベーション大国といわれた日本の復活のカギを握るのは、チャレンジ精神にあふれた国内スタートアップの台頭だと考える。以下ではまず、日本のスタートアップ企業の歴史を俯瞰してみたい。

①第一次スタートアップブーム

第一次スタートアップブームは1970年代に機械組立加工業で起きた。

当時、日本の産業は繊維などの素材加工業から、自動車・電気を中心とした機械組立加工業への転換期であった。国内の産業が繊維からハードへ移行していくなか、その周辺事業で多くのスタートアップ企業が生まれたのである。いまや日本を代表する企業である日本電産（1973）やキーエンス（1974）が設立されたのもこの頃である。

また、「インテル入ってる」というキャッチフレーズで有名なインテルがアメリカ店頭登録市場（NASDAQ）に上場した1960年後半頃、アメリカでは民間系ベンチャーキャピタル（VC）が発展した。このようなアメリカの影響を受け、1972年には日本でも初めて民間のVCが設立された。この1972〜1973年のあいだに8社ものVCが国内で設立されたのである。ちなみに、野村證券系の日本合同ファイナンス（現在ジャフコ）が設立されたのは4番目であったが、それより前に設立された3社は現在姿を消しているため、日本合同ファイナンスが日本で最古の民間VCといわれている。

産業の変化だけでなく、VCの登場によるスタートアップ企業への資金流入もブームを後押ししたことがうかがえる。

②第二次スタートアップブーム

第二次スタートアップブームは、製造業からサービス業を中心とした第三次産業への転換期である1980年代に起こった。ソフト専門誌の販売で福岡の雑居ビルから従業員3名でスタートしたソフトバンク（1981）や、旅行業のHIS（1980）もこの頃に設立された。

1982年にはアメリカファンドのスキームを日本に持ちこみ、日本で初めて投資事業組合が創設された。また店頭登録の上場基準が緩和されたこともあり、1983〜1986年の3年間には国内で60社以上のVCが誕生した。

1980年代後半にかけて国内の景気も急上昇し、いわゆるバブル期へと突入。東京市場の平均株価（日経ダウ平均）は1985年9月末の1万2598円から1989年12月末には3万8915円へ、何と3・1倍にも上昇した。

③第三次スタートアップブーム

第三次スタートアップブームは国内ネット企業のバブルを背景に起こった。

1995年から2008年のリーマンショックまでのあいだ、ストックオプション制度の導入（1997）や、スタートアップ企業の上場を活性化させるため、上場基準が緩和され

図表2-1　2000年代に上場した主なIT企業

企業名	楽天	サイバーエージェント	ライブドア	DeNA	ドリコム
上場日	2000年4月	2000年3月	2000年4月	2005年2月	2006年2月
上場時時価総額	2,455億円	678億円	572億円	1,010億円	830億円
上場時売上高（百万円）	604	452	259	1,822	238
上場時経常利益（百万円）	228	▲36	27	268	91
時価総額（MaX）	3.4兆円	8,761億円	8,238億円	6,530億円	1,260億円
時価総額（Min）	7,400億円	662億円	102億円	929億円	12億円

出所：日本M&Aセンター作成

たマザーズ（1999）などの新興企業向けの株式市場が設立された。

この頃、サイバーエージェント（2000年にマザーズ上場）やライブドア（オン・ザ・エッジとして2000年にマザーズ上場）などのネット企業の上場ラッシュが相次いだ（図表2-1）。2000年に上場したライブドアの上場時の時価総額は572億円、1株5万円の株券が440万円まで上昇した。これまでにはみられなかった、売上の規模に対して何百倍もの時価総額がつく企業が現れるなど、ネット企業のゴールドラッシュが起きた。

2016年から3年のあいだにマザーズ市場で上場を果たした企業の年間売上の中央値が約22億円、経常利益が約2億円規模という

図表2−2　1970～2000年代に創業された主なスタートアップ企業の時価総額ランキング

	1位	2位	3位	4位	5位
1970年代創業	キーエンス（9兆円）	ソフトバンク（8兆円）	日本電産（4.8兆円）	ファナック（4.3兆円）	ニトリ（1.9兆円）
1980年代創業	光通信（1.1兆円）	スシロー（0.2兆円）	HIS（0.2兆円）	エレコム（0.1兆円）	壱番屋（0.1兆円）
1990年代創業	楽天（1.3兆円）	ZOZO（0.7兆円）	日本M&Aセンター（0.6兆円）	カカクコム（0.5兆円）	サイバーエージェント（0.4兆円）
2000年代創業	エムスリー（2兆円）	メルカリ（0.3兆円）	TKP（0.1兆円）	ラクス（0.1兆円）	コロプラ（0.1兆円）

出所：各社HPより日本M&Aセンター作成

ことを考えると、当時はネット企業というだけで市場の期待が大きかったことがうかがえる。

前述のように1970年代～2000年代の中頃までの約30年間に3回のスタートアップブームが起きた。その間に創業された主なスタートアップ企業も、現在では時価総額が1兆円を超える企業もでているが、そのほとんどは1970年代に創業され社会のインフラとなっている（図表2−2）。その特徴として、各スタートアップ企業が提供するサービスやスタートアップに集まる資金量については大きな変化があったものの、スタートアップ企業そのものの創業が活発に行なわれたわけではないという点がある。というのも、実際にはこの期間の開業率そのものは低下し

図表２－３　開業率と廃業率の推移

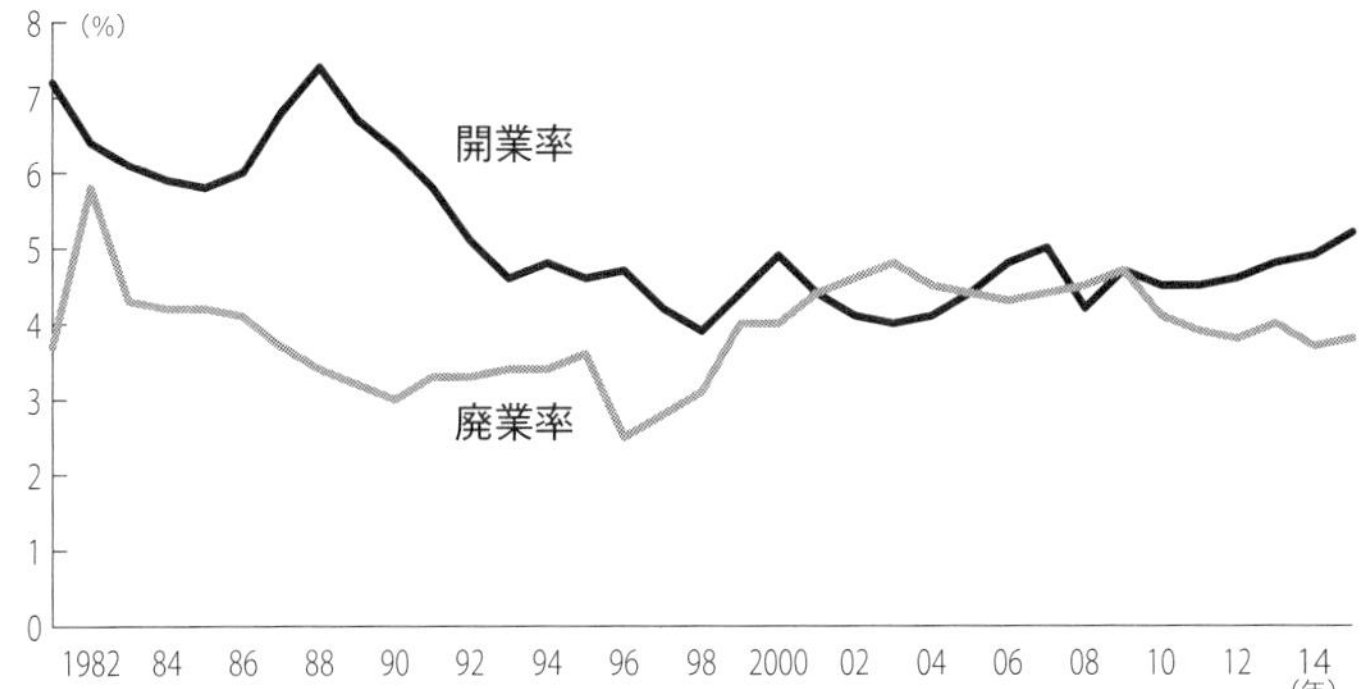

注1：雇用保険事業年報による開業率は、当該年度に雇用関係が新規に成立した事業所数／前年度末の適用事業所数である。2：雇用保険事業年報による廃業率は、当該年度に雇用関係が消滅した事業所数／前年度末の適用事業所数である。3：適用事業所とは、雇用保険に係る労働保険の保険関係が成立している事業所数である（雇用保険法第5条）。
出所：厚生労働省「雇用保険事業年報」

ており、１９８０年代前半には６％あった開業率は１９９８年には３・９％まで下がっている（図表２－３）。２０１５年は少し戻って５％となっているが、３回のスタートアップブームが起きているにもかかわらず、開業率自体は減少しているという特異な状況となっているのである。

エクスポネンシャル時代のスタートアップ成功の条件とは？

第三次スタートアップブームでいったん落ち着いていたが、２０１３年頃から第四次スタートアップブームが始まったといわれている。そこで国内のスタートアップ企業を取り巻く現在の環境についてみていく。

図表2－4　国内スタートアップ資金調達額と調達社数推移

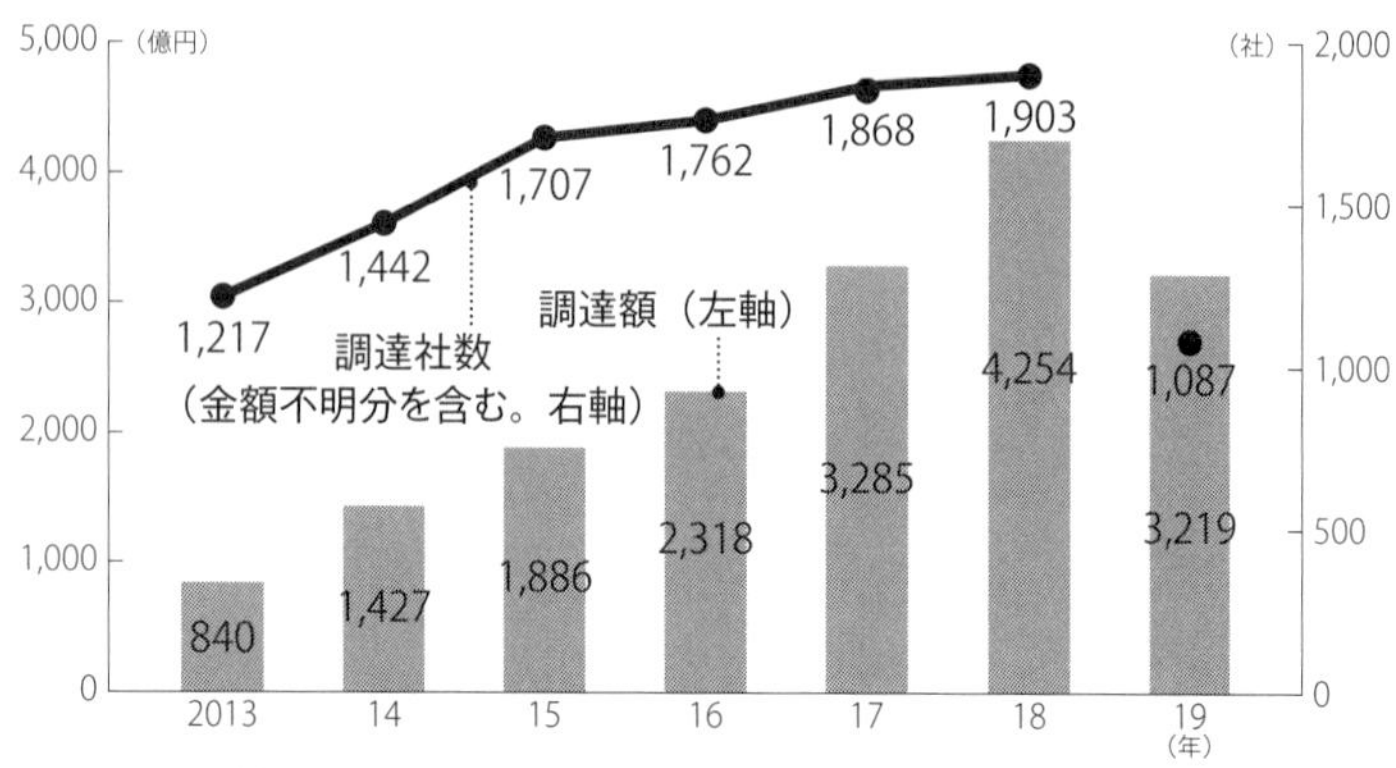

※2019年の値は基準日時点までに観測されたものが対象。
※調査進行により、過去分含めて数値は変動する。
※データの特性上、調査進行による影響は調達者数の新しい日付ほど大きい。
出所：INITIAL（2019年11月18日基準）

まず、スタートアップにこれまで以上に大量の資金が流れ出したことが挙げられる。図表2－4は国内スタートアップ企業への日本企業からの投資額の推移である。

2013年頃から、スタートアップへの資金の流入額が急増している。これまでも大企業とスタートアップ企業の提携はあった。しかしそれは共同での研究開発などが中心で、大企業からスタートアップへの資金の流入は限定的であった。これが2013年頃から業務提携だけでなく、出資を伴った資本業務提携が増加してきた。その金額は年々増加しており、近年は一部資本提携にとどまらず、大企業がM&Aによってスタートアップ企業を丸ごと傘下に取り入れる事例も増えてきている。また、特徴として調達社数自体の伸びは鈍化しており、より成長があると判断された企業に多くの資金が集まり始めている。

ここ10年の世界的な低金利の影響により、銀行に現金を預けても利子がほとんどつかないため、リスク資産に対する投資への関心が高まった結果、ＶＣに資金が集まるようになったという背景もあるだろう。

また、インターネットを基礎とした昨今のサービスの立ち上げには、大企業よりもスタートアップ企業のほうが有利な状況となっているため、大企業のほうからスタートアップ企業に歩み寄っているという状況もある。大企業側にスタートアップとの提携に関する部署がつくられ始めたのもここ数年のことである。

新サービスの立ち上げにあたって大企業よりもスタートアップのほうが有利になっている原因としては、①リソースをひとつのサービスに集中投下できる、②大企業と変わらぬ開発環境でサービスをつくれる、③エクスポネンシャルの時代に突入、④社内起業の多くは失敗する、という4つの要素が影響していると考えられる。以下では、それぞれについて解説していく。

①リソースをひとつのサービスに集中投下できる

国内スタートアップ企業による資金調達額は２０１８年に約４２５４億円（前年比29％

増）と、過去10年で最高となった。実は驚くべきことに、これは、ＩＰＯによる資金調達額約２２００億円を上回る数字であり、上場前のスタートアップ企業に数億〜数十億円単位で資金が流れていることがわかる。スタートアップ企業は、通常ひとつのサービスの立ち上げに社内のすべてのリソースを投下する。メルカリであればフリマアプリに、グノシーであればニュース配信サービスに、クラシルであれば調理動画の配信サービスにだけ、ヒト、モノ、カネすべてのリソースを投入できるのである。

一方、大企業には通常、ヒト、モノ、カネのリソースがスタートアップ企業より豊富にある。ただ、一般的に大企業は、立ち上げ途中のサービスも含め複数の事業を展開しているため、その資金は各事業に分配される。そうなると1サービスあたりの投入リソースは、スタートアップ企業の1サービスあたりのリソースよりも少なくなる傾向にある。たとえば、ヤフー株式会社の２０１９年3月期の損益計算書に計上されている広告費は約６５７億円であるが、ヤフーが展開しているサービスは１００を超えるため、単純に1サービスあたりの広告費でいうと年間6億円程度になる。しかも立ち上げのタイミングで、数億円の売上しか立っていないサービスに使える金額はより少ないはずである。

一方、スタートアップ企業は、数十億円の調達資金をひとつのサービスに集中投下できる。図表２-５は、２０１９年上期の資金調達額のランキングである。マーケティングプラット

図表2-5　資金調達額ランキング（2019年上期）

順位	社名	事業内容	資金調達額（億円）
1	フロムスクラッチ	マーケティングプラットフォーム「b→dash」の開発	100.0
2	ティアフォー	「Autoware」を活用した自動運転システムの開発	90.2
3	Synspective	小型SAR衛星「StriX」の開発	86.7
4	MUJIN	産業用ロボットコントローラの開発	75.0
5	Spiber	人工合成クモ糸「QMONOS」の開発	65.0
6	SmartHR	クラウド人事労務ソフト「SmartHR」の開発	61.5
7	ピクシーダストテクノロジーズ	視聴触覚技術の社会実装	48.5
8	五常・アンド・カンパニー	貧困層向け小口融資のマイクロファイナンス事業	38.0
9	QDレーザ	網膜走査型レーザーアイウェアの開発	36.6
10	アクティブソナー	ラグジュアリーブランド委託販売＆買取サービスの開発	36.0
11	ミラティブ	スマホの画面を共有できるライブ配信アプリ「Mirrativ」の開発	35.0
12	ディーカレット	仮想通貨取引アプリ「DeCurret」の開発	34.0
13	アストロスケールホールディングス	スペースデブリの除去技術の開発	33.0
14	スマートニュース	スマートデバイスに特化したニュースアプリ「SmartNews」の開発	31.0
15	ヤプリ	クラウド型アプリ開発プラットフォーム「Yappli」の開発	30.5
16	B4F	会員制オンラインブティック「MILLEPORTE」の開発	30.0
17	GROOVE X	新世代家庭用ロボット「LOVOT」の開発	30.0
18	カケハシ	調剤薬局向けクラウド「Musubi」の開発	26.0
19	OLTA	請求書買取（ファクタリング）サービス「OLTA」の開発	25.0
20	エブリー	レシピ動画メディア「DELISH KITCHEN」の開発	25.0
21	モダリス（旧：エディジーン）	ゲノム編集技術による新しい遺伝子治療薬の開発	24.7

出所：STARTUP DB

フォームを展開するフロムスクラッチ社は設立10年未満のスタートアップ企業ながら100億円の資金調達を実施している。その使い道は主に「採用とマーケティング」資金である。いくら大企業といえども、立ち上げ時のひとつのサービスにこの金額を集中投下することは難しい。

これまでスタートアップ企業のネックとなっていた「資金」という面で、大企業よりも有利になりつつある。

②大企業と変わらぬ開発環境でサービスをつくれる

これまでスタートアップ企業が新たなWebのサービスを立ち上げようとすると、サーバを買ってきてネットワーク環境を整えるなど、一からシステムの基礎を整備するほかなかった。この点、大企業であればすでにシステム開発の豊富なリソースがあるため有利だった。ただ、近年はAWSなどに代表されるようにクラウド上でのシステム開発メニューが充実してきており、一からシステム開発環境を整える必要はない。その結果、スタートアップ企業も大企業と遜色ない環境でサービスの開発ができるようになった。こうした点もスタートアップ企業のサービスが成長している理由として挙げられる。

そうなるとむしろ、システム投資の意思決定に時間を要する分、大企業のほうが不利になる場面も出てくるかもしれない。

③エクスポネンシャルの時代に突入

スタートアップ企業という概念自体は1970年代当時からあったが、当時のスタートアップとの大きな違いといえば、その成長のスピードである。自動車が普及するまでに80年、テレビ、ラジオ、パソコンは30年、そしてインターネットに至っては10年を切っている。このように産業のインフラが変化するにしたがって、製品の導入から市場での普及までの製品サイクルは時代を追うごとに短縮化しており、サービスを提供する企業側にとっても製品開発の「スピード」の重要性が高まっている。

これまでは、製品の市場の大きさを含めた成長曲線は「一直線」に成長することが通常だった。しかし、近年のインターネットサービスを含めた製品の成長曲線はある点を超えると曲線を描く「エクスポネンシャル（指数関数的）」なものとなっている（図表2-6）。このような状況においては、小さな市場ができ、その市場の存在を大企業が知り、市場調査に乗り出し、競合製品を分析し、製品開発をして、というような流れをとっているうちに、一気に市場から取り残されてしまうことになる。

たとえば、シリコンバレーで生まれたビジネス向けチャットツールを提供するSlackとい

図表2−6　エクスポネンシャルな進化

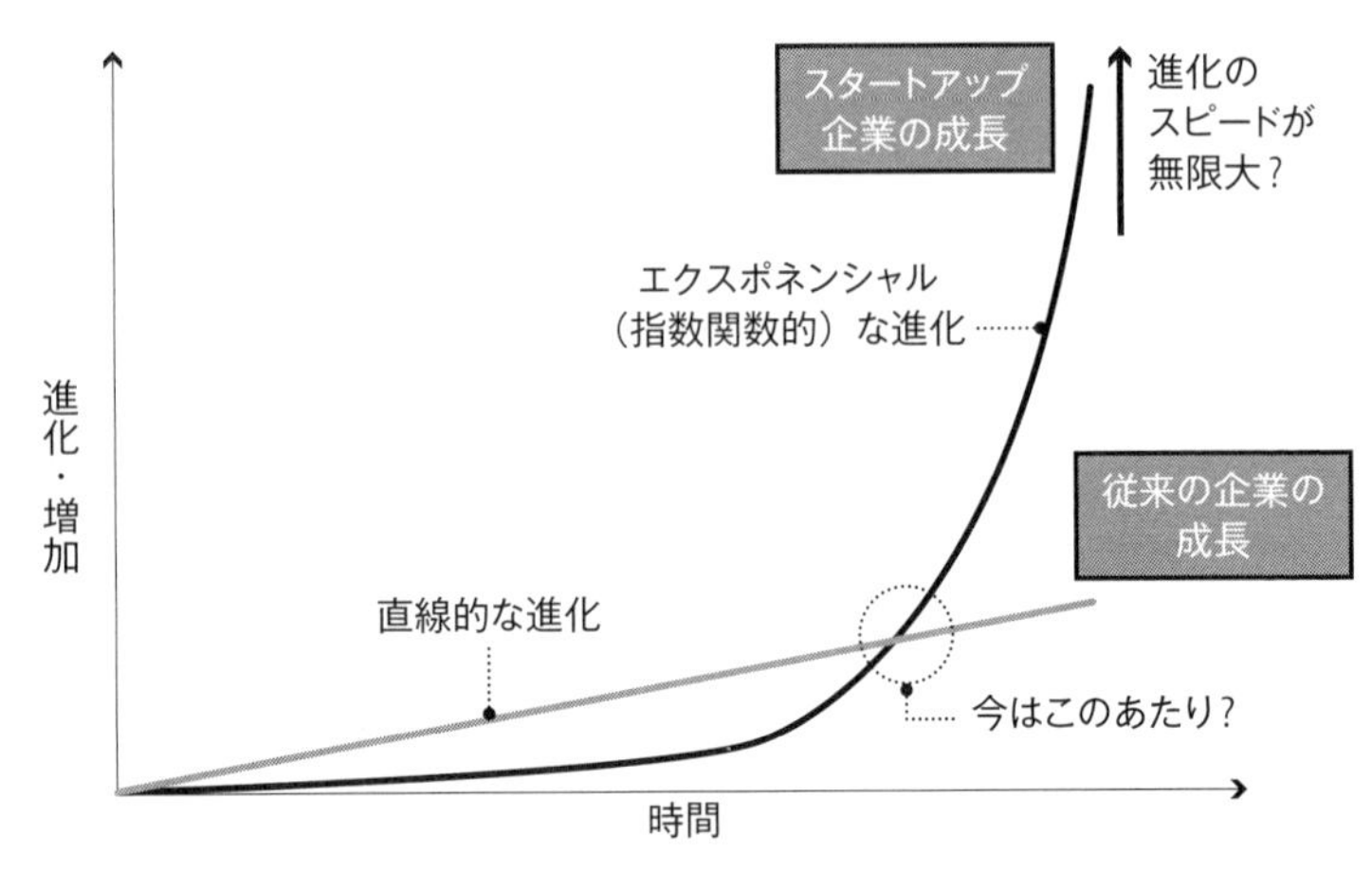

出所：日本M&Aセンター作成

う企業は設立2年で100億円の売上を生み出す企業になった。中国の電子商取引サイトを展開するPinduoduoという企業は、創業からわずか3年でNASDAQに上場した。日本でも2018年に上場したアプリ開発のand factoryという企業は設立からわずか4年で上場するなど、以前は10年かかるといわれていたB2Bのサービスの立ち上がりの期間が大幅に短縮していることがわかる。

従来どおりの直線的な進化しか想定していない日本の大企業が多いなかで、製品ライフサイクルの短縮化による指数関数的な成長曲線に追いつくには、すでにサービスの種を持っているスタートアップ企業をM&Aによってグループに入れてしまうほうが手っ取り早いのである。シリコンバレーではすでに大企業と化したフェイスブック社は2018年だけで約300社のスタートアップ企業をM&Aによってグループに取り込んでいる。

④社内起業の多くは失敗する

そもそも、大企業が新サービスを生み出すことは容易ではない。まず、新サービス立ち上げのための社内プロジェクトはうまくいかないことが多い。本当に事業を立ち上げたいという強い理念と情熱を持った人間は早々に脱サラして企業から出ていくなど、社内には新規事業開発ができる人材が不足している。

また、ほとんどの企業における新サービスの立ち上げメンバーは経営者層ではなく一般社員である。サイバーエージェントのAbemaTV、ZOZOのZOZOSUITなどの立ち上げのように、創業経営者自身が先頭で舵を取り、新サービスの立ち上げを主導していることは稀である。スタートアップ企業を含め、リスクを取れる立場にある創業経営者による新サービスの立ち上げか、リスクを取りにくい社員メンバーによる立ち上げなのかによってその成否は変わってくるといえる。

また大企業では、仮にメンバーが集まり立ち上げがスタートした場合にも、その先に時間がかかるのが通常である。市場調査をして、社内の稟議を通して、予算を確保して、などと各種の調整をやっているうちに数年が経過していたということもざらであり、本格的にサービスの開発に着手した頃には、すでに類似のサービスが市場に多数出てきていることも多い。

とくに近年、スタートアップ企業に数十億円の資金が集まるようになってからは、スタートアップ企業のサービスの立ち上げに大企業のそれが追いつけない傾向が目立ってきている。大企業としては社内で新サービスをゼロから立ち上げるよりも、若くていきのいいスタートアップ企業を買収し、一気に資金を投入しスケールさせる「時間とサービスの種を買う」ためのM&Aが今後も増加すると考えられる。

M&Aはスタートアップ企業に大きなメリットをもたらす

これまでは大企業がスタートアップ企業をM&Aによって取り込むべきだと考えられる理由を述べてきた。では、逆にスタートアップ企業にとってM&Aで大企業にジョインするメリットはなんだろうか。

図表2－7は日本のスタートアップ企業のイグジット手段である。イグジットとは、株式を売却し、投資に使った資金を回収する手法のことだ。M&AとIPO（株式公開）がその

図表2－7　日本のイグジット手段

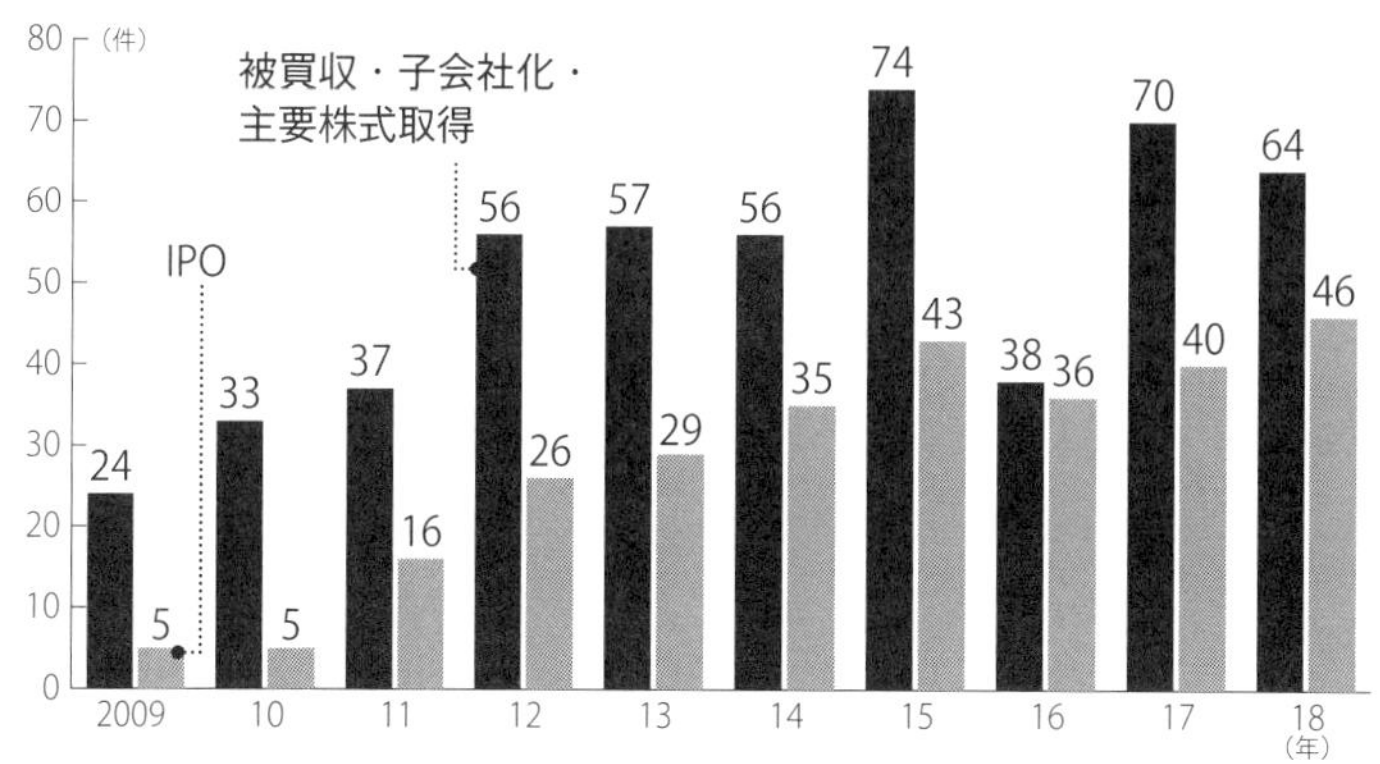

※被買収・子会社化・主要株式取得、事業譲渡については、完全子会社化などをイグジットとし、調査終了になったもののみを対象として集計。
※IPOについてはテクニカル上場や鞍替えは含まず集計。
出所：INITIAL（2019年2月21日基準）

代表である。日本においてはM&AとIPOの比率は多少変動があるとはいえ、約6：4で推移してきた。この10年、IPOよりM&Aを選択するスタートアップ企業のほうが常に多かったが、それほど大きな差があるわけではない。

一方、アメリカでは9割以上がM&Aによるイグジットだといわれている。なぜ、それほどまでにM&Aのほうが活用されているのだろうか。実はアメリカでは、あるタイミングを境にIPOとM&Aの件数が逆転した。その契機といわれているのが2001～2002年に発生した二大粉飾決算であるエンロン事件とワールドコム事件である。この事件を機に、内部統制監査の実施や四半期レビューの追加など上場企業に対しての締めつけが

図表2－8　アメリカの上場企業数の推移

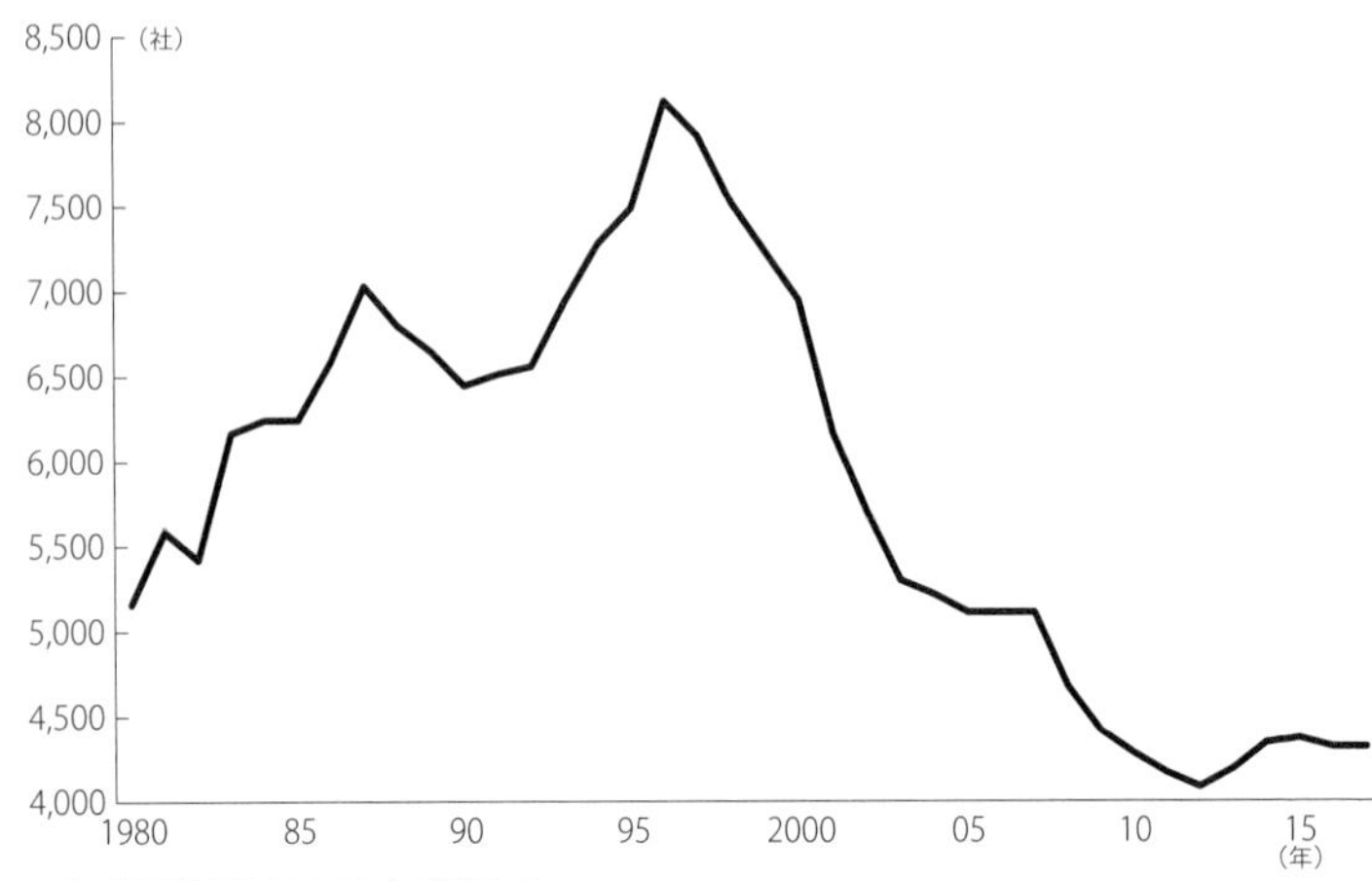

出所：世界銀行資料より大和総研作成

強くなり、上場コストが急騰した。また、起業家にとってもコンプライアンスの順守がより求められ、場合によっては経営者が逮捕される事態にまで発展することから、そこまでのコストとリスクを取って上場することにメリットを感じなくなっているという背景がある。その結果、8000社を超える上場企業数を誇っていたアメリカも、1996年からその数は半減した（図表2－8）。

日本国内においても、2006年にライブドアの堀江貴文氏が非上場株の取引を巡って証券取引法違反で逮捕されたライブドアショック以降、上場基準が厳しくなるとともに、上記のアメリカの流れを受けて日本国内の上場企業に対しても内部統制の監査が義務化されたことから上場コストが上昇し、IPO件数は減少したといわれている。今後も証券取引所の上場審査の厳格化、証券会社や監査法人の人員不足も影響し、「年間の上場件数が１００社を大きく超えて増えることはない」との見方が大勢を占めている。

また、事業ノウハウや顧客ネットワークなど、大企業が得意とするスケールさせる力を使えることもＭ＆Ａによって大企業にジョインするメリットとなっている。

スタートアップの起業家個人としても、ＩＰＯよりもＭ＆Ａのほうが手元に入ってくるキャッシュが多くなる。これは通常、上場してもオーナー自身の株式は売れないことが多いためである。上場と同時に、代表が個人で所有している自社の株式を大量に売却して現金化してしまうと、市場からは「社長自身が自社の成長に期待していない」という評価になり、株価が大幅に下落してしまう恐れがあるのだから当然である。

従来、起業家といえば上場をさせることが当たり前の目標、美学とされていた。しかし近年、若い起業家にみられるのは、「サービスの0→1を立ち上げることに生きがいを感じている」「サービスをスケールさせていくフェーズにはあまり関心がない」「上場にはそれほど魅力を感じない……」という多様な価値観である。いわゆる起業から上場までがすべての起業家にとっての既定路線ではなくなりつつある。

野球でたとえるならば先発完投型のピッチャーが必ずしもベスト、美学ではないという価値観である。昭和のピッチャーは当たり前に1回から9回まで投げていたが、戦術の多様化により先発、中継ぎ、クローザーと継投が当たり前となった。いまや高校野球ですら継投が当たり前となってきている。企業の経営にも今後同じことがいえるのではないか。サービスのライフサイクルが短縮化し、市場の成長スピードが指数関数的になっていくなかで、必ずしも1人の経営者だけで企業の成長フェーズのすべてに対応しなくても、各フェーズを得意とする人材は必ずいる。

前述したが、ヤフーグループにジョインしたZOZOの前澤社長もM&Aの決断についてブログのなかで以下のように述べている。

「このタイミングでZOZO社は抜本的に経営スタイルを変えたほうが良いと思っている。僕のワンマントップダウン経営では限界がある。現場の裁量や権限を重んじるチーム力を活かした組織型経営への移行が急務だ。そしてそれを率いるのは澤田が適任だ。彼を新社長に選任し、新経営陣でZOZO社は次のステージに進むべきだ」

これはまさに経営のステージによって適任となる経営者が変わってくるということを述べているのではないだろうか。2019年3月期で売上高1184億500万円、営業利益256億5400万円をたたき出し、時価総額7000億円前後の会社を21年でつくり上げた経営者だからこそ、企業の成長のステージと、自身の経営者としての適性を客観的に判断した結果ともいえる。

社会課題のあるところから起業家が現れることが求められる

スタートアップ企業へ流れるリスクマネーは、日本が年間約3000億円なのに対して、シリコンバレーでは2018年だけで約15兆円といわれている。世界トップのスタートアップエコシステムを形成しているシリコンバレーと日本とを比較した場合、このような資金規模の違いもその差として挙げられるが、もうひとつの問題点として、日本には課題のあるところにスタートアップ起業家がいないといわれることがある。これは生活にまったく支障のない都市部に起業家が集中しており、生活における課題を感じにくいため、社会のインフラを根本から変えるようなサービスが生まれにくいということである。

シリコンバレーで生まれたUberなどは、坂道が多く、バスしか移動手段がなかったサンフランシスコ市内の長年の課題を解消しようと、一般のドライバーをアプリによって、タクシーと同じような機能を持たせたことにイノベーションがある。

今後日本は、少子高齢化が急速に進展する。労働人口の減少や地方の過疎化など、先進国のなかで最初にこの問題に直面することとなる。少子高齢化の影響をいちばんに受けるのは都市部ではなく、地方である。少子高齢化の問題は、国としての大きな試練ではあるが、先進国で初めて、この問題に対するソリューションを発見することができれば、今後世界が直面する問題に対応する先駆者となれる可能性がある。

インターネットの普及により、以前よりも場所を選ばず仕事をできる環境が整ってきた。今後5Gなどの通信環境のさらなる発達により、この機運が高まり、地方にスタートアップ起業家がさらに流入することで、当該問題の解決のためのイノベーションを起こすことが期待される。

戦後の日本はスタートアップ大国だったととらえることができる。太平洋戦争に敗北後、焼け野原からスタートし、モノやカネなどのリソースが圧倒的に不足しているなかで、ヒトをもって世界トップクラスの経済大国にまで上り詰めた。国そのものがスタートアップだった時代、ともいえる。

ヒト、モノ、カネすべての面において起業に適した環境が整備されている現在、以前とは比較にならないくらいに起業に対するリスクも低減されている。起業家を後押しする環境の整備は今後さらに加速するとみられる。起業する環境がいまとは比較にならなかった時代に松下幸之助や本田宗一郎など伝説的なスタートアップ起業家を生み出した日本の潜在能力の高さを鑑みると、今後新たに日本を牽引する起業家が生まれ、スタートアップ大国日本が復活することを願わずにはいられない。

既存企業の再興にもM&Aが不可欠

1989年時点において日本企業は世界の時価総額ランキング（上位50社）の半分を超える32社を占めていたのに対して、現在では50位以内に入っているのはトヨタ1社のみ（13位）だ。参考までに、図表2-9で1989年と2018年の10位までのランキングを示す。

2019年の日本の株式時価総額トップ10の顔ぶれは、2009年のそれとほとんど変わらない。トヨタ自動車、NTT、NTTドコモ、三菱UFJ銀行などは常連だ。アメリカではアップルやアルファベット（グーグル）、アマゾンが約100兆円の時価総額となり、大きな変化を遂げているのに、日本ではキーエンスが9兆円の時価総額、ソフトバンク、リクルートホールディングスが7兆円の時価総額で新たにランクインしているくらいだ。

前の世代の踏襲という習慣で会社運営がなされているのでは、今後、日本企業が成功したとしても、そのスピードは非常に遅く、世界のトップ企業に伍して並び立つことはもうほと

図表2－9　世界時価総額ランキングの比較

1989年			2018年		
1	NTT	1,638.6億ドル	1	アップル	9,409.5億ドル
2	日本興業銀行	715.9億ドル	2	アマゾン・ドット・コム	8,800.6億ドル
3	住友銀行	695.9億ドル	3	アルファベット	8,336.6億ドル
4	富士銀行	670.8億ドル	4	マイクロソフト	8,158.4億ドル
5	第一勧業銀行	660.9億ドル	5	フェイスブック	6,092.5億ドル
6	IBM	646.5億ドル	6	バークシャー・ハサウェイ	4,925.0億ドル
7	三菱銀行	592.7億ドル	7	アリババ・グループ・ホールディング	4,795.8億ドル
8	エクソン	549.2億ドル	8	テンセント・ホールディングス	4,557.3億ドル
9	東京電力	544.6億ドル	9	JPモルガン・チェース	3,740.0億ドル
10	ロイヤル・ダッチ・シェル	543.6億ドル	10	エクソン・モービル	3,446.5億ドル

出所：『週刊ダイヤモンド』2018年8月25日号

んど不可能かもしれない。

日本の多くの産業は、ライフサイクルでいえば、すでに成熟段階、もしくは衰退段階に入っている。成熟段階に入った産業において、新たな成長を目指すためには、従来の延長線上にある発想や組織運営ではなく、異業種間の枠を超えた再編が活発化していかざるを得ない。また、国内で再編を進めて基盤を整える一方、海外での営業活動をさらに強化することも不可欠だ。海外に販売ルートや拠点がない企業も、海外で一定以上の成果を出している企業と組むことによって一気に海外展開が可能となる。

つまり、既存の企業においても、M＆Aは再興のために必須の手段なのである。にもかかわらず、日本国内のM＆A案件はまだまだ

図表2-10　日本企業のM&Aの件数の推移

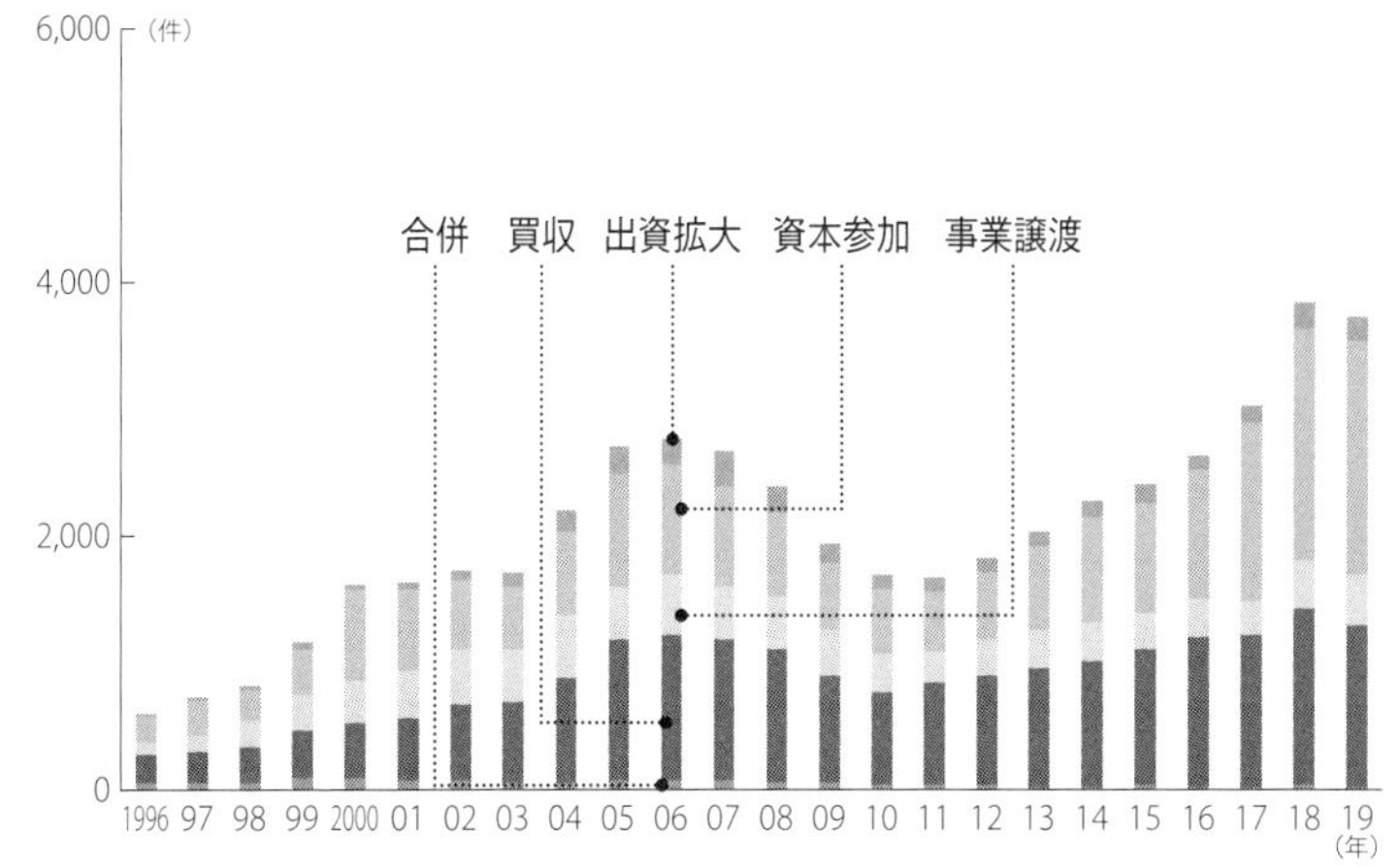

※2019年は12月3日時点まで。
出所：レコフM&Aデータベースを基に日本M&Aセンター作成

少ない。2019年に日本企業の関わったM&Aの件数（図表2-10）は11月末時点で3751件であり、過去最高であった2018年の件数を上回るとはいえ、金額ベースの対GDP比でみると、アメリカなど海外諸国と比較して非常に少ない。図表2-11からわかるように、日本のM&Aは取引金額ベースでGDP比約1・4〜5・5%という水準にとどまっているのに対し、アメリカはGDP比10%前後で推移しており、日本と比較すると非常に高い割合である。M&A件数・金額ともに過去最高であった2018年には日本もGDP比5・5%と高水準だったが、それでもアメリカと比べると2分の1以下である。

先ほどもみたように世界の時価総額上位企業のほとんどはアメリカにあるが、そのアメ

図表2-11　日本とアメリカのM&A金額と実質GDP

	実質GDP 日本 （10億円）	M&A金額 日本 （10億円）	実質GDP アメリカ （10億ドル）	M&A金額 アメリカ （10億ドル）
2005年	489,625	11,750	14,913	11,353
2006年	496,577	15,123	15,338	1,811
2007年	504,792	12,518	15,626	1,826
2008年	499,271	12,641	15,605	1,182
2009年	472,229	7,788	15,209	881
2010年	492,123	6,781	15,599	1,131
2011年	491,456	10,970	15,841	1,378
2012年	498,803	12,616	16,197	1,361
2013年	508,781	7,878	16,495	1,475
2014年	510,687	9,349	16,912	2,086
2015年	516,932	16,860	17,404	2,520
2016年	520,381	16,975	17,689	2,170
2017年	530,150	13,596	18,108	1,956
2018年	534,830	29,236	18,638	2,195

出所：World Development Indicatorsを基に日本M&Aセンターが加工・作成

リカは過去から現在に至るまでM&Aが世界で最も活発な国だ。2018年は取引金額ベースで世界のM&Aの約61%がアメリカ企業によるものだった。

日本とアメリカでなぜこのような格差が生じるのだろうか。原因を分析してみたい。

まずはM&Aにおいて譲受・譲渡の主体となる企業の観点からみていく。

2018年時点において、日本には約3600社、アメリカには約4400社の上場企業が存在する。人口や経済力との比較でいえば、相対的に日本の上場企業数が多いといえる。一方、時価総額の合計を見ると、アメリカのほうがかなり大きい。2018年で比較すると、アメリカは市場全体での時価総額が30兆4363億ドルで、1社あたり69億22

図表2−12　日本とアメリカの上場企業数と時価総額

	日本			アメリカ		
	上場企業数	時価総額（100万ドル）	1社あたり時価総額（100万ドル）	上場企業数	時価総額（100万ドル）	1社あたり時価総額（100万ドル）
2005年	2,323	4,572,901	1,969	5,145	17,000,864	3,304
2006年	2,391	4,614,069	1,930	5,133	19,568,973	3,812
2007年	2,389	4,330,922	1,813	5,109	19,922,280	3,899
2008年	2,374	3,115,804	1,312	4,666	11,590,278	2,484
2009年	2,320	3,306,082	1,425	4,401	15,077,286	3,426
2010年	2,281	3,827,774	1,678	4,279	17,283,452	4,039
2011年	2,280	3,325,388	1,459	4,171	15,640,707	3,750
2012年	2,294	3,478,832	1,516	4,102	18,668,333	4,551
2013年	3,408	4,543,169	1,333	4,180	24,034,854	5,750
2014年	3,458	4,377,994	1,266	4,369	26,330,589	6,027
2015年	3,504	4,894,919	1,397	4,381	25,067,540	5,722
2016年	3,535	4,955,300	1,402	4,331	27,352,201	6,315
2017年	3,598	6,222,825	1,730	4,336	32,120,703	7,408
2018年	3,652	5,296,811	1,450	4,397	30,436,313	6,922

出所：Statistaを基に日本M&Aセンター作成

00万ドル、日本は市場全体での時価総額が5兆2968億ドルで、1社あたり14億5000万ドルとなっており（図表2－12）、1社あたりの時価総額ではアメリカは日本の約4・7倍となっている。

また面白いことに、日本では上場企業が増加しているのに対し、アメリカでは横ばいである（図表2－13）。

これには複数の要因が考えられるが、M&Aとの関連でいえば、アメリカでは戦略的に大企業にジョインする事例が増えているということがある。これは大企業の傘下に入って成長を加速させようとする考え方であり、アメリカではそれが顕著だ。とくにGAFA（Google、Amazon、Facebook、Apple）といった世界的な大企業のグループに入りたいと望

図表2−13　日本とアメリカの上場企業数の推移

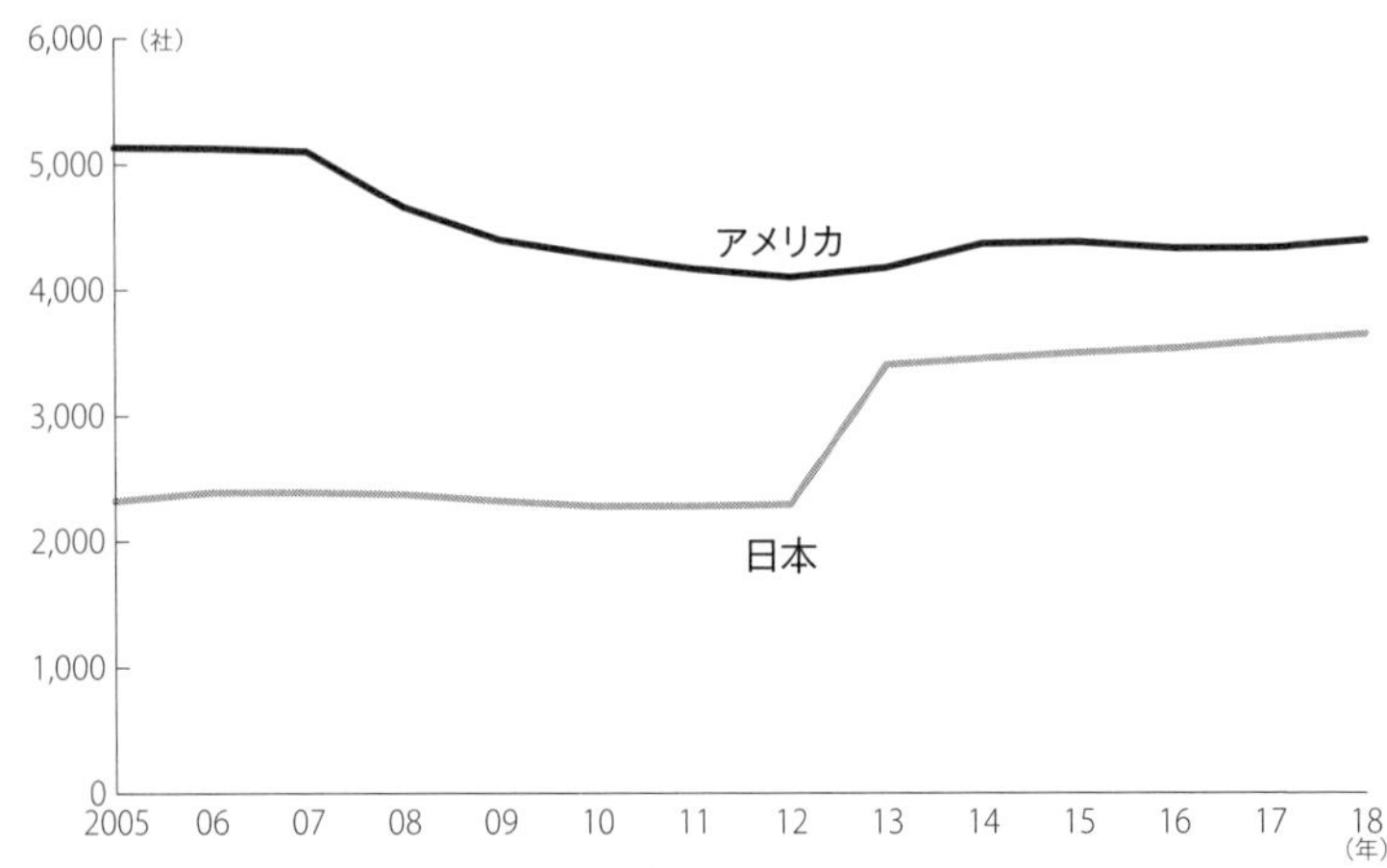

出所：data.worldbankより日本M&Aセンター作成

む企業は増えているものと考えられる。また、ユニコーン企業などをはじめ、未上場でありながらも上場企業以上の規模や知名度を持つ会社も珍しくなくなっている。そうした意味で、アメリカにおいては、上場（株式公開）の意味自体が変化しているということもあるかもしれない。逆に日本ではアメリカと比較し、M&AではなくIPOが選択肢として依然人気だということだろう（図表2-14）。

このように、目下のところ、M&Aにおいてはまだまだ遅れている日本だが、図表2-11でもみたように近年は徐々に増加してきており、将来的には件数が3倍程度まで拡大するのではないかと考えている。

図表2－14　日本とアメリカの新規上場企業数の推移

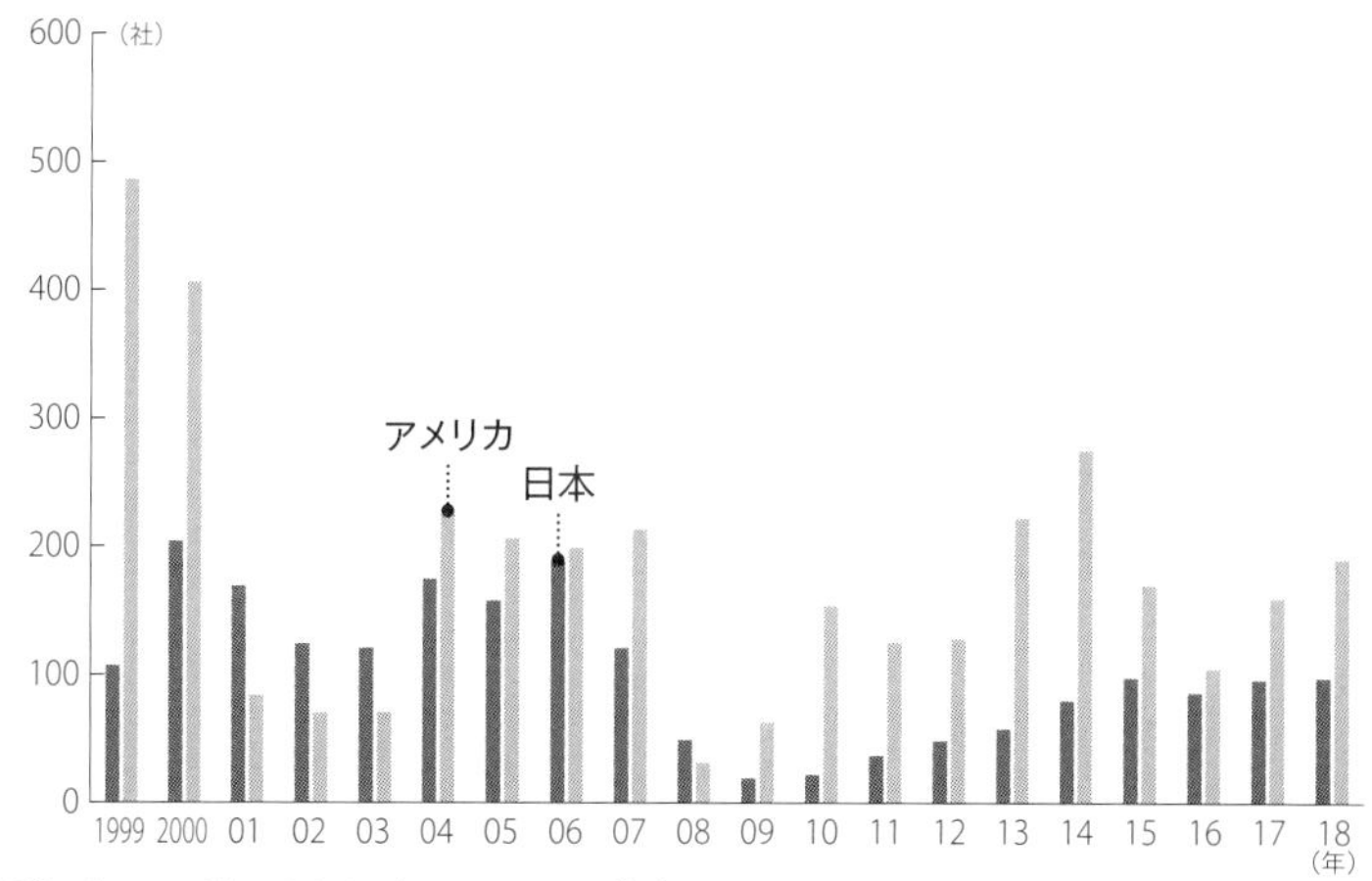

出所：data.worldbankより日本M&Aセンター作成

日本のM&Aの件数がこれから激増する理由

２０１９年に日本企業が関わったM&A件数は４０８８件と過去最高の多さになった。なお、M&A件数は、２００６年に２７７５件から２０１１年に１６８７件まで減少し、その後の景気回復に合わせて上昇基調だが、まだまだ増加すると考えている。それは、業界再編が増えているからだ。

業界再編とは、「業界全体を考える優良企業が集まって業界構造を変え、新しいビジネスに挑戦すること」である。今後、日本のあらゆる業界においてM&Aによる再編が進むと考えられる理由は、以下に挙げる５つの要因によるものである。これについては前著『業界メガ再編で変わる10年後の日本』でも触れたものだが、以下に私が提唱している業界再編の法則を簡単に説明しよう。

法則① どの業界も大手4社に集約される

業界のライフサイクルのいずれのフェーズでも再編は起こりうる。「成長業界」では、ある水準に達すると一気に商品やサービスが普及する分岐点である「クリティカルマス」の達成を狙ってスピードを追求した再編が起こりやすいし、「成熟産業」では、マーケットシェアを確保しコスト優位を確保するための再編が起こりやすい。そして衰退業界では、競合プレイヤー数を減らし、残存者価値を高めるための再編が行なわれる。

こうして業界再編が行なわれた結果、多くの場合は各業種において企業グループは大手4社に集約される。

日本において、こうした再編が先行して行なわれたのが、図表2-15に挙げた医薬品卸業界、銀行業界、家電量販店業界などである。旧都市銀行は、かつて13行体制だったのが、現在は三菱UFJフィナンシャル・グループ、三井住友フィナンシャルグループ、みずほフィナンシャルグループ、りそなホールディングスの4メガバンクに集約された。また、家電量販店はヤマダ電機、ビックカメラ、ヨドバシカメラ、エディオンの四強だ。

図表2-15　4社に集約された医薬品卸業界の例

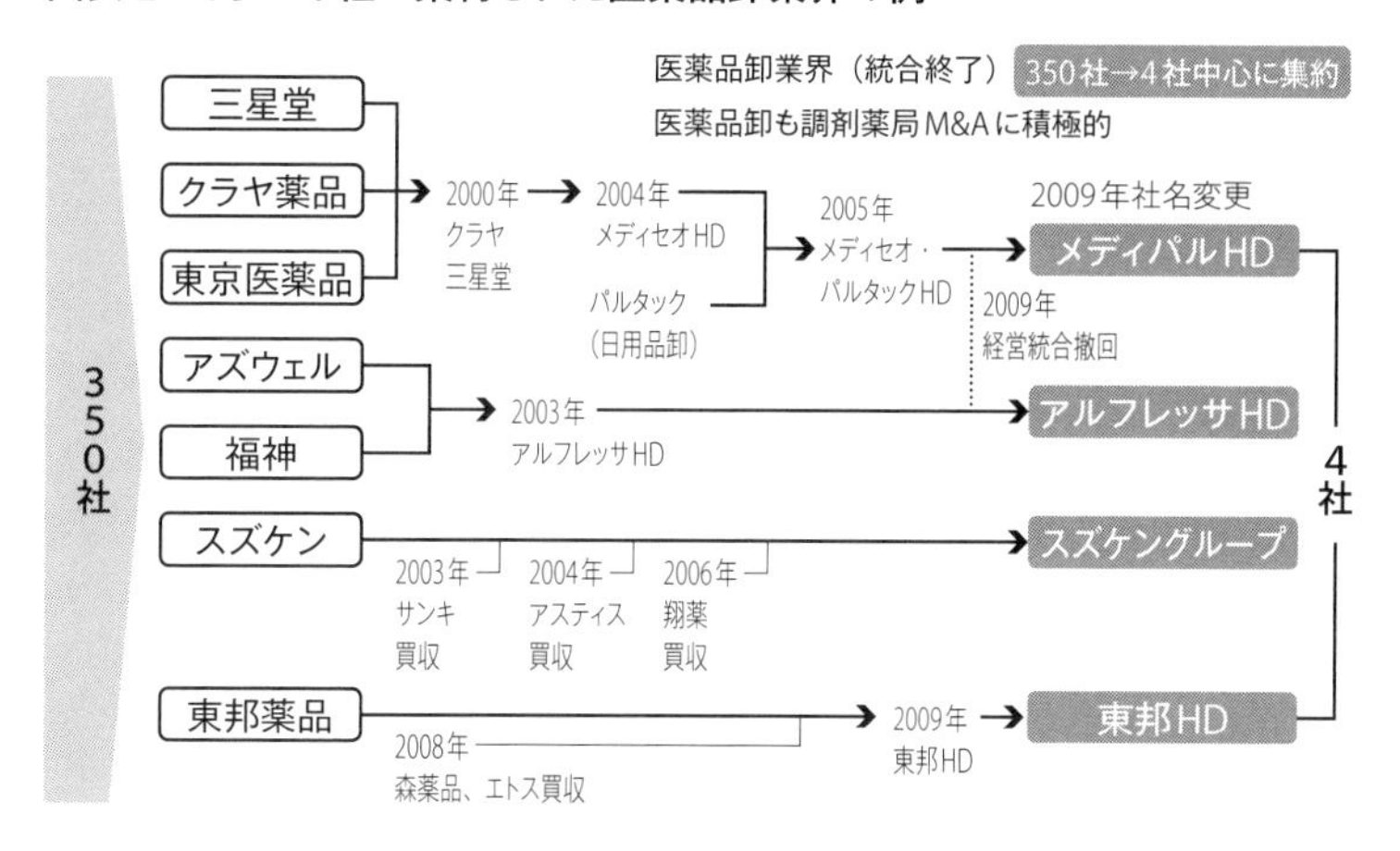

出所：『業界メガ再編で変わる10年後の日本』（渡部恒郎著、東洋経済新報社、49ページより）

なぜ4社なのかというと、日本では金融機関と総合商社が、産業の発展に大きく寄与しているからだ。大手金融機関は国内におけるお金の流れを、一方、総合商社はモノの流れを決定づけている。そのため、各銀行の文化やカラー、総合商社の系列（三菱商事、三井物産、住友商事、伊藤忠商事）にしたがって、国内のあらゆる産業が4社に集約されてきたと思われる。

法則②　上位10社のシェア10％、50％、70％の法則

企業のライフサイクルは「導入期」「成長期」「成熟期」「衰退期」の4つに分けられるが、それぞれの段階において、市場ニーズや競合の状況の変化に合わせてM&Aが行なわ

図表2－16　業界のライフサイクルに応じたM&Aの違い

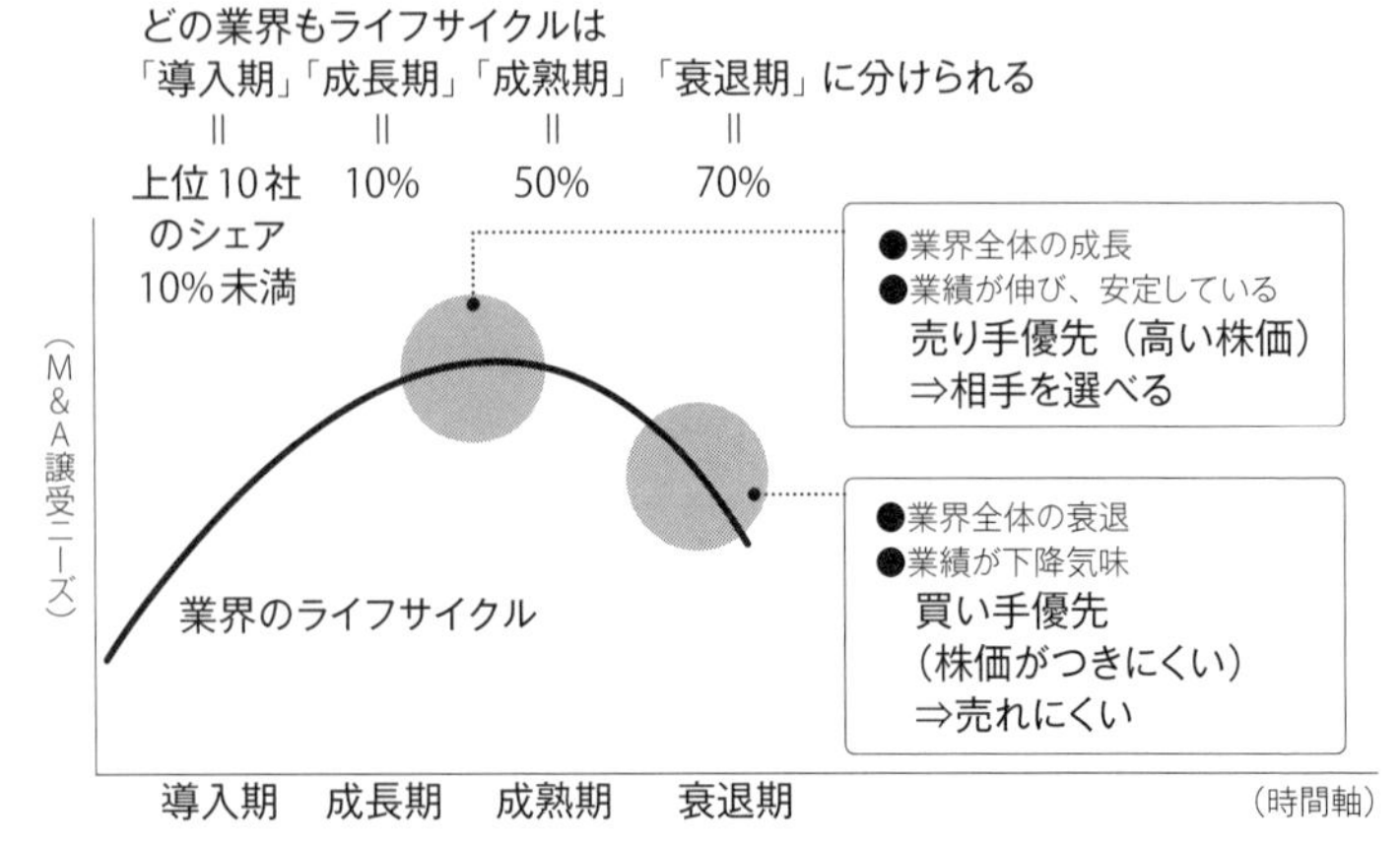

出所：『業界メガ再編で変わる10年後の日本』（渡部恒郎著、東洋経済新報社、52ページより）

れる（図表2－16）。

まず、その業界で売上上位10社のシェアが10%になると「成長期」に入り、業界再編が始まる。中堅・中小企業同士が合従連衡して持ち株会社を設立したり、大手企業が中堅・中小企業を買収してグループ化したりして、規模拡大・体力増強を図る。

次に、その業界で売上上位10社のシェアが50%になると「成熟期」に入る。この段階では大手企業が中堅企業や地域ナンバーワン企業を買収するなど、業界再編はピークを迎え、譲渡企業の規模が大きくなっていく。

最後に、その業界で売上上位10社のシェアが70%まで進むと、上位10社の統合が始まって、4社程度に集約される。そして上位企業がほとんどのシェアを持つ段階に達したところで、その業界の国内再編は終了する。

日本においても、たとえば石油化学業界は上位4社で73％、百貨店業界は上位5社で74％、家電量販店業界は上位6社で80％というシェアになっており、国内での再編が終了したといえる。今後はM＆Aによって海外展開を目指したり、異業種への展開を進めたりすることになるだろう。

法則③　6万拠点の法則

国内において6万拠点というのは拠点ビジネスの臨界点であるため、拠点数がこの数に達すると、業界再編が起こる。これは、あらゆる業種業態にあてはまる法則である。なぜなら、日本の総人口からすれば、およそ2200人に1拠点というのが限界だからだ。過去にすでに再編に至った例としては、ガソリンスタンド、コンビニエンスストアなどがあり、現在再編が活性化している運送会社、調剤薬局なども、その背景にあるのはこの法則である（図表2－17）。

数年前から指摘していたが、実際に2019年末には、コンビニの店舗数は6万店を目前にはじめて減少し、5万5620店となった。

また、家電業界では、かつては「街のでんきやさん」が6万店舗近くあったものが、現在

図表2－17　あらゆる業界にあてはまる6万拠点の法則

ガソリンスタンド拠点数
58,525（1989年）→34,706（2013年）

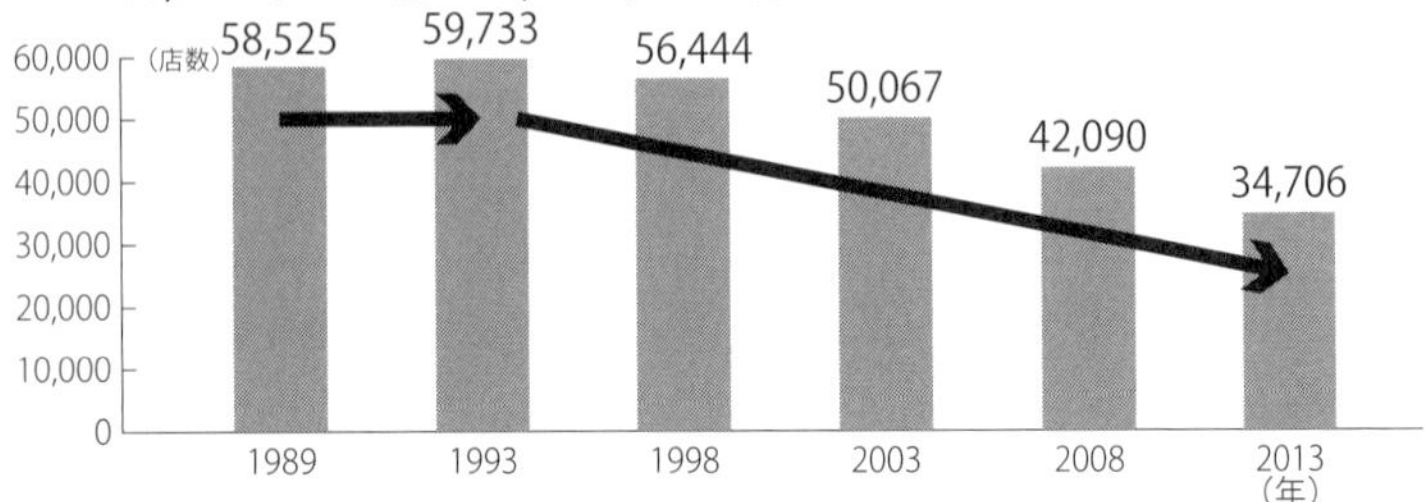

※ガソリンスタンド、運送会社、歯科、調剤薬局、コンビニエンスストアも60,000拠点が限界

「街のでんきやさん」家電メーカー系列販売店数
38,200店（成長期）→57,200店（成熟期）→30,900店（衰退期）

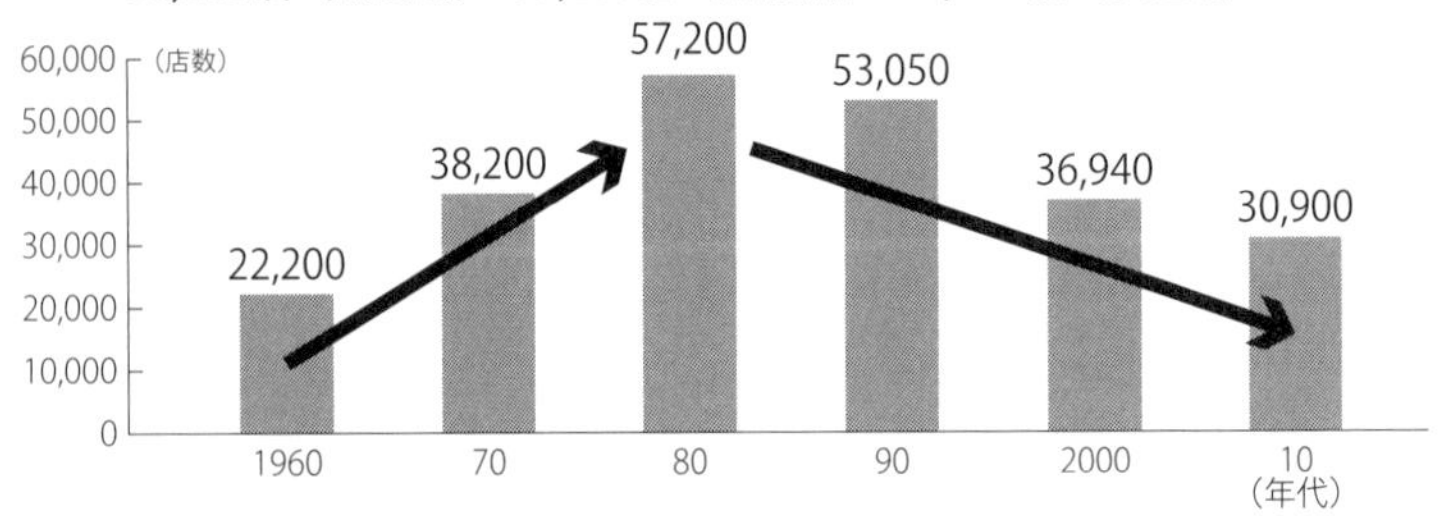

「町のお薬屋さん」調剤薬局店舗数
39,975店（調剤バブル）→56,126店（業界再編時代）→??

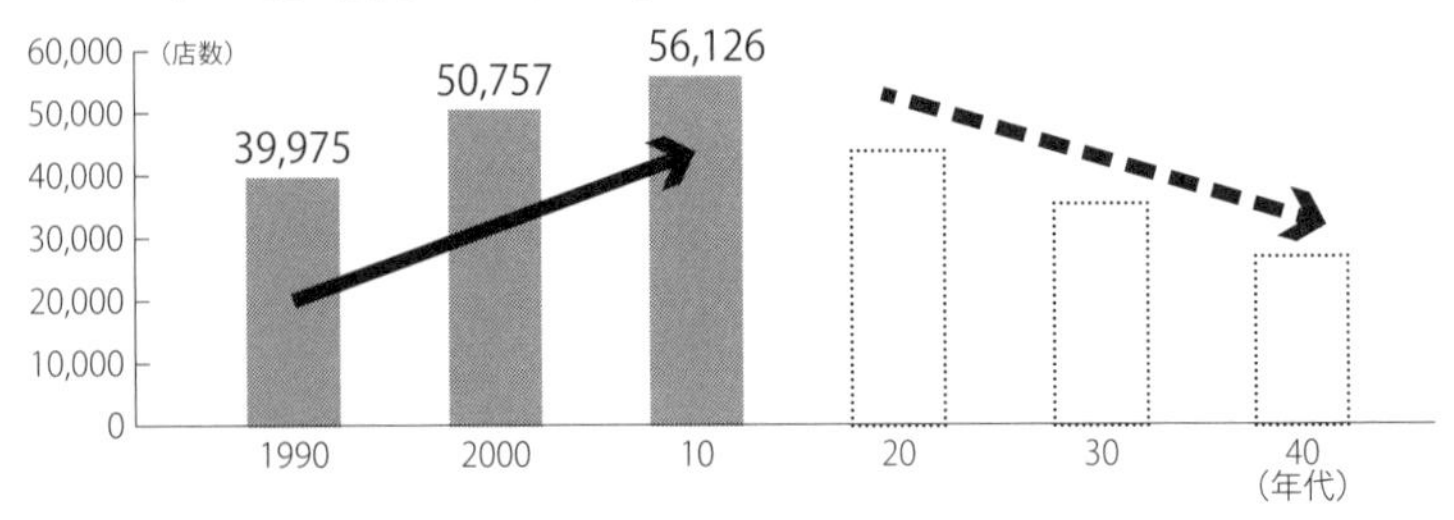

出所：『業界メガ再編で変わる10年後の日本』（渡部恒郎著、東洋経済新報社、56ページより）

は約3万店舗にまで減少している。街のでんきやさんは家電量販店へとビジネスを進化させ、現在はM&Aによる異業種進出を積極化させている。ヤマダ電機は2011年に住宅メーカーのエス・バイ・エルを、2012年には住宅機器メーカーのハウステックを傘下に収め、太陽光発電やオール電化を備えたスマートハウスの販売促進に力を入れている。

法則④　1位企業10%交代の法則

これまでの国内ビジネスは、拡大する市場のなかで「シェア」を取り合うビジネスだった。実際に現在もシェア上位企業の寡占化は続いている。しかし、上位3〜4社の企業はほぼ固定されているのに対し、トップ企業は毎年、およそ10%のビジネスで交代している。

つまり業界ナンバーワンといわれる企業でも、そのうち10%は毎年交代しているのだ。これはアメリカでも同様だ。世界の「主要商品・サービスシェア調査」においても、対象となっている57品目のうち8品目で首位が交代しており、その交代率は約10%となっている。業界ナンバーワン企業になったとしても、手を打つことなく油断していてはすぐに椅子を明け渡すことになる時代だ。どれだけ経営が安定していても、優良企業であったとしても、ビジネスを進化させることを止めてはいけないのである。

法則⑤ Winner - Take - Allの法則

業界ナンバーワン企業の10%は毎年交代しているものの、同時にシェア上位数社による市場寡占化は進む。2016年の国内の「主要商品・サービスシェア調査」で対象の100品目のうち、上位3社でシェアが過半数を超える商品・サービスは、実に69品目にも達した。

そのなかで、「一人勝ち」のビジネスも増えている。これは圧倒的強者である1社が、シェアの過半数を牛耳ってしまうことを意味している。

とくにネットサービスにおいてこの傾向が顕著にみられる。たとえばポータルサイトではヤフーが巨人で、そのシェアは50・7%にも達している。ブルーレイディスク録再機ではパナソニックが47%、レンズ交換式カメラではキヤノンが45・8%、動画サイトではユーチューブが55・4%のシェアを握っている。ビジネスの勝者は電気やガスといった社会的な「インフラ」から、インターネットによる「プラットフォームビジネス」へと変化している。

新しい時代のサービスや商品というのは、その座に安住することを許されない特性を持っているため、やはり常に新たな戦略を打ち続けなければならないのである。

これからの時代において、日本という島国の中だけで過当競争を行なっていても、家電メーカーのように国際競争力を失っていくだけだ。日本企業は大手から中堅・中小企業に至るまで、業界再編によって国内における体制を整え、次のステージとして海外展開をさらに強化していくほかに再興への道はない。

第3章

業界スペシャリストによるM&A動向

ITソフトウェア業界

IT需要の急増と労働集約型ビジネスの変革で新たなステージへ

かつてないほど活況なM&A

ITソフトウェア業界では、2019年のM&A件数（資本提携含む）が114件であり、2018年に国内で初めて1000件を超えるなど、かつてないほどM&A、資本提携が活況となっている。第四次産業革命と呼ばれる技術革新の波、デジタル化の潮流が国内の全産業に波及しており、その中心にあるIT企業が、異業種を交えて連携を加速しているのだ。

以前の日本企業は、新たな商品・サービスを生み出すために、自ら人材を採用・教育し、研究開発を行なってきた。だが、近年は自動運転技術などで他社と連携する自動車業界をはじめ、あらゆる業界で成長スピードを上げ、海外企業を含めた競争に勝つために、自前主義にこだわらず他社と積極的に連携していこうとするオー

図表3-1-1　IT企業の分類

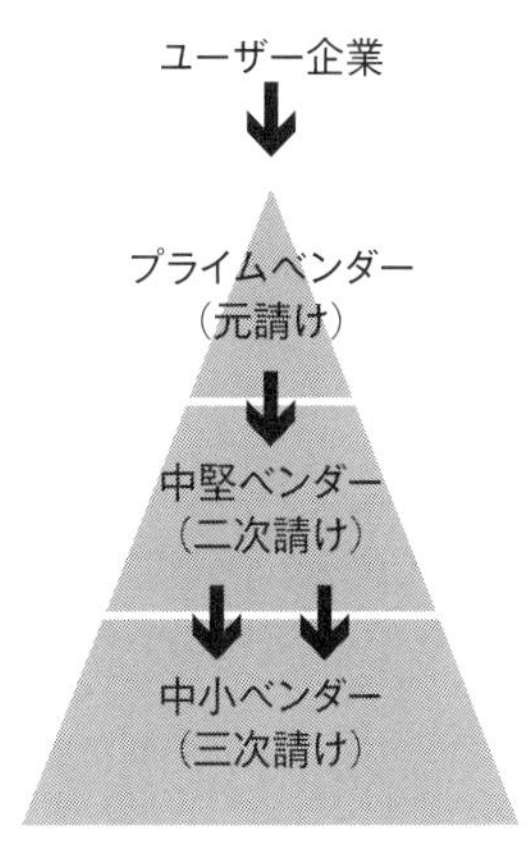

分類	売上規模	企業数	代表的企業
プライムベンダー	500億円以上	120	NTTデータ、IBM、日立、富士通
準大手ベンダー	100億円以上～500億円未満	426	NSD、CAC、JBCC、ラック、アイネス
中堅ベンダー	10億円以上～100億円未満	3,173	インフォメーションクリエーティブ、システムズ・デザイン、カイカ、東海ソフト
中小ベンダー	1億円以上～10億円未満	12,796	多数
孫請け	1億円以下	14,446	多数

出所：東京商工リサーチの企業データベースより日本M&Aセンター作成

プンイノベーションが浸透している。

IT業界の業界構造

まずはIT業界の定義と特徴を解説していこう。IT業界とは、広義にはITシステムの開発、導入、保守、運用、管理を請け負う企業を指す。

システム開発を提供する際、顧客企業（ユーザー企業）からの依頼を受けゼロベースで開発・構築する手法（スクラッチ開発）と、既存システムの雛形であるパッケージ開発をする手法がある。また、受注したシステム開発案件に関して、その一部、または全部を同業企業へ発注するサブコントラクト（下請け契約）を行なうことが一般的である。

各分類の特徴は次のようになる（図表3－1－1）。

・プライムベンダー

自社ではプログラミングをする人材は抱えず、上流工程のシステムコンサルティングが中心。主な取引先は官公庁、自治体、金融機関、大企業などであり、大規模案件が中心である。

・準大手ベンダー

プライムベンダーに次ぐ企業規模の会社群。プライムベンダーは競合であると同時に重要な取引先であり、プライムベンダーが請け負った業務を請け負うことが多い（二次請け）。

・中堅ベンダー

プライムベンダー、準大手ベンダーとの取引に加え、エンドユーザーとの取引も相応の割合を占める。中堅ベンダーまでは上場企業も一定数存在する。

・中小ベンダー

エンドユーザーとの取引割合が小さく、同業との取引割合が多い。自社サービス・自社開発パッケージを持つ企業は一部であり、多くの企業は受託開発（持ち帰り、客先常駐）という形態をとる。

・**孫請け以下**

売上の大部分を同業との取引（下請け）が占める。派遣契約・準委任契約が多く、技術者の派遣が中心。業務はプログラミング作業が多い。

IT企業のモデル決算書①

業界構造をわかりやすく説明するため、架空の企業の決算書を提示する。図表3－1－2は売上10億円を想定したソフトウェア受託開発企業、A社の決算書である。開発は客先常駐主体で、派遣契約・準委任契約が大半である。また、自社の技術者は80名、パートナー企業の技術者40名、平均人月単価700千円という設定である。

・**売上**

売上について一般的な受託開発会社では、①自社の社員が稼ぎ出した売上、②パートナー企業（下請け企業）の社員が稼ぎ出した売上、の2種類に分類することができる。パートナー企業については、自社が請け負っているプロジェクトの人手が足りず、工数を確保するために用いる場合もあれば、取引先企業から人材確保を求

図表3－1－2　A社の決算書

科目	金額（千円）		売上高比
【売上】		1,008,000	100.0%
自社売上	672,000		66.7%
パートナー売上	336,000		33.3%
【売上原価】		688,000	68.3%
エンジニア人件費	400,000		39.7%
外注費	288,000		28.6%
【売上総利益】		320,000	31.7%
【販売費及び一般管理費】		201,600	20.0%
【営業利益】		118,400	11.7%
【営業外収益】		3,500	0.3%
受取利息	500		0.0%
雑収入	3,000		0.3%
【営業外費用】		2,250	0.2%
支払利息	2,250		0.2%
【経常利益】		119,650	11.9%
【税引前当期純利益】		119,650	11.9%
【法人税、住民税及び事業税】		40,681	4.0%
【当期純利益】		78,969	7.8%

められたために用いる場合もある。

後者の場合、②のパートナー売上は実質的に技術者を斡旋することによって生じる売上である。サブコントラクト（下請け契約）が一般的なＩＴ業界において、このような斡旋（エージェンシー機能）により売上を立てている会社は珍しくない。

・売上原価／売上総利益

売上原価は、売上と同様に自社の技術者の人件費と外注費（パートナー企業の技術者の人件費）の2種類に分類できる。このケースでは自社の技術者の平均賃金は月収412千円（年収500万円）、外注費は人月単価600千円という設定である。

したがって、売上総利益は自社のエンジニアでは1人あたり288千円／月、パートナーのエンジニアでは100千円／月となる（わかりやすくするため、エンジニアの社会保険料等は販売管理費に計上する）。これを一般化すると、次のように表現することが可能である。

売上総利益＝（人月単価－人件費）×12カ月

エンジニアの派遣が多い場合、人件費と人月単価の差額がそのまま売上総利益となる。

・販売費及び一般管理費

ＩＴ企業の主要な販売管理費の科目は次のような特徴がある。

①地代家賃

客先常駐主体の場合、自社オフィスを必要としないため、広いスペースは必要としないことが多い。逆に技術者の採用活動への影響を考慮し、好立地・築浅の新しいビルに入居することを選択する企業も多い。

②旅費交通費

エンジニアが客先に移動するため、旅費交通費の金額が多めであることが多い。

③広告宣伝費

自社商材を持っていない場合、エンジニアの採用目的で宣伝広告に費用を投じている場合がある。

ＩＴ企業のモデル決算書②

次にA社からの下請け中心で売上2億円のＩＴ企業B社の決算書（図表3－1－3）を考えてみる。

この会社は技術者20人、個人事業主などのパートナーが8名いる企業である。ビジネスモデルはA社とまったく同じだが、違いは人月単価だ。

B社のエンジニアはA社と同じ業務を行なっているにもかかわらず、A社の利ザヤ分だけ売上が少なくなってしまう。当然、売上が小さいため自社エンジニアの人件費とパートナーへ支払う人月単価を低くせざるを得ない。B社のエンジニアの平均賃金は月収375千円（年収450万円）、外注費は人月単価550千円という設定であり、A社と比較して賃金も外注費も低く設定され費用を削減しているが、それにもかかわらず営業利益率はA社よりも低水準である。

さらにはB社の下請け中心のC社、C社の下請け中心のD社と多重下請けの企業が多数存在しており、売上・利益ともに小さくなっていくこととなる。

ここまで見てきたように、日本のシステム開発業界は労働集約型の多重下請け構造で、これまでは大がかりな基幹システムを、各企業の個別業務に合わせて人を集めて開発し、その工数で対価を得るビジネスを続けてきた。

今後は基幹システムにおいても、クラウド化が進むことが予想され、単純な受託開発ビジネスは時間をかけて緩やかに淘汰されていくだろう。

図表3−1−3　B社の決算書

科目	金額（千円）		売上高比
【売上】		201,600	100.0%
自社売上	144,000		71.4%
パートナー売上	57,600		28.6%
【売上原価】		142,800	70.8%
エンジニア人件費	90,000		44.6%
外注費	52,800		26.2%
【売上総利益】		58,800	29.2%
【販売費及び一般管理費】		40,320	20.0%
【営業利益】		18,480	9.2%
【営業外収益】		3,500	1.7%
受取利息	500		0.2%
雑収入	3,000		1.5%
【営業外費用】		2,250	1.1%
支払利息	2,250		1.1%
【経常利益】		19,730	9.8%
【税引前当期純利益】		19,730	9.8%
【法人税、住民税及び事業税】		6,708	3.3%
【当期純利益】		13,022	6.5%

図表3－1－4　元請け、下請けの売上高の比較

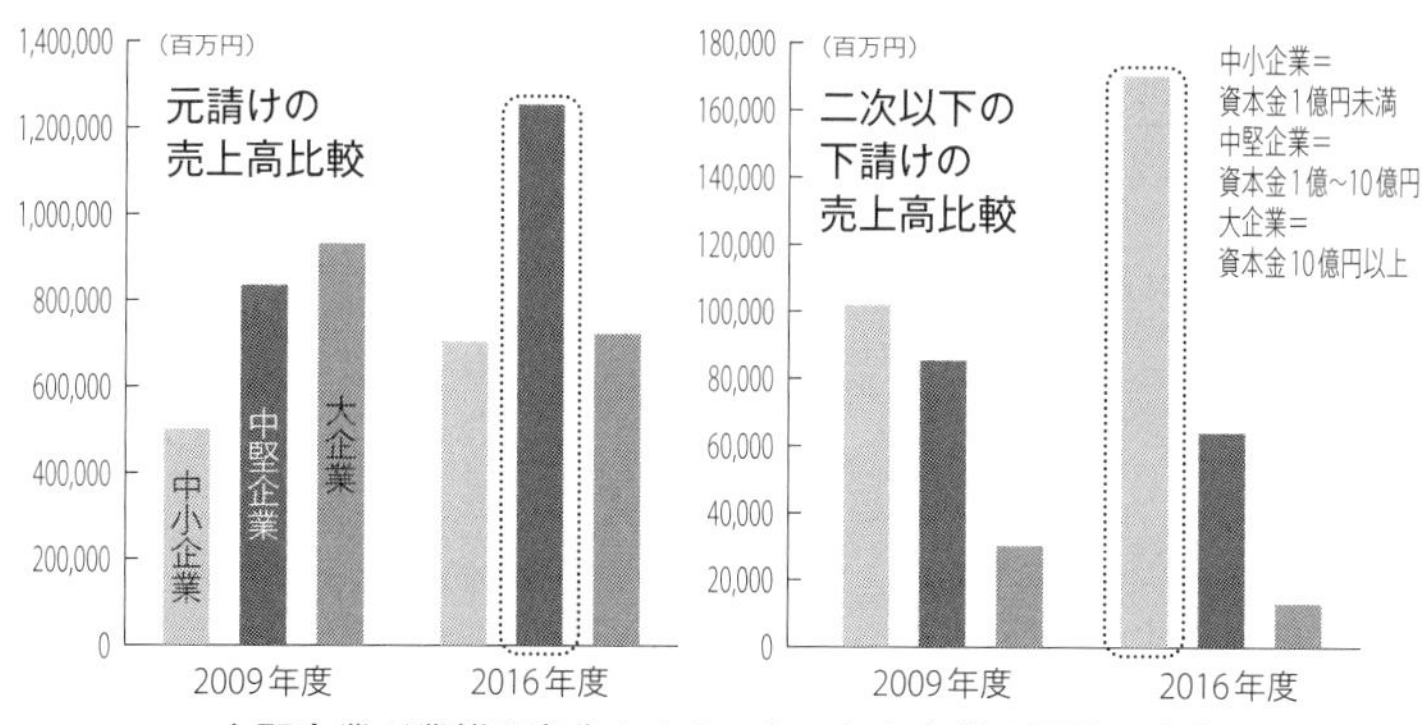

中堅企業が業態を変化させる一方、中小企業は下請け中心

出所：経済産業省「情報通信業基本調査」を基に日本M&Aセンター作成

ビジネスモデルの変革

図表3－1－4は企業規模別で見た2009年度と2016年度の元請け、下請けの売上高の比較である。中堅企業はこの間、元請けの売上比率を増やし、徐々に下請けから脱却し、業態を変化させている一方で、中小企業では依然として二次請け以下の売上が中心となっていることが顕著である。

このなかには、自社単独経営で業態を変化させ、成長している企業ももちろんあるが、環境変化の速いIT業界において、M&Aを用いて業態を変化させ成長する企業が増えているのも事実である。

図表3－1－5　ITソフトウェア業界のM&Aのトレンド

時期	1980年代 **SISの時代**	1990年代 **ERPの時代**	2000年代 **クラウドの時代**	2010年代 **デジタルトランスフォーメーションの時代**
IT環境	メインフレームが主流 パソコンの発展	クラサバの普及 オープン化の流れ	モバイル／クラウドシフト ソーシャル化	クラウドの進展 AI／IoT／ビッグデータ活用
IT投資の狙い	ITを活用した競争優位の確立	業務の標準化 グローバルスタンダードへの対応	ITの機動性・柔軟性の確保	新たな事業モデル／新サービスの確立 業界構造の変革
中心サプライヤー	IBM、NTTデータ、富士通等の大手SIer	SAP、オラクル等のERPベンダー	アマゾン、グーグル、セールスフォース等のクラウドベンダー	X-Techベンチャー、ロボティクスメーカー、AI関連事業者、等
国内IT部門のトレンド	情報システム部門	情報システム部門子会社化	情報システム子会社の譲渡 アウトソーシング	海外展開 異業種連携、内製化

出所：日本M&Aセンター作成

以下でＩＴ業界におけるＭ＆Ａについて解説する。

ＩＴ業界の歴史とＭ＆Ａトレンド

業界の歴史と合わせて、Ｍ＆Ａのトレンドを俯瞰して見ると、以下のような流れになっている。

図表３－１－５にも「国内ＩＴのトレンド」の大きな流れを記載している。ＩＴ業界は歴史的に見ると、１９９０年代にかけて、大企業がシステム部門として内製化していた機能を分社してシステム子会社とし、それを２０００年代前半に経営の選択と集中を進めるなかで切り離

図表3－1－6　国内企業のM&A件数（一部出資を含む）

	業種	2009年	2010年	2011年	2012年	2013年	2014年	2015年	2016年	2017年	2018年	2019年
1	ソフト・情報	223	180	195	206	321	395	421	501	748	1,070	1141
2	サービス	265	177	163	181	209	225	281	284	357	436	497
3	電機	96	73	67	104	100	111	105	122	136	176	161
4	その他小売	116	86	94	103	103	93	83	129	103	154	159
5	その他販売・卸	132	87	74	101	81	88	133	107	130	110	120
6	建設	38	37	37	25	41	47	42	52	61	80	99
7	アミューズメント	49	43	34	34	44	51	50	48	60	96	97
8	不動産・ホテル	101	81	64	63	52	71	58	61	64	95	92
9	食品	50	46	38	44	45	79	70	71	59	71	75
10	外食	33	38	25	23	36	43	34	50	42	67	71
	～											
	40業種合計	1,658	1,336	1,232	1,331	1,549	1,728	1,866	2,016	2,378	3,073	3,262

出所：レコフM&Aデータベースを基に日本M&Aセンター作成

し、NTTデータなどの大手企業が買収していく、という動きが顕著だった。

近年では、そうした売上数千億円以上の大手は海外でのM&Aを主戦場としており、一方国内では、中堅・中小、ベンチャー企業のM&Aが、かつてないほど活発になっている。

IT業界のM&A件数（一部出資を含む）は9年連続で増加しており、2018年からは1業種で1000件を超えている（図表3－1－6）。そしてこの件数は、全業種中でも圧倒的に多い。2019年は国内で3262件のM&Aが公表されていたが、そのうち3分の1ほどがITソフトウェア業界だった。

これらの3分の1程度はベンチャー企

図表3-1-7　譲受業種ＩＴ企業M&A件数（一部出資を含む）

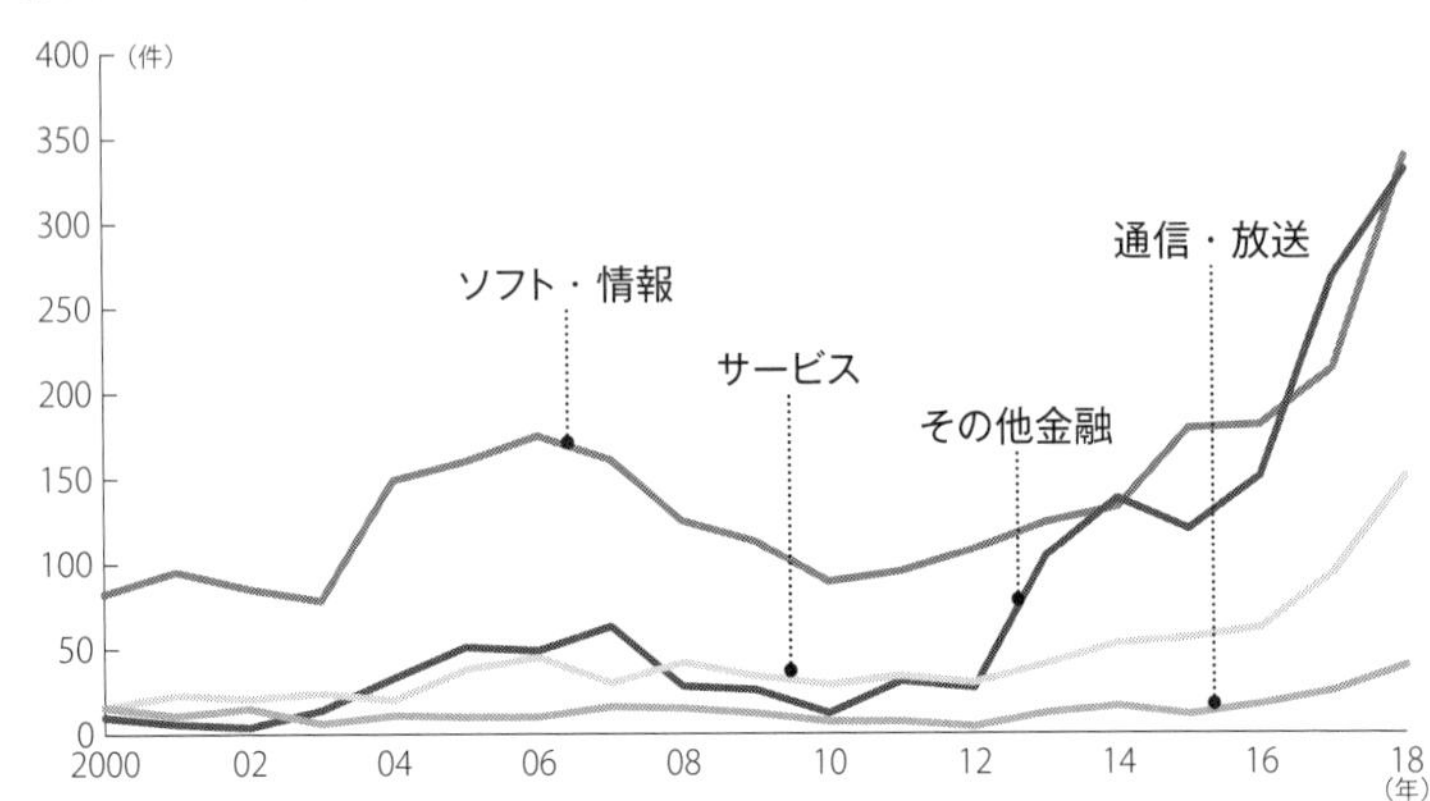

出所：レコフM&Aデータベースを基に日本M&Aセンター作成

業への出資である。ＡＩ、ＩｏＴ等の最先端技術獲得のため、大企業が中心となり、自社あるいはコーポレートベンチャーキャピタル（ＣＶＣ）を組成して積極的に出資を行なっている（図表３-１-７）。自前主義にこだわらず、積極的に他社と提携し、自社に取り込んでいこうという動きだ。また、ユーザー企業が、自社ビジネスのデジタル化のために、異業種であるＩＴ企業と資本業務提携する目的で出資するケースも増加している。

ＩＴ業界においては子会社化のためのM&Aも非常に活発である（図表３-１-８）。譲受側の業種を見ると、ＩＴ業種同士のM&Aの割合が高いことがわかる（図表３-１-９）。その理由は、①

図表3－1－8　国内企業の業種別M＆A（子会社化）

業種分類	2010年	2011年	2012年	2013年	2014年	2015年	2016年	2017年	2018年	2019年
サービス	96	108	118	157	178	206	227	229	262	274
ソフト・情報	93	109	128	126	147	171	174	176	226	251
その他販売・卸	56	52	72	70	60	94	77	91	90	85
その他小売	39	50	58	66	54	50	80	61	89	82
建設	24	24	20	26	34	30	43	50	61	63
電機	32	50	52	54	57	62	71	75	82	60
不動産・ホテル	40	26	32	29	31	34	38	45	54	47
食品	24	24	39	28	37	36	37	48	43	46
アミューズメント	26	25	33	29	27	33	27	27	48	39
運輸・倉庫	37	32	30	39	33	35	27	38	44	27

出所：レコフM&Aデータベースを基に日本M&Aセンター作成

図表3－1－9　ＩＴ企業を子会社化した譲受側の業種分類

分類	2010年	2011年	2012年	2013年	2014年	2015年	2016年	2017年	2018年	2019年
合計（件）	69	75	91	80	96	116	130	135	185	185
ソフト・情報	38	47	60	48	58	80	87	77	108	117
サービス	10	13	14	12	10	15	16	21	35	28
その他金融	1	3	2	3	2	6	3	8	9	4

出所：レコフM&Aデータベースを基に日本M&Aセンター作成

技術者不足、②労働集約型ビジネスからの脱却、③経営者の意識の変化、という3点が挙げられる。

①技術者不足

あらゆる業種、ビジネスにおいてデジタル化が叫ばれ、IT企業には、その役割を果たすよう求められることが多くなった。一方、少子高齢化という人口動態の問題から、有効需要に対しての技術者の供給が不足している現状がある。そのためM&Aによって技術者を確保する動きが活発化している。

②労働集約型ビジネスからの脱却

国内全体でシステムのクラウド化が進展し、受託開発案件の先細りが懸念されていることもM&Aを増加させる要因となっている。官公庁や金融業界を筆頭に国内産業全体でクラウド化の流れが顕著となっている。そうなってくると、これまでIT業界の大きな稼ぎ口であった、ゼロからシステムを構築する、フルスクラッチ開発の案件や、そのシステムを保守運用する仕事が減ってくるのは、必然の流れだ。中堅・中小ベンダーは合従連衡し、人月単価の労働集約型ビジネスからの業態転換を図っているものと考えられる。

③経営者の意識の変化

外部環境の変化が起こるなか、多くのIT企業経営者は危機感を持って労働集約型から業態を変化させる努力をしており、その解決策のひとつがM&Aという選択である。また、M&Aで安定成長を実現することが、会社のため、社員のためになると考え、株式譲渡を決断する経営者も増えている。

IT大国アメリカとの比較から見る日本

日本とアメリカのIT業界の大きな相違点として、内製・外注の比率がある。図表3-1-10は日本とアメリカにおける企業のソフトウェア投資の内訳である。日本では大半が受託開発としてIT専門企業へ開発を委託していることがわかる。一方アメリカでは自社企業内で独自のシステムを開発するか、既存の優れたパッケージを採用するケースも多く、受託開発の割合は日本と比べて少ないことがわかる。

また、技術者の配置（技術者がどこで働いているか）という観点でもその違いは

図表3-1-10　企業のソフトウェア投資の内訳

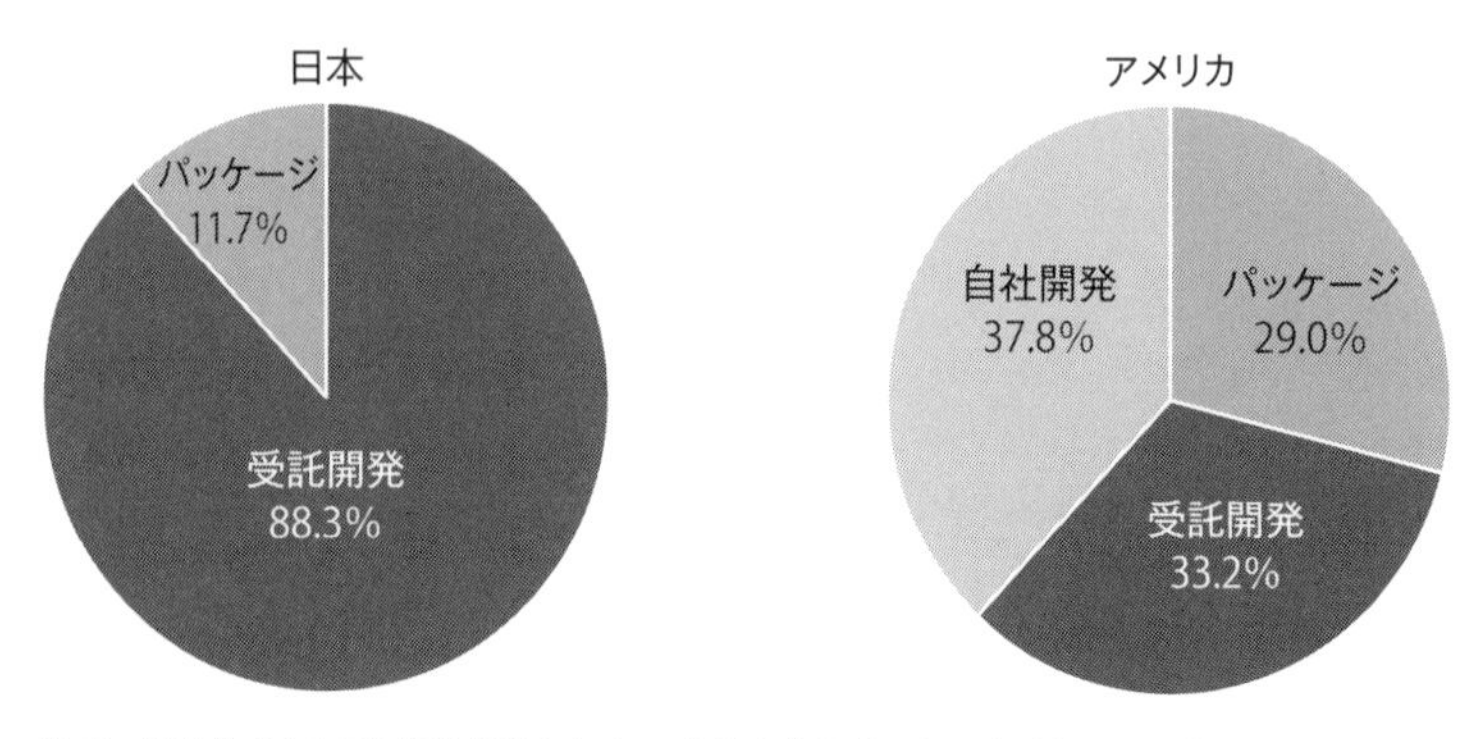

出所：総務省「令和元年版情報通信白書」、経済産業省「平成30年情報通信業基本調査」を基に日本M&Aセンター作成

図表3-1-11　技術者の配置

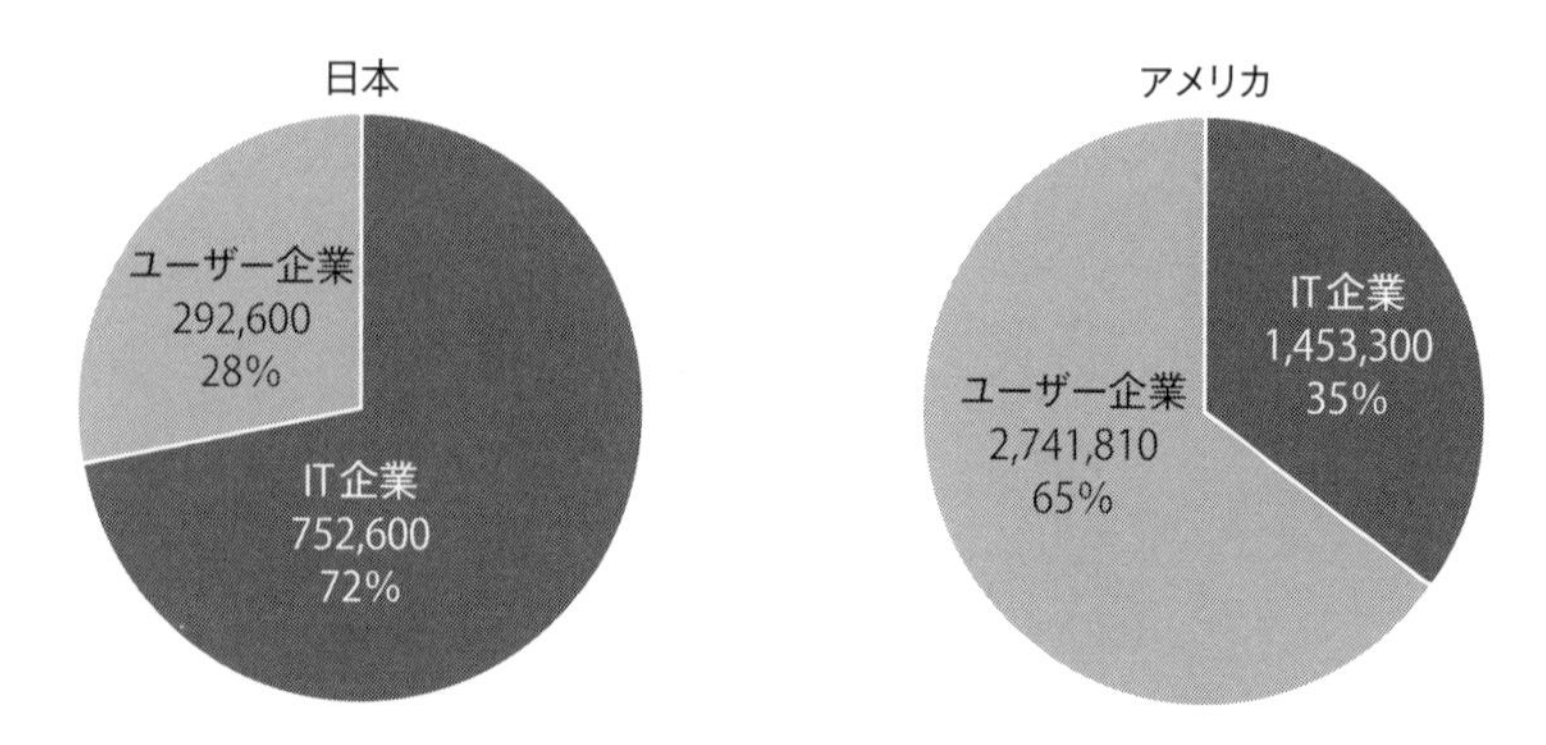

出所：総務省「令和元年版情報通信白書」を基に日本M&Aセンター作成

図表3－1－12　ＩＴ人材の平均年収が国内産業の平均年収の何倍か

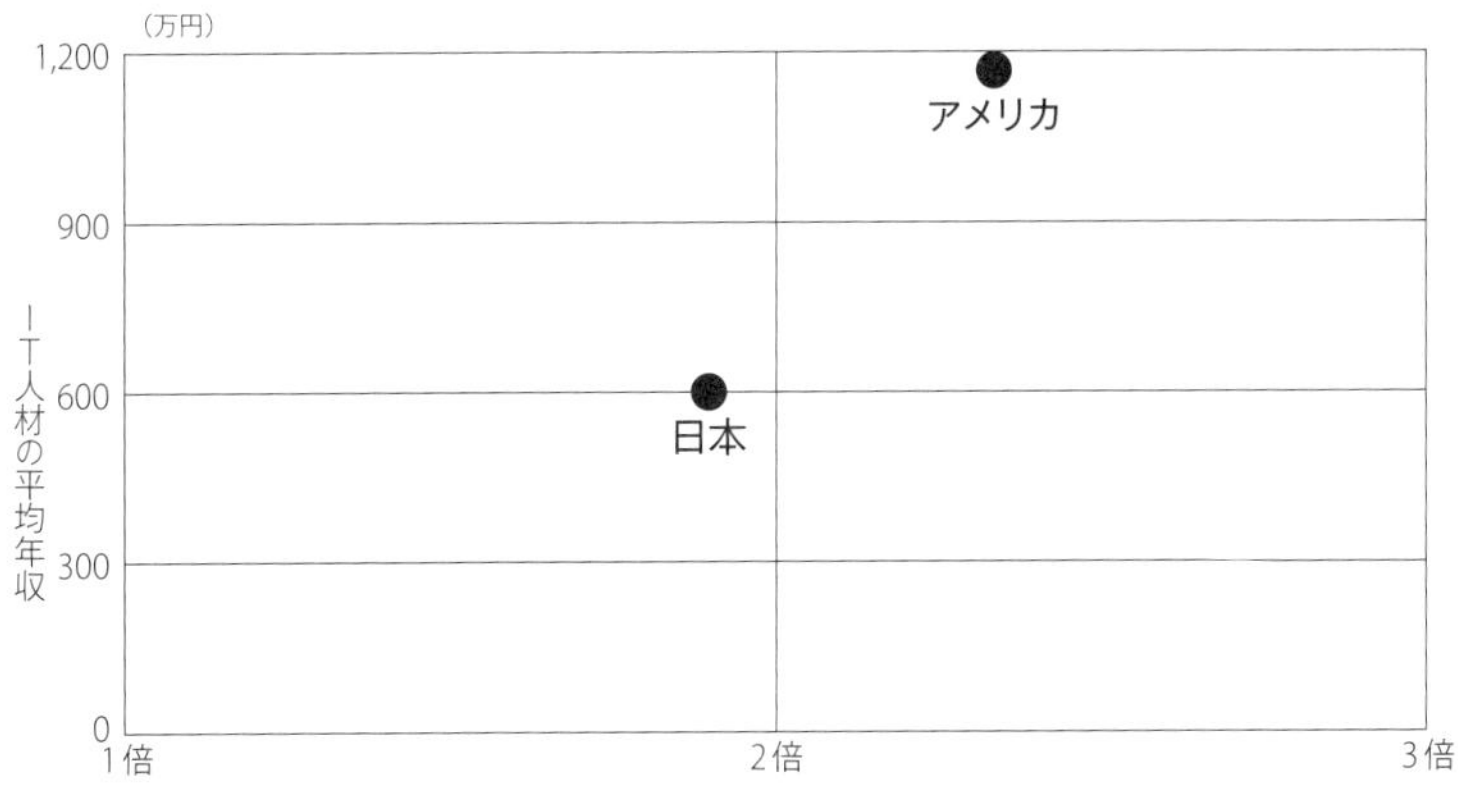

出所：経済産業省「IT人材に関する各国比較調査結果報告書」（2016年）を基に日本M&Aセンター作成

顕著である。日本の技術者の多くはＩＴ企業に勤務しているが、アメリカの技術者はユーザー企業で働くことが多い（図表3－1－11）。

技術者の待遇面ではどうだろうか。図表3－1－12はＩＴ人材の平均年収と、国内全産業の平均年収を比較したものであるが、年収額と他産業比較において、どちらも日本を大きく上回っていることがわかる。

上記のデータから、アメリカは日本と比べ相対的にＩＴ技術を重視していることがわかる。高い賃金で技術者を雇用し、システムの自社開発にも積極的ということだ。ＩＴ技術を他社との差別化戦略の重要手段と位置づけているものと考えら

図表3－1－13　デジタル化への取り組みとＩＴ人材の採用状況（2019年）

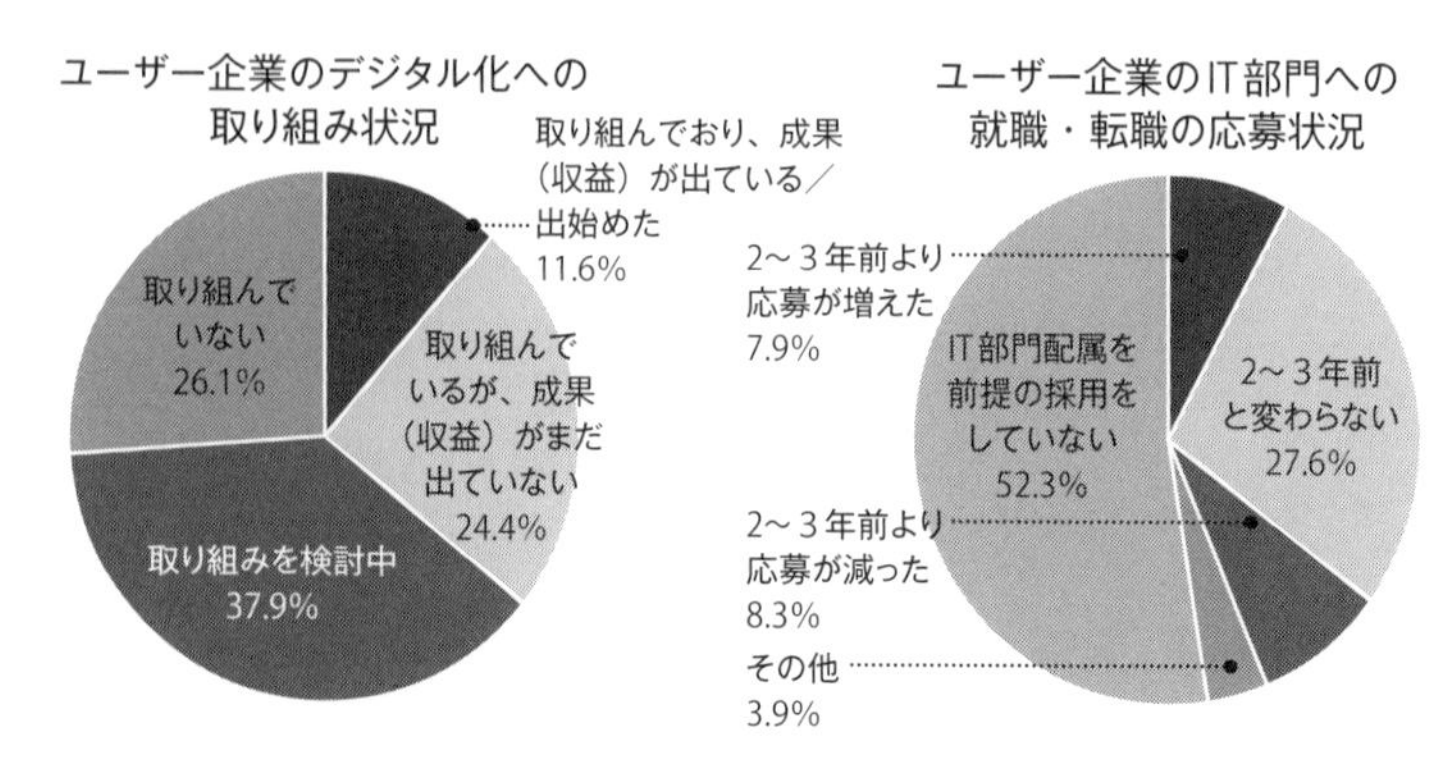

出所：独立行政法人情報処理推進機構「IT人材白書2019」を基に日本M&Aセンター作成

れる（攻めのＩＴ投資）。

一方、日本ではアメリカほどのＩＴ技術重視の姿勢は見られず、差別化の一助となるような自前のシステムの構築には至っていないものと考えられる。

では日本企業でもアメリカのように、ＩＴシステムの自社開発への動きはあるのだろうか。約75％のユーザー企業がデジタル化への取り組みに意欲を見せているが現実的にはＩＴ人材の確保に窮しており、２～３年前と比較してもＩＴ人材の採用は大きく変わっていないことがわかる（図表３－１－13）。日本国内の雇用の流動性の低さなど構造的な要因等もあり、一筋縄ではいかない状況と考えられる。

図表3－1－14　大手IT企業の財務係数比較

企業名	売上高合計（百万円）	営業利益（百万円）	期末従業員（人）	時価総額（百万円）	営業利益率
IBM	8,789,910	1,467,194	381,100	13,514,599	16.7%
アクセンチュア	4,772,792	696,351	492,000	14,678,236	14.6%
SAP	3,220,760	746,010	96,498	19,011,585	23.2%
マイクロソフト	13,986,483	4,774,563	144,000	140,645,751	34.1%
オラクル	4,396,855	1,560,591	136,000	19,510,502	35.5%
NTTデータ	2,163,625	147,716	123,884	2,201,925	6.8%
野村総合研究所	501,243	71,442	12,578	1,499,520	14.3%
伊藤忠テクノソリューションズ	451,957	35,898	8,359	792,000	7.9%
SCSK	358,654	38,378	12,365	611,547	10.7%

※時価総額は2020年1月17日時点。
出所：SPEEDA、Morningstar、野村総合研究所、東京証券取引所から提供されたデータに基づき、日本M&Aセンターが作成

世界の大手IT企業との比較

日本のIT企業は世界の大手IT企業と比較し、どのようなポジションにあるのだろうか。図表3－1－14は主要な財務係数の比較である。全体的な規模の差はあるが最も大きな違いは営業利益率だ。日本のプライムベンダーの営業利益率が7～14％であるのに対し、世界の大手IT企業は15～36％と高いことがわかる。

世界の大手IT企業は戦略的には最上流のITコンサルティング領域への特化（アクセンチュア、IBM）、あるいは自社パッケージ・サービスへの特化（SAP、マイクロソフト、オラクル）によっ

て、高い利益率を誇っている。

日本でもビジネスのＩＴ化の機運が高まりつつあるが、それは同時に世界の大手ＩＴ企業との更なる競争環境に晒される可能性を意味している。日本のシステム開発はガラパゴス化されているといわれるが、今後は世界を意識した経営が必要となることだろう。

変革をもたらすチャンス

日本のＩＴ業界を取り巻く環境は大きく変わろうとしている。ＡＩ、ＩｏＴ、インターネット環境の発達など、テクノロジーの進展はビジネスのデジタル化をもたらした。今後も５Ｇの普及により、その流れは大きく加速することだろう。それに伴い、かつてＩＴ企業の顧客であったユーザー企業は、自社サービスのデジタル化を実現すべく、ＩＴ技術の取り込みを経営戦略上の重要課題ととらえ、内製化を進めつつある。

そうしたなか、ＩＴ技術の需要がますます増えていくこととは対照的に、従来の労働集約型の受託ビジネスで特徴のない企業（顧客の要求にただ応えるだけ）は早晩淘汰されてしまう可能性が高い。多重下請け構造の是正も待ったなしの状況で迫ってくると予想される。

しかし、これらの逆境は、多くの企業に変革をもたらすチャンスととらえることも可能なのではないか。いまこそ日本のIT企業は労働集約型のビジネスから脱却し、付加価値の高い自社サービスの開発に資源を投入しなければならない。とくに人口減少局面に突入している日本にとって、生産性向上やビジネスモデル変革を実現できるIT技術の力はなくてはならないものだ。このチャンスをものにできるか否かによって、この業界の将来は大きく変わることであろう。

食品・外食業界

統合が進むチェーン系列と個人店の二極化に

圧倒的世界一のミシュラン星獲得数を誇る日本の飲食店

「日本の食文化は世界一である」。これは、『ミシュランガイド2020年版』の星を獲得した東京の飲食店の数が、ミシュランが本拠地を置くフランス、パリの約2倍となる226店（2位のパリは119店）で第1位の座を守っていること、また、3位が京都（105店）、4位が大阪（97店）と、世界上位5都市のうち、3つを日本の都市が占めることからも明らかだ（東京の226店の内訳：三つ星11店、二つ星48店、一つ星167店）。

また、人口減少により、本来であれば縮小していくはずの日本の外食業界の市場規模が、7年連続で昨年対比増となっている（2018年25・8兆円、ピーク時1

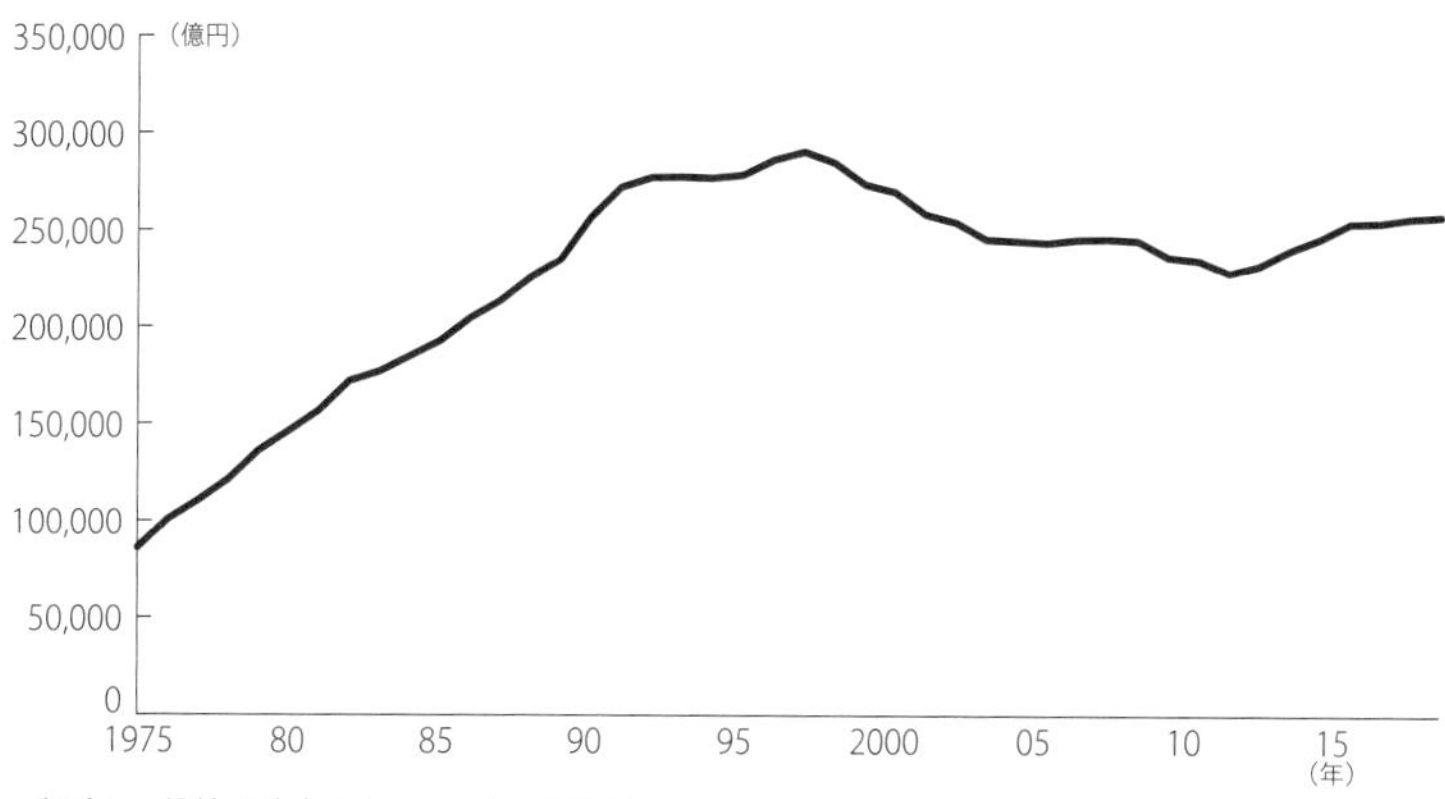

出所：一般社団法人日本フードサービス協会

997年29・1兆円)。それを支えるのが訪日外国人の増加である点からもわかるように、日本の食文化は、世界的にも注目を浴びている(図表3-2-1)。

日本の飲食店がここまで高い評価を得るポイントとして、ひとつに「食文化の多様性」が挙げられる。

寿司や焼き鳥、てんぷら、トンカツ、すき焼き、鉄板焼き、うどん、蕎麦など独自の「和食」があり、料理の種類の豊富さも、他の国のそれと比較して非常に充実していて食べる人を飽きさせない。また、餃子やカレーなど、外国発祥の料理を独自にアレンジする適応力も訪日外国人たちから非常に高い評価を得ている。

日本の食文化は、伝統的な和食文化と、

図表3−2−2　外食産業の売上高世界トップ10

国名	企業名	売上（百万円）	時価総額（百万円）
アメリカ合衆国	Starbucks Corp	2,918,519	11,053,818
アメリカ合衆国	Darden Restaurants Inc	947,172	1,590,913
中華人民共和国	Yum China Holdings Inc	929,352	1,833,536
イタリア	Autogrill SpA	669,237	297,365
アメリカ合衆国	Yum! Brands Inc	628,182	3,335,978
日本	ゼンショーホールディングス	607,679	379,672
台湾	Mercuries & Associates Holding, Ltd.	600,968	59,968
アメリカ合衆国	McDonald's Corp	593,122	16,046,332
カナダ	Restaurant Brands International Inc	591,626	2,146,065
アメリカ合衆国	Chipotle Mexican Grill Inc	537,288	2,478,584

出所：SPEEDA、Morningstar、野村総合研究所、東京証券取引所から提供されたデータに基づき、日本M&Aセンターが作成

海外発祥の料理を独自に進化させ洗練させていったものが合わさり、「世界一」と評されるまでに至った。

だが、マクドナルドやサブウェイ、スターバックスコーヒーのような世界的な飲食ブランドは日本に存在しない。世界の外食企業売上高ランキングでは唯一、ゼンショーHDがトップ10に入っているのみ（図表3−2−2）で、日本の外食業界は世界的に見て未成熟であることがわかる。

飲食店のモデル決算書

飲食店の収益構造はどのようになっているだろうか。

図表3－2－3　飲食店を運営する企業Aの決算書

科目	金額（千円）		売上高比
【売上高】		500,000	100%
期首棚卸高	5,000		1%
仕入高	150,000		30%
期末棚卸高	5,000		1%
【売上原価】		150,000	30%
【売上総利益】		350,000	70%
【販売費及び一般管理費】		310,000	62%
人件費	150,000		30%
家賃	50,000		10%
減価償却費	15,000		3%
支払手数料	5,000		1%
接待交際費	20,000		4%
消耗品費	6,000		1%
水道光熱費	15,000		3%
その他販売管理費	49,000		10%
【営業利益】		40,000	8%
【営業外収益】		2,000	0%
受取利息	2,000		0%
【営業外費用】		3,000	1%
支払利息	3,000		1%
【経常利益】		39,000	8%
【特別利益】		0	0%
固定資産売却益	0		0%
【特別損失】		0	0%
固定資産売却損	0		0%
【税引前当期純利益】		39,000	8%
【法人税・住民税等】		12,870	3%
【当期純利益】		26,130	5%

図表3－2－3のモデルは、飲食店を5店舗運営する、売上高5億円の企業の決算書サンプルだ。飲食店は、業態や席数によって大きく売上高は異なるものの、一般的に1店舗1億円（月商800万円から1000万円）を売り上げることで、損益分岐点でプラスに転じることが多い。また、原価率30％以内（お寿司やステーキ業態などは、40％から50％になることも多い）、人件費率30％以内、家賃比率5～20％以内に抑えることで、営業利益を黒字にすることができる。

売上高営業利益率で10％を計上することが理想だが、現実的には、5～8％の企業が多く、原価管理やコストコントロールをおろそかにすると5％を割り、さらに規模が拡大し、本部経費や外部コンサルなどの費用がかさむことで、一気に利益率が落ち込む点も、外食企業の特徴といえる。

食品業界の市場と近年のM&A動向

現在の食品業界は、輸入品、流通・加工、製造の各フェーズに、経費、商業マージン、運賃、調理、調理サービス代などを付加した市場規模が約130兆円、最終

図表３－２－４　食品業界M＆Aの件数と主な大手企業のM＆A

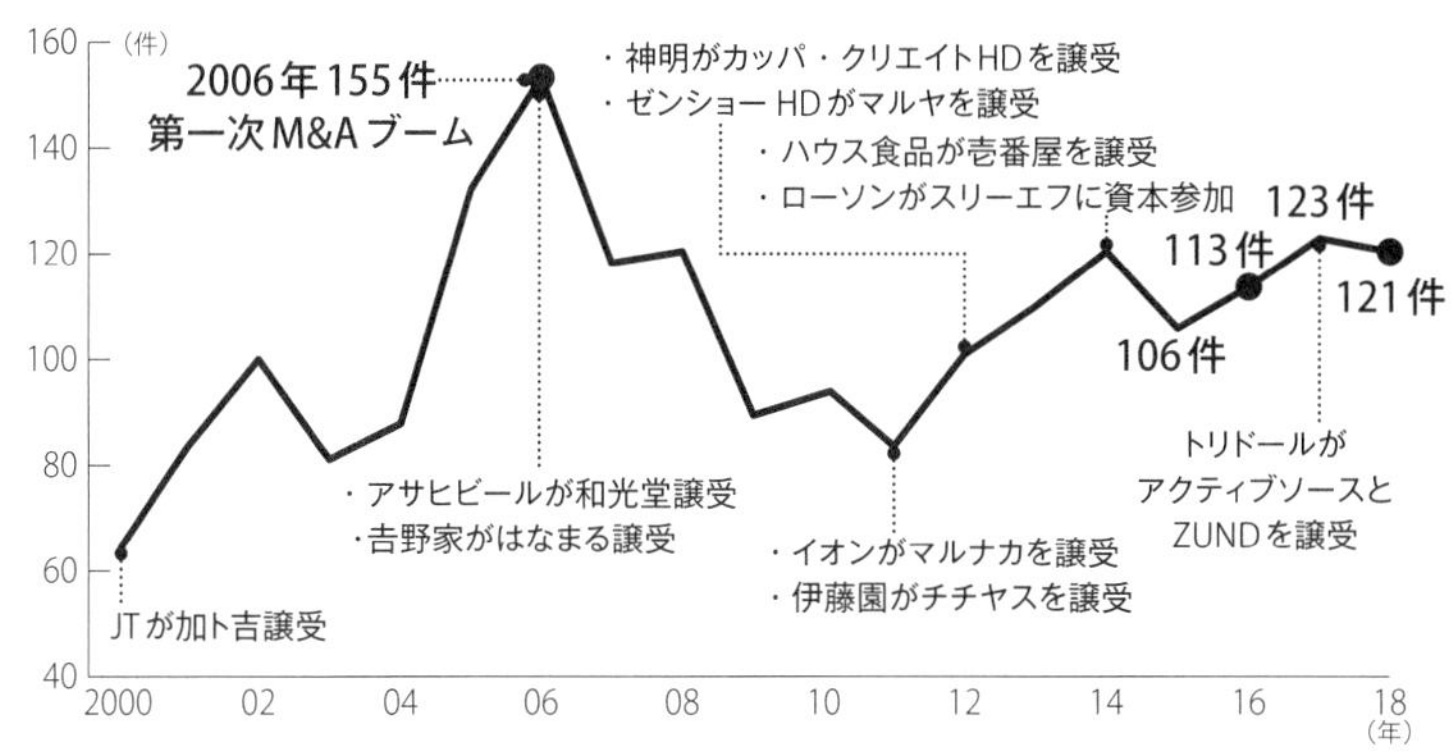

※2018年は1月1日～11月15日までの集計。
出所：レコフM&Aデータベースを基に日本M&Aセンター作成

国内消費高が約76兆円（小売約51兆円、外食約25兆円）である。

近年では、製糖、製粉、製油等の素材型食品企業の同業種間によるM＆Aが活発化し、業界再編が進展している。たとえば、製油業界では2004年までに上位7社がJ－オイルミルズ、日清オイリオグループ、昭和産業の3社に統合された。

2006年以降では、パン・菓子などの加工型食品企業の異業種間M＆Aが活発化し、事業領域の拡大や相互補完の取り組みが進展。2006年に山崎製パンが東ハトを傘下に加え、その2年後には不二家も加えた。またこの年、日清食品グループに明星食品が加わるM＆Aも行なわれたことから、2006年が食品業界における第一次M&Aブームと呼ばれている。

翌2007年にはマルハグループ本社の傘下にニチロが加わり、2009年には明治乳業と明治製菓が経営統合し明治ホールディングスが発足するなど、食品製造業の再編が大きく進んだが、2008年のリーマンショックで市場が冷え込み、2011年まで食品業界のM&A件数は減少トレンドに転じる（図表3－2－4）。

そんななか、「2012年問題」が大きく取り上げられたことで、今度は中堅・中小企業を中心にM&Aの有効性が浸透していく。

2012年問題とは、1947年から1949年に生まれた団塊の世代が定年に達し、大量退職による深刻な人手不足や技能空洞化、熟練技術継承の断絶といったことが起こりかねないという問題であった。この頃から中堅・中小企業のオーナーは深刻な後継者不在問題に気づき始め、事業承継の有効な手段としてM&Aが浸透していくのである。

大手の老舗企業であっても後継者不在は問題となり、2014年には日本を代表する老舗料亭であるなだ万がアサヒビールの傘下に加わった。

また、近年では事業承継型のM&Aのほか、成長企業における成長戦略の一環としてのM&Aが活発になっている。これは単独で30店舗前後まで成長を遂げた、主に外食企業の若い経営者が、より成長スピードを加速させるために大手傘下に加わるケースを指す。昨今の人材確保の難しさや仕入の高騰などを考えた際、大手資本を利用することで問題を解決し、成長に伴う内部管理体制の強化を目的としたM&Aだといえる。

また、子会社として上場を目指す方針を掲げる企業もある。代表的な事例としては、2017年に「丸亀製麺」などを展開するトリドールHDによるアクティブソース（立ち飲み居酒屋「晩杯屋」を25店舗展開）や、ZUND（姫路豚骨ラーメン「ラー麺ずんどう屋」を30店舗展開）のM&Aが挙げられる。

アクティブソースは上場大手企業であるトリドールHDの信用力・資本力を獲得し、出店拡大や人材獲得のペースを加速させることに成功。また、ZUNDは内部管理体制の拡充を図ると同時にトリドールHDが持つ海外展開のノウハウを獲得することで、世界ブランドを目指す基盤を固めることができた。

このようにM&Aは時代とともに、その在り方を変えてきており、現在はともに発展を目指す友好的なM&Aがほとんどになっている。

食品業界M&A3つのトレンド

日本M&Aセンターでは食品業界のM&Aについて、3つのトレンドを提唱している。

・30店舗の「崖」

飲食店が30店舗を超えるあたりから、管理本部機能の設置や社外取締役・監査役の採用など、さまざまな間接コストが発生する。一方で業態の陳腐化が進み、一気に赤字に転落するリスクを孕んでいる状態。

・老舗企業のM&A

創業100年を超える老舗企業（全業種合計で3万社以上あるといわれる）が、伝統の味や技術、暖簾を後世に残すべく、M&Aで第三者に引き継ぐ事例が今後大幅に増加していく。

・食のファッション化

「味」もさることながら、SNSが発達し、フェイスブック、インスタグラム、ツイッターなどを通じてオシャレさ、商品の見栄えがプロモーション効果にどれくらい影響するか、ということも企業評価としてポイントとなってきている。

２０１８年・２０１９年のM&A動向のまとめ

以下では、２０１８年・２０１９年のM&A動向について、①食品製造業界、②食品卸業界、③食品小売業界、④外食業界の別に解説する。

①食品製造業界

食品製造業界における２０１８年のM&Aを総括すると、(1)後継者不在により老舗企業のM&Aが増加、(2)大手食品製造会社は積極的に海外投資を続行、(3)さらなる企業の発展を目指しファンドと組む事例が増加、という3つのキーワードにまとめられる（図表3－2－5、3－2－6）。

２０１８年5月28日の日本経済新聞朝刊では、「創業１００年を超える老舗企業が苦境に立たされている。２０１7年度に倒産、あるいは休廃業した企業数は過去最多に上った。背景には業績悪化だけでなく、後継者不足」などがあると報じられ

図表3-2-5　2018年の食品製造業老舗M&A事例

譲受企業	譲渡企業	売上（億円）	創業年
レゾンディレクション	浜田	-	1866年
長州産業	児玉酒造	-	1871年
田中電機工業	平安堂梅坪	4.5	1918年
オーミケンシ	宇美フーズ	-	1919年
セントラルグループ	イヅツみそ	1.8	1931年
西原商会	五島製麺	3.0	1948年
洋菓子のヒロタ	あわ家惣兵衛	2.4	1950年

出所：レコフM&Aデータベースを基に日本M&Aセンター作成

図表3-2-6　2018年の食品製造業大手M&A事例

譲受企業	譲渡企業	売上（億円）	所在国
江崎グリコ	チョー・ベンチャーズ	-	アメリカ
ニュートリション エ サンテ（大塚製薬）	ビーシーバイオ	-	フランス
不二製油グループ	インダストリアル・フード・サービス	24.3	オーストラリア
キリンホールディングス	ソーンリサーチ	100.0	アメリカ
インディアナ・パッカーズ（三菱商事）	スペシャルティフーズグループ	-	アメリカ

出所：レコフM&Aデータベースを基に日本M&Aセンター作成

図表3-2-7　2018年の食品卸業M&A事例

譲受企業	譲渡企業	売上（億円）	商材
ヤマエ久野	TATSUMI	118.2	食材・ワイン
西原商会	上新トレーディング	11.4	生鮮魚介類
オーディエー	関東食材	13.3	冷凍食品
九州産交リテール	肥後リカー	0.2	酒類
東洋商事	光和	4.1	イタリアン食材
GRN	リラックス	14.7	ワイン
トーホー	昭和物産	60.0	乳製品・製パン材料
エンド商事	峰松	5.0	乾物

出所：レコフM&Aデータベースを基に日本M&Aセンター作成

ている。それを受け、老舗企業を含めた中小企業の事業を存続させるための動きが活発になってきており、食品製造業界においても2018年のトレンドのひとつとなった。

また、大手食品製造会社は内需減少への対策として、積極的な海外投資を行なっている。リーマンショック以降、一時投資を控えたが、景気回復とともに再び積極的に海外への再投資を行なうようになっている。

さらには近年、企業の発展を目指し、ファンドと組むことで追加投資や経営管理体制の強化を実現している事例が増えている。日本M&Aセンターも日本政策投資銀行とともに中堅・中小企業のため

図表3-2-8　2018年の食品小売M&A事例

譲受企業	譲渡企業
イズミ	イトーヨーカドー 福山市1店舗 切り離し 西友 山口・兵庫県 1店舗切り離し

譲受企業	譲渡企業
マエダ 青森県30店舗	みなとや 青森県9店舗

譲受企業	譲渡企業
大黒流通 チェーン	マルフジ 東京都9店舗

譲受企業	譲渡企業
バローHD 滋賀県14店舗	フタバヤ 滋賀県3店舗

出所：レコフM&Aデータベースを基に日本M&Aセンター作成

のファンド運営会社「日本投資ファンド」を立ち上げ、２０１８年にはたくみやホールディングスとフジバンビグループという2件の菓子製造販売企業への投資を行なった。

②食品卸業界

食品卸業界における２０１８年のＭ＆Ａは、これまでと同様に同業同士での規模の拡大を図るＭ＆Ａが多くみられた。国内の市場が縮小し、流通のためのコストも上昇しているなか、双方の持つ流通網や販路を活かし、互いに発展を目指していく業界再編が進んでいる（図表3－2－7）。

③食品小売業界

これまでコンビニ業界を筆頭に再編が進んできた食品小売業界であったが、2016年にユニーグループHDとファミリーマートが合併して、ユニー・ファミリーマートHDが誕生した。ファミリーマート傘下にユニーのサークルK・サンクスが加わったことでコンビニ業界の再編は一段落した。

一方で、イオンの一強独占である食品スーパー業界では、上位ランカーによるM&A攻勢が継続している。また、先述のユニーが運営する総合スーパー部門は苦戦が続いていたことから、2017年に総合スーパーの再生に実績のあるドン・キホーテが40%の株式を取得することで再生を図っており、2018年には100%株式を取得するに至った。

図表3-2-8のように、各社が強い地盤を持つエリアや、高い専門性のある分野における選択と集中が起きているのも食品小売業界のトレンドといえる。

④外食業界

外食業界は市場の縮小に加え、人材確保の難しさや働き方改革への対応、仕入や物流の高騰、FC店などの場合ではオーナーの高齢化による店舗修繕の遅れなど、さまざまな課題を抱えるなかで、解決策としてM&Aが数多く活用されている。外食業界における2018年のM&Aを総括すると、以下の4つのケースが増えている。

・老舗企業が後継者不在によって後世に味を残すための手段として、大手企業とのM&Aを行なうケース。
・各社の保有するブランドを増やしていくポートフォリオ経営（「うどん屋」と「居酒屋」を経営するなど、さまざまな業態を組み合わせて全体の店舗を管理する経営）を推し進めるケース（同業種で異なるブランドを持ち、単一食材を活用することで仕入や配送コストを圧縮するM&Aや、幅広い客層へのリサーチ、BSE・鳥インフルエンザなどさまざまなリスクに備えて複数の食材に幅を広げるM&Aなど）。
・成長企業が「30店舗の崖」を前に、より大手の傘下に入ることで成長速度を加速させるためにM&Aを活用する成長戦略型のケース。
・縮小する国内市場だけではなく、さらなる成長を目指して海外展開を強化していく手段としてM&Aを活用するケース。

老舗企業のM&Aは、「2012年問題」と連動して徐々に増えてきた。2008年には「かつサンド」で有名な井筒まい泉がサントリーの傘下に入った。後継者不在だけではなく、2008年のリーマンショックなど市場環境の変化などさまざまな要因もあり、2010年には高級フレンチの先駆けとされるシェ松尾が高瀬物産の関連会社であるホーコーフーズ傘下に加わり、2014年には老舗料亭のなだ万がアサヒビールの傘下に入った。また、2018年には鮒忠（譲受）×草津亭（譲渡。1872年創業の老舗料亭）、クリエイト・レストランツHD（譲受）×はしもと（譲渡。1968年創業。札幌など10店舗）という外食老舗のM&Aが相次いだ。

一方で、外食産業の最大手であるゼンショーHDをはじめ、外食大手は積極的なM&Aによるポートフォリオ経営を加速させている。近年では、海外への進出に力を入れる大手企業も多いが、国内におけるポートフォリオ経営も引き続き拡大していくものと思われる。

さらに最近は、前述のトリドールHDとアクティブソースやZUNDのM&Aなど、30店舗前後の店舗数まで自力出店した後に大手の傘下に加わるケースが増大している。

図表3-2-9 2018年の外食大手M&A事例

譲受企業	譲渡企業	事業内容	売上(億円)
クリエイト・レストランツ	ルートナインジー	東京都内2店舗	-
クリエイト・レストランツ	クリエイト・ベイサイド オリエンタルランド孫会社	レストラン・フードコート17店舗	24
ガーデン	TERAKAZU エンタープライズ	千葉・茨城にてラーメン店6店舗	-
ガーデン	らしく	国内外飲食店5店舗	-
ジー・テイスト	タケモトフーズ	フードコート店、レストラン、カフェ	10.2
ジー・テイスト	湯佐和	3店舗の切り離し	16.2
subLime	牛の達人	都内焼肉店5店舗	2.5
エー・ピーカンパニー	リアルテイスト	関東にて13店舗	14.2
ホットランド	アイテム	首都圏にてお好み焼き店13店舗	4.4
やまや、チムニー	つぼ八	日鉄住金物産からの切り離し。241店舗運営	-

出所：レコフM&Aデータベースを基に日本M&Aセンター作成

２０１８年には、ユニゾン・キャピタルグループ（譲受）×資さん（譲渡。うどん店。北九州を中心に42店舗）、ジー・テイスト（譲受）×壁の穴（譲渡。関東・関西を中心に29店舗展開）、日本協創投資（譲受）×コンプリート・サークル（譲渡。広島・東京・九州を中心に29店舗）などの事例がある（図表3－2－9）。大手とのM&Aなどを利用し、いわゆる「30店舗の崖」をどのように乗り越えていくかが外食企業の成長における重要ポイントだ。

大手はさらに海外進出も強化しており、特定地域に集中したM&Aを積極的に行なっている。２０１８年には、ゼンショーHD（譲受）×アドバンスド・フレッシュ・コンセプツ（譲渡。AFC。アメリカの持ち帰り寿司チェーン最大手、米で約3700店舗、カナダとオーストラリアで計4000店舗超を、主にフランチャイズで展開）という大型海外M&A事例があった。

これから業界再編が加速する飲食・外食業界

飲食業界のM&Aは、公表ベースで2016年は17件、2017年は32件、2018年は46件と毎年増加傾向にある。

また、前述したが2018年10月にはゼンショーHDがアメリカやカナダ、オーストラリアでテイクアウト寿司店を展開するAFCを、12月には丸亀製麺を展開するトリドールHDが、シンガポールでカレーチェーンを展開するMCグループの株式を取得するなど、大手外食企業による海外企業のM&Aも増えている。

ここで改めて飲食業界を振り返ってみると、飲食業界のM&Aの歴史は、業界最大手の巨人であるゼンショーHDおよびナンバー2のコロワイドのM&Aの歴史と同義といえる（図表3-2-10、3-2-11）。

図表3-2-10　ゼンショーHDの実施した主なM&A

年月	買収企業	業態	株価
2000年7月	ココスジャパン	ファミレス	約80億円
2001年5月	ぎゅあん	焼肉、しゃぶしゃぶ	
2002年12月	ビッグボーイ	ファミレス	
2004年7月	ヒサモト商事	ラーメンチェーン	
2004年7月	横山食品	中華麺の製造販売	
2005年3月	なか卯	定食チェーン	
2006年3月	宝島	焼肉チェーン	
2007年3月	ジョリーパスタ	イタリアン	約68億円
2008年10月	華屋与兵衛	和食ファミレス	約12億円
2012年6月	多聞フーヅ	うどん店	
2012年11月	マルヤ	食品スーパー	約27億円
2013年9月	ヤマトモ水産食品	水産加工業	
2013年10月	マルエイ	食品スーパー	約10億円
2014年1月	輝	老人介護	
2014年8月	尾張屋	食品スーパー	約26億円
2016年11月	フジタコーポレーション	食品スーパー	
2017年9月	山田屋アタック	食品スーパー	
2018年11月	アドバンスド・フレッシュ・コンセプツ	テイクアウト寿司チェーン	約287億円

※株価：M&A時の譲渡対価。
出所：レコフM&Aデータベースを基に日本M&Aセンター作成

図表3-2-11　コロワイドの実施した主なM&A

年月	買収企業	業態	株価
2002年1月	平成フードサービス	和食レストラン	約10億円
2002年8月	ダブリューピィージャパン	ファミリーレストラン	約1億円
2003年2月	ドリームフード	居酒屋チェーン	約10億円
2004年2月	贔屓屋	居酒屋チェーン	約11億円
2005年10月	オリンパス・キャピタル・ダイニングHD	回転寿司チェーン	約8億円
2006年7月	宮	ステーキ	約72億円
2012年10月	レックスHD	焼肉チェーン（牛角）	約137億円
2014年12月	カッパ・クリエイトHD	回転寿司チェーン	約264億円
2016年10月	フレッシュネス	ハンバーガーチェーン	

※株価：M&A時の譲渡対価。
出所：レコフM&Aデータベースを基に日本M&Aセンター作成

外食業界のM&Aの歴史は非常に浅く、2000年代に入ってから、ゼンショーHD、コロワイドを中心に買収劇が加速したといえる。また、M&Aを積極的に活用した2社が現在の外食業界売上1位、2位の地位を確固たるものとしている事実は、M&Aが外食企業の成長に必要不可欠であることを、如実に表している。

外食産業の巨人2社以外にも、海外で積極的なM&A戦略を展開しているトリドールHDや、国内・国外合わせて約80店舗のラーメン店を運営するウィズリンクHDを2019年5月に完全子会社化した吉野家HD、熊本で「前川水軍」などの居酒屋チェーンを展開するジョー・スマイルを2019年3月に子会社化したSFPHD（2019年2月に東証一部に市場変更）、グループを挙げてM&Aに取り組むクリエイト・レストランツHD、インバウンド需要の旺盛な沖縄でステーキチェーン「サムズ」を展開するグレートイースタンを2019年4月に買収した関西の雄、フジオフードシステムなど、外食業界のM&Aは、いままさに群雄割拠の時代を迎えようとしている。

一方で、年商1000億円を超える国内の外食企業11社合計の売上シェアが、外食市場25兆円に占める割合はわずか10%弱であり、他業界に比べると非常に業界再編が遅れているマーケットといえる。

それらの事実から総合的に判断すると、当面は年商5億〜30億円規模の外食企業が年商200億円以上の飲食企業のグループに入るM&Aが3〜6年ほど続き、外食業界のM&Aの件数も、この期間にピークを迎えることになるだろう（飲食業界の業界再編ステージ1）。これにより外食企業上位10社のマーケットシェアが30％程度に到達する。

2025年以降は、大手が年商1億〜9億円台の企業を取得する事例は減少し、年商30億〜100億円クラスの中堅外食企業が、年商300億円以上の上場クラスの外食企業グループに次々と参画していくことが想定される（飲食業界の業界再編ステージ2）。

これにより、外食上場企業グループのマーケットシェアは50％を超えるようになり、M&Aの件数自体は少なくなるものの、1件あたりのディールサイズは膨れ上がっていく。

2035年以降は、ここまでM&Aを活用して企業規模を拡大してきた企業同士の資本提携が頻繁に起こると想定され、最終的には上位4〜5社のグループに飲食業界は統合され、それらのマーケットシェアは80％に到達するだろう（飲食業界の業界再編ステージ3）。

その頃には、ほとんどのチェーンの系列化が完了しているため、どこかの大手グループに帰属するチェーン店、またはこだわりの味と食材を追求した個人店舗のみが存在する、というような時代が到来することとなるだろう。

製造業界

従来型モノづくりから脱却し、自社の「決定力」を磨き抜く

日本の製造業の現状

日本の製造業は、国内全体のGDPの約2割となる約110兆円を占める基幹産業だ。この110兆円という数字は、図表3-3-1にあるとおり、世界全体で見れば中国・アメリカに次ぐ第3位であるものの、およそ25年前の時点から延々と停滞状態が続いており、相対的な国際競争力は、残念ながら低下の一途をたどっている。

なぜこうした事態に陥ってしまったのかを考えるにあたって、日本における製造業の特徴や産業構成について改めて整理をしていこう。

図表3-3-2にあるとおり、わが国において、国内製造品目内訳は「機械55：素材25：消費財20」程度であり、自動車・家電などを筆頭に、複雑な部品同士を組

図表 3-3-1　各国の製造業 GDP 推移

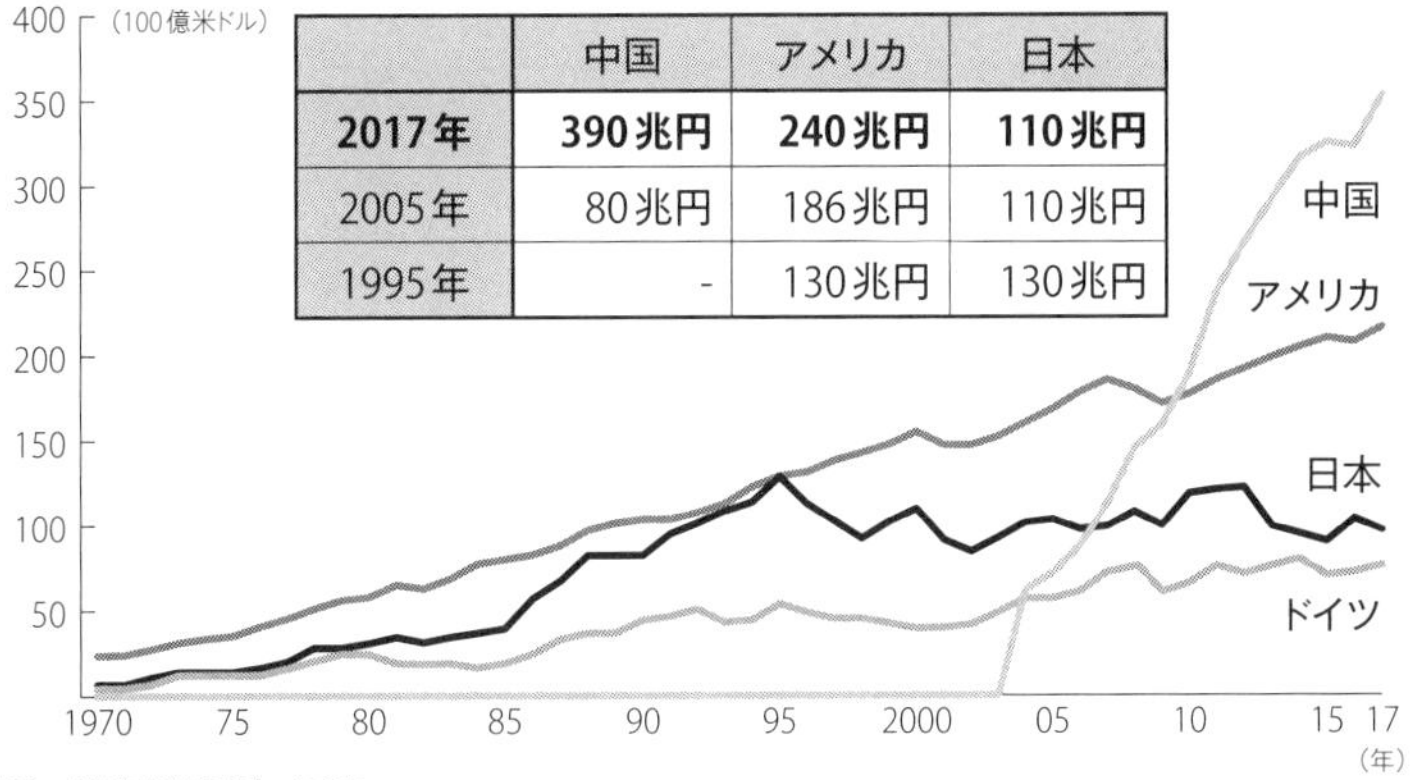

	中国	アメリカ	日本
2017年	**390兆円**	**240兆円**	**110兆円**
2005年	80兆円	186兆円	110兆円
1995年	-	130兆円	130兆円

(100億米ドル)
400
350
300
250
200
150
100
50
1970 75 80 85 90 95 2000 05 10 15 17
(年)
中国
アメリカ
日本
ドイツ

出所：総務省統計局、国連

図表 3-3-2　国内製造品目内訳

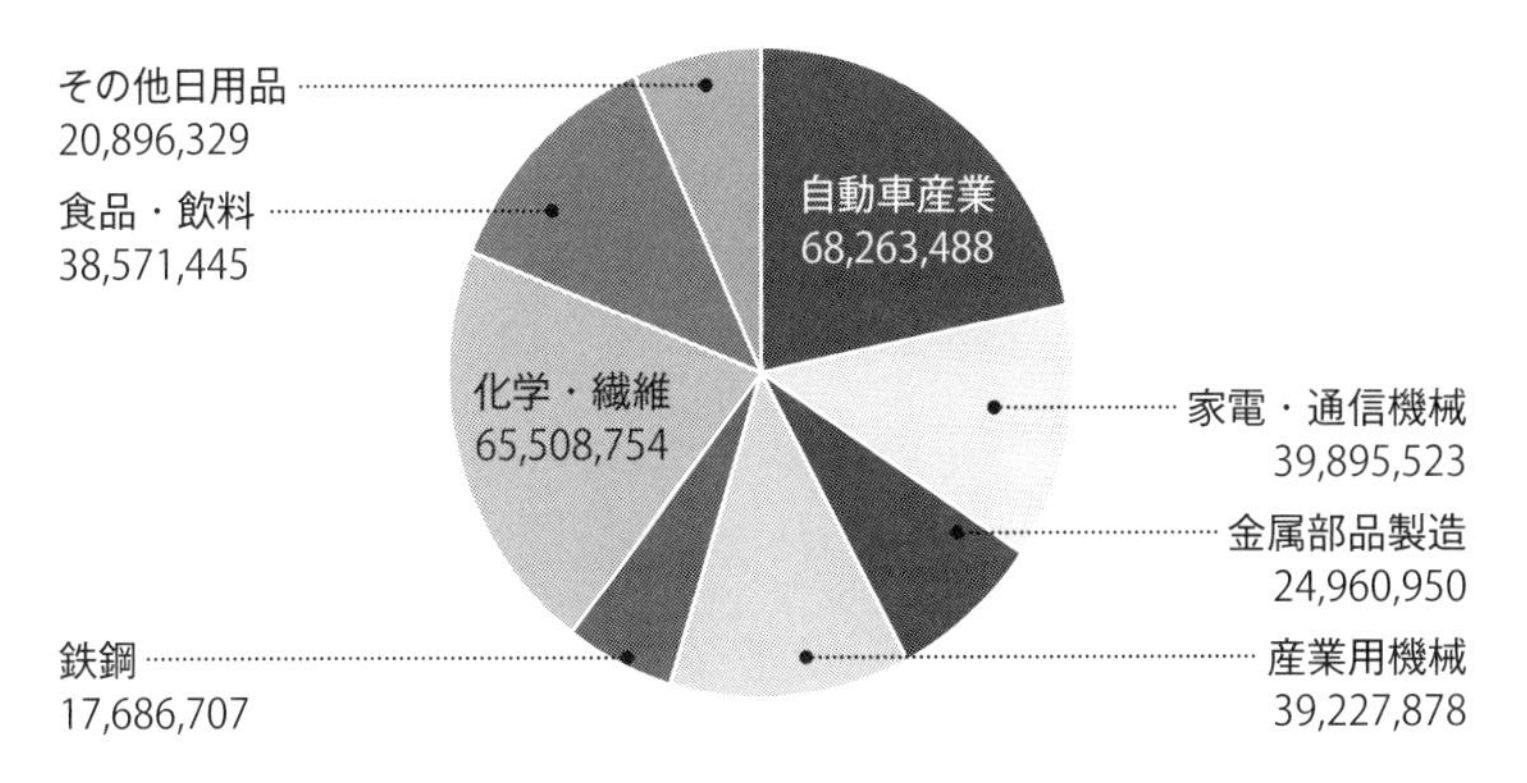

出所：経済産業省「工業統計調査」

図表3-3-3　製品ごとに異なる収益構造

（単位：千円）

	自動車	テレビ	ビール	化粧品
売上	1,000,000	1,000,000	1,000,000	1,000,000
製造原価	800,000	760,000	630,000	330,000
販売管理費	150,000	190,000	300,000	570,000
（内人件費）	30,000	60,000	100,000	160,000
営業利益	50,000	50,000	70,000	100,000

	← →
ビジネスモデル	アセット型 ⇔ マーケティング型
製品ライフサイクル	長い ⇔ 短い

出所：SPEEDA業界別平均値データ

み合わせて付加価値を生み出す機械産業が、売上の過半を占めている。

その他のカテゴリーでは、鉄鋼業などの素材産業や、食品、化粧品などの一般消費財などが挙げられるが、それぞれの収益構造の違いをふまえて、なぜ機械産業が日本の主幹産業となったのかについて考えていきたいと思う。

図表3-3-3は、自動車、テレビ、ビール、化粧品における原価・経費構成の業界平均値に基づいた損益計算書のモデルだ。

自動車やパソコンなどの機械産業は、高度な設備投資や部品仕入に多額の資金が必要となる（原価が高くなる）一方で、B2B企業が中心であるため、販促・マーケティングにかかわる費用は比較的抑えられる、アセット（資本）型のビジネスモデルだといえる。

逆に、ビールや化粧品などの消費財は、生産プロセスや材料へのイノベーション投資が少ない代わりに、販促・マーケティングにかかわる人的投資の占める割合が大きくなりやすいマーケティング型のビジネスモデルとなる。

設備投資色の強いアセット型のビジネスモデルほど、自動車・パソコンのように長期にわたる需要が見込める製品（製品ライフサイクルが長い）があてはまることが多く、逆にビールや化粧品などの嗜好品は、製品ライフサイクルが短いことを前提に、売り方を工夫して売上を伸ばしていく戦略をとることが一般的だ。

日本の製造業は前述のデータが示すとおり、アセット産業が主体だ。固定費の大きいアセット型の産業は、ハイリスク・ハイリターンという性格があり、大量の需要が長期的に見込めるマーケットが必要となるが、日本は高度経済成長期以降、先進国のなかではアメリカに次ぐ人口大国となり、豊かさを求める多くの人々の期待に応える形で、自動車、冷蔵庫、テレビ、クーラーなど、多くの製品需要が、国内の機械産業の成長と技術革新を促した。

図表3－3－4　機械系メーカーの業界構造

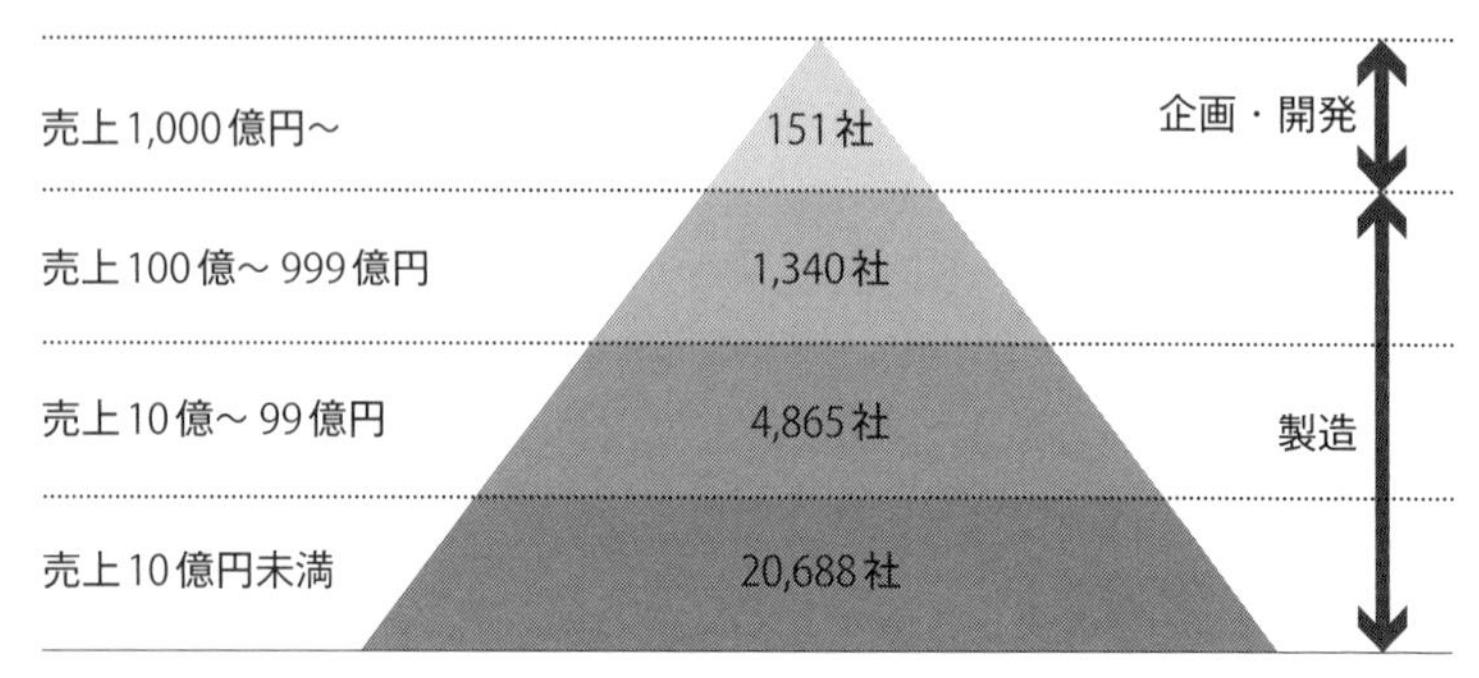

出所：東京商工リサーチの企業データベースより日本M&Aセンター作成

「非・標準化」によって築き上げた競争優位

大量生産・大量消費を前提として築き上げられた日本のモノづくりの業界構造は、大企業が商品を開発し、中堅・中小企業が部品をつくるというタテ分業で成り立っている。図表3－3－4のようにIT業界や、建設業界でも見られるピラミッド型の典型的な下請け構造となっているが、他業界との違いは、大手と中小の「相互依存」の関係だ。

大手企業が企画・開発した製品のスペックや形状を実現するために、それぞれの中小メーカーは、独自仕様（非・標準化）の製品・部品をつくり上げ、そこからさらにバージョンアップを繰り返すことで「替えの利かない取引関係」を築いてきた。契約上の縛りこそないものの、実質的な長期アライアンス関係がいまでも至るところで形成されている。

ひとつの分野を追求する力が磨かれた

歴史や技術を受け継いで発展させていくことが、日本人は非常に得意だ。長い歴史のなかで、宗教、文化、産業、あらゆるものを外から取り入れてきた。そのまま真似をするだけではなく、さらにつくり込んで日本流に進化させる、ゼロイチではなくカイゼン。画質を良くする、薄くする、軽くする、小さくする、日進月歩の技術革新が日本のモノづくりのアイデンティティでもある。

中堅・中小企業は前述のタテ分業構造のなかでモノづくりに専念することで、それぞれが得意とする技術を磨き、その結果、日本は高いクオリティの製品を世に出し続けることができた。その一方で戦略性（自社のポジショニングを考える）や営業力（何をどう売るか考える力）は、なかなか育ちにくく、国内での古くからの得

図表3－3－5　輸出を行う中堅・中小企業の割合

輸出を行う中堅・中小企業は「3%未満」

	日本	ドイツ	フランス	イタリア	スペイン
輸出を行う企業の割合	2.8%	19.2%	19.0%	27.3%	23.8%
対外直接投資を行う企業の割合	0.3%	2.3%	0.2%	1.6%	2.1%

資料：経済産業省「2012年版中小企業白書」（経済産業省「工業統計」、総務省「経済センサス」を再再編加工）、欧州委員会（2010）「Internationalisation of European SMEs」から作成
備考：本表の中では、日本の中小企業は従業者数300人以下。EUの中小企業は従業者数250人未満。
出所：経済産業省「通商白書2012」

意先や特定の地域に偏った販路に依存しやすい傾向にある。単体で海外輸出を行なっている中堅・中小企業はいまでも全体の3%未満となっており、図表3－3－5にあるとおり、諸外国に比べて非常に低い水準だ。

モノづくり産業転換期における2つの脅威

ここまで述べたように、日本の製造業は、優れた技術に基づいた競争優位を確立してきたが、2000年代以降は、アジアや欧米企業との厳しい競争（2つの脅威）に晒されることになった。

①第一の脅威（部品標準化：エレクトロニクス産業／自動車）

家電・PCなどのエレクトロニクス産業では、世界的な「部品標準化」が進行した。部品同士の相互調整をしなくても、最終製品を組み立てることが可能になったことから、台湾のフォクスコンなどのメガEMS（受託生産）企業が圧倒的な低コストで、マイクロソフト、サムスンなどのグローバルメーカーの製造部門として、驚異的な競争力を誇るようになった。

また自動車業界においても、クルマの電動化の流れのなかで、これまでの国内メーカーの競争優位を支えていたエンジン回りの複雑な機構・部品が不必要となり、標準化された部品以外の需要が大きく減少するといわれている（図表3-3-6）。

トヨタは、2021年にもエンジンの開発設計にかかわる1000人以上の人員を、CASE（コネクテッド・自動運転・シェアリング・電動化）と呼ばれる分野の開発者として配置転換する方針を決めた。

こうした動きにより、自動車部品ひとつひとつの素材や形状が大きく変わることに加えて、通信技術やソフトウェアといった、これまで部品メーカーがほとんどタッチしてこなかった領域をも巻き込んだ技術開発が必要となる。そのような時代の変化のなか、プレス加工、樹脂成型など、これまでひとつの分野を追求することで

図表3-3-6　電動化に伴う自動車部品数の変動

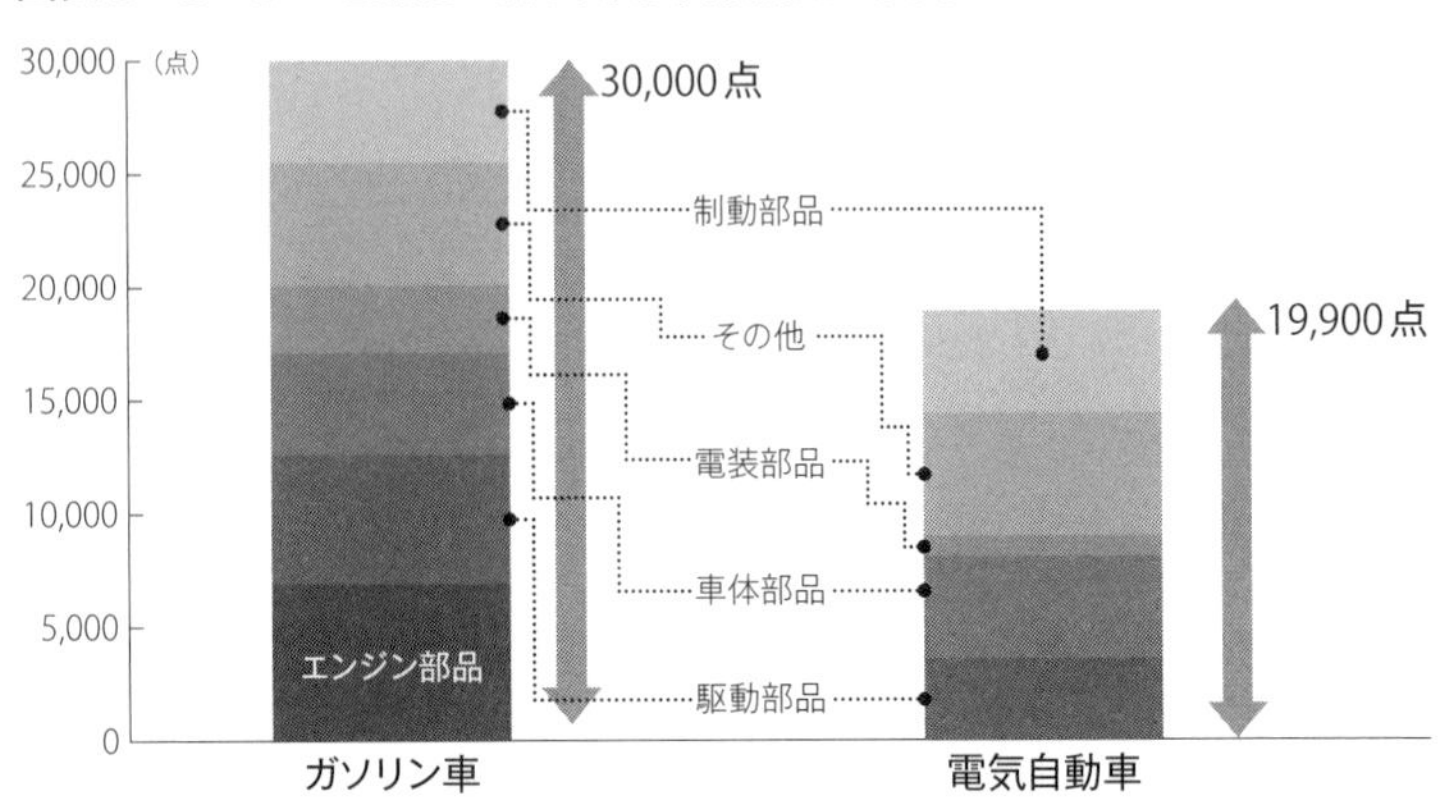

出所：株式会社植松商会Webページ

競争力を保ってきた多くのモノづくり企業も、いまある設備や技術で戦えなくなるリスクを少なからず抱えている。

②第二の脅威（ビジネスモデル競争：携帯電話産業）

消費者ニーズの多様化が進むなか、大量生産による生産性を確保しながら、購入者それぞれのニーズに応えるマスカスタマイゼーション（大量個別生産）において、成功を収めたのがアメリカのアップルだ。

iPhoneは構成部品の仕様（画面の大きさ）を限界まで統一し、モデル数を最少に抑えることで、製品そのものの大量生産は維持しながら、多種多様なソ

図表3−3−7　「モノをつくる力」より「ビジネスを描く力」が重要に

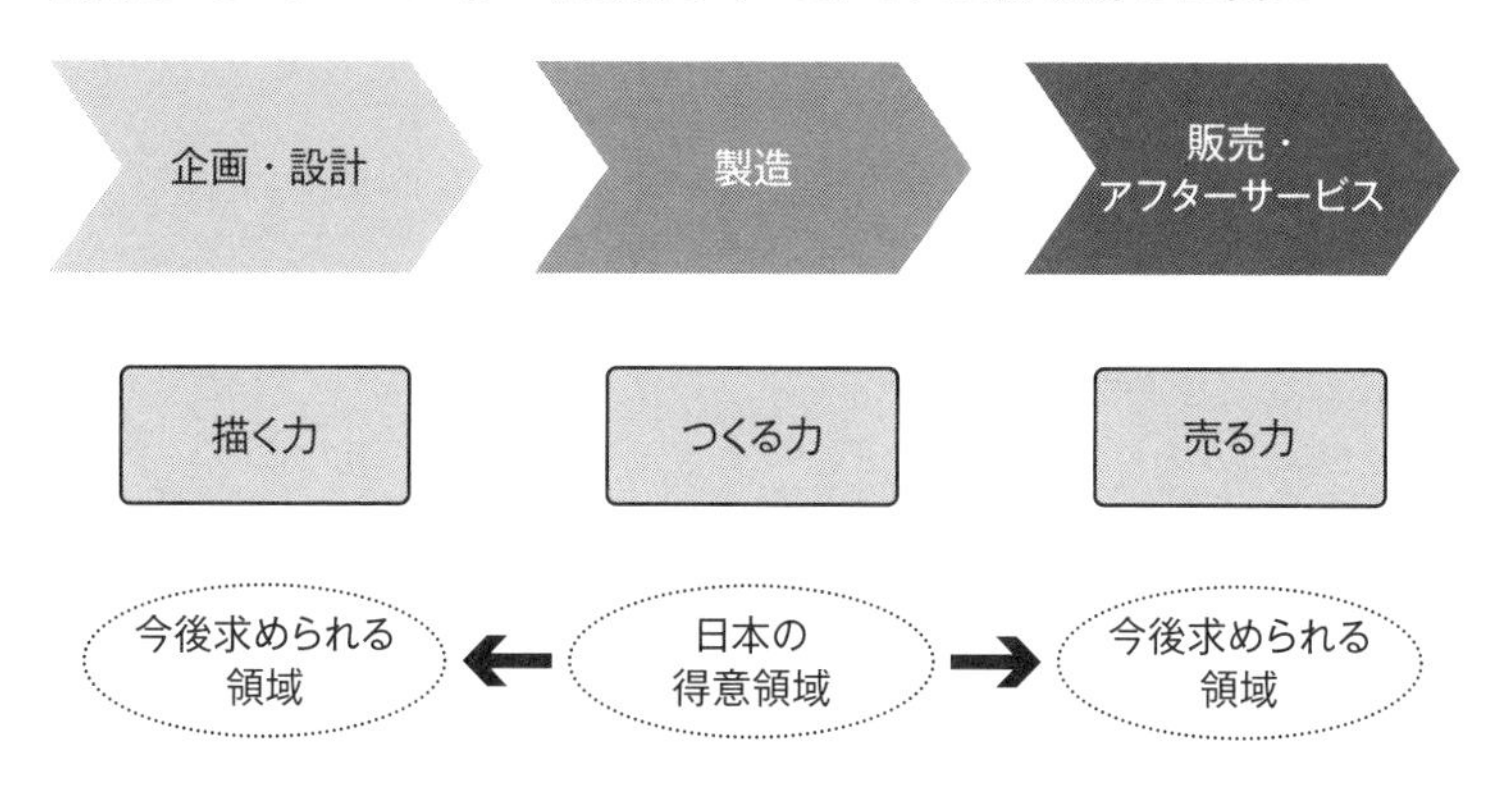

出所：日本M&Aセンター作成

フトウェア・アプリケーションを用意することで、消費者が自由に使い方をカスタマイズできるようにした。

今後は、「企画設計・ブランディング・アフターサービス」といったキーワードのもと、製品の売り方や使い方を描いていくことがますます重要になる（図表3−3−7）。

しかし、規模の大小を問わず、製造業における戦略性や営業力が求められるようになってきたなかで、日本企業は旧来のビジネスモデルからの脱却に苦戦している状態が続いている。

図表3-3-8　2017～2018年「本業革新のためのM&A」

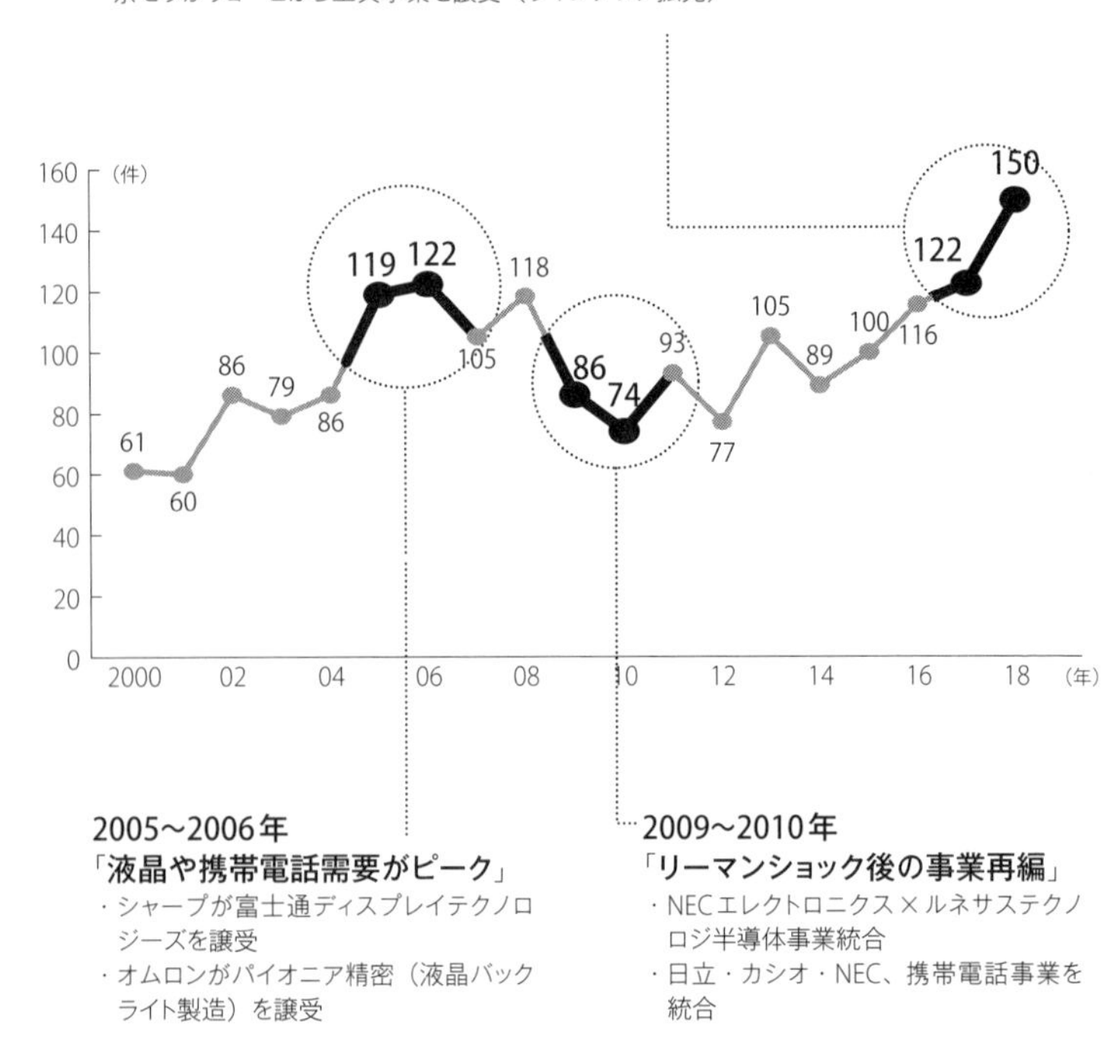

2000年代前半のピーク期は、**特定マーケットのシェアを勝ち取るためのM&A**が中心だったが、近年（2015～2018年）は各社が強みとする**「本業」の付加価値をより深く追求するためのM&A**が活発になってきている

出所：日本M&Aセンター作成

本業特化でビジネスモデルを磨き抜く大手メーカーのM&A戦略

ここで述べた脅威に対して、日本企業がいかにして勝ち抜く術を磨いているのか、M&A戦略の変遷に関連づけてみていきたいと思う（図表3－3－8）。

近年においてはとくに、大手電機メーカー各社において、自社のコアビジネスを見極め、それを磨くことでイノベーションを実現していく「本業革新」のためのM&Aが多くみられた。たんなる本業の選択と集中（リソースの再分配）ではなく、事業再編と並行して、異なる分野の技術や人材を新たに受け入れることでビジネスモデルのアップデートを進めている。

①売却と買収の両輪でコア事業を磨き抜くリコーのM&A

たとえばリコーは、2017年に非中核ビジネスのアナログ半導体事業を手掛けるリコー電子デバイスを日清紡グループに売却。一部株式は保有し続けたうえで、当該領域において「他力」を活用して成長させていく選択をした。

その後の2018年、同社は本業である「印刷領域」への集中を掲げ、「立体物向けの印刷技術」に強みを持つエルエーシー、「衣料や床材の印刷技術」を得意とするカラーゲートの2社を買収した。それぞれの会社の技術優位性と自社の技術を連携させることで、あくまで本業である印刷領域における付加価値を高めていく戦略を掲げている。

②「手を組むことでビジネスモデルを変化させる」アマダのM&A

プレス機メーカー大手のアマダは、プレスの付帯設備（搬送機等）の設計・製作を行なうオリイメックを買収することで、「プレスメーカー」から「提案型のビジネスモデル」へと変化を遂げた。同業を買収することでシェアを拡大するのではなく、異なる事業領域同士で手を組むことによりビジネスモデルそのものの変革を図っている。

③業界内での垂直統合を通じて顧客ニーズに応える

また現在は、旭化成や積水化成品工業などの素材メーカーによる国内外の自動車部品メーカー（ティア〈Tier〉1・2）の譲受が活発化している（図表3－3

図表3－3－9　2018年M＆A事例
（大手素材メーカーと自動車部品メーカーの垂直統合）

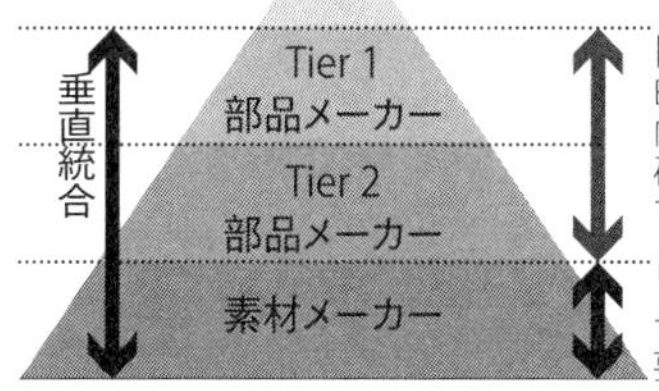

自社特有の技術ノウハウを蓄積できる体制へ
EV化や自動運転技術が進む中、「軽量化」や「安全性向上」等のテーマを実現していくために素材ベースでの研究・開発ノウハウを自社で蓄積していく必要に迫られている

「素材販売」から「製品設計・開発」へ
サプライチェーンの上流ポジションをとることで、顧客の要望をダイレクトに反映させたものづくりを実現する

・三井化学×アーク（大阪府：車載部品・金型設計製造）
・旭化成×Sage（米：車載シート部品等製造）
・積水化成品工業×Proseatグループ（独：自動車用各種成型品）
・富士紡ホールディングス×東京金型（埼玉県：金型設計製造）

出所：日本M&Aセンター作成

ー9）。その理由は、エンドユーザー（トヨタ・ホンダなどの自動車メーカー）により近いポジションをとることで、企画・開発力を強化するためだ。これにより、部品メーカーは、「軽量化」「安全性向上」などのテーマを実現していくための素材ベースでの研究・開発ノウハウを自社で蓄積していくことが可能となる。

今後求められるモノづくり企業の「決定力」

自社の本業を磨き抜くために、M＆Aを通じて他社の経営資源を活用するという方法は、ここで述べた大企業だけではなく、日本のモノづくりを支える中堅・

図表3-3-10　中堅・中小企業のM&Aケーススタディ

①中堅自動車部品メーカー同士が「系列」の枠組みを超えたM&A（2016年4月）

譲渡　株式会社日下歯車製作所（年商約32億円）

自動車の変速機やロボットの減速機等に向けた歯車を主に供給しており、主要取引先はホンダ。事業承継問題を契機に、オーナー株式をメイドー社に譲渡。

譲受　株式会社メイドー（グループ年商約700億円）

愛知県豊田市にて、自動車用ボルトを主力として事業展開しており、主要取引先はトヨタ。高度な加工技術の内製化等を目的に日下歯車製作所を譲受。

本件M&Aにより解決した課題	「トヨタ系」「ホンダ系」という特定の系列（取引先）への依存体質から脱却すると共に、譲受企業が持つ海外拠点を活用した両社製品の展開が見込める。

②ハードウェアとソフトウェア、双方の技術を持ち寄ることで単独ではなし得ない新商品の開発が可能に（2016年1月）

譲渡　株式会社京栄（年商約3億円）

1960年創業、マイコンライター・各種計測機器の開発・製造を手掛ける都内の企業。安定した経営を続けており、無借金経営だったが、事業承継問題をきっかけにM&Aを検討。従業員の雇用を継続しながら、会社を成長させてくれる相手を数年間にわたり探していた。

譲受　アイフォーコム株式会社（年商約30億円）

メイン事業は組み込みソフトウェア開発。大手顧客との取引基盤をベースに堅実経営を貫いていたが、更なる成長のために、ハードウェアの技術力を自社で高め、自社製品の開発に力を入れていきたいと考えていた。

本件M&Aにより解決した課題	①譲受企業の製品力、営業力を活かして譲渡企業の売上をアップできる。 ②ハードウェア・ソフトウェア双方の知見を活かした新製品の開発に取り組むことが可能となった。

③海外マーケットへの挑戦のために、親子で考えたM&Aという選択肢（2015年3月）

『家族のように迎えてくれる相手との出会いが、更なる成長の道に繋がった』

譲渡　市川ダイス株式会社

売上高：約3億円（当時）　従業員数：約40名
本社：千葉県香取郡多古町
事業内容：金型部品・ダイス製造

譲受　ゼノー・テック株式会社

売上高：約18億円（当時）　従業員数：約140名
本社：岡山県岡山市
事業内容：金型部品製造

- 譲渡企業のオーナーのご子息は社会人経験を積んだ後に、社長の後継者として、経営・マネジメント業務に参画していた。
- 国内市場だけではいずれ限界が来ることを予想し、成長のためには海外進出が必要不可欠だと考えていたが、独資での海外進出を考えると、スピードと資金力が足りないと感じたことが、M&Aのきっかけだった。
- オーナーは引退後、個人の連帯保証も外れて、趣味に没頭。ご子息は、M&A後も、専務として会社全体を統括。マネジメントを行ないやりたかった仕事にも挑戦できている。

出所：レコフM&Aデータベースおよび各社HPより、日本M&Aセンター作成

中小企業が従来型のモノづくりからの脱皮を図るうえで必要不可欠な選択肢になりつつある。

取引先との定期的な価格改定が避けられない自動車部品業界に象徴されるとおり、多くの中堅・中小製造業は商流が固定的でかつ特定先への依存傾向が強いため、価格交渉力が弱いという経営課題を抱えている。

そうしたなか、モノづくり企業が収益力を高めていくうえで、経営における決定力（①価格決定権を持つこと、②顧客を選ぶこと）が必要不可欠だ。自社がどのような顧客にいくらの値段で商品やサービスを提供していくかを、はっきりと自ら決めて、磨き抜いていくことが、強い企業の条件となるのではないか。

価格決定権を持つためには、やはり顧客層を広げる必要があるし、顧客を選べるポジションとなるためには、他の会社にはないオリジナリティのある商品やサービスを追求していかねばならない。厳しい市場環境のなかで、中堅・中小製造業におけるM&Aの浸透が経営変革のきっかけとして機能し始めている（図表3－3－10）。

あらゆる地域・規模でM&Aの可能性がある

図表3－3－11は日本M&Aセンターでお手伝いした製造業のM&Aにまつわるデータをまとめたグラフだ。ひと昔前までは、典型的な後継者不在による売却がほとんどだったが、近年は経営者としての継続を前提に50代から大手グループとの提携を選択し、新たな成長シナリオを描くケースも非常に増えてきている。

また、モノづくり企業を引き継いで成長させたいという会社についても、商社やIT企業などの非製造業の会社が半数近くの割合を占めており、異業種との提携可能性を大いに秘めている業種であることを読み取ることができる。

「跡継ぎがいない」という理由がM&Aの主な動機であった時代から状況は年々変化してきている。あらゆる産業が大きな転換期を迎えるなかで、時代の変化に合わせて会社のありようを変えていくことと、経営者の年齢や会社の規模は直接の関連性はない。

「たんなるバトンタッチではなく、パワーアップのきっかけとしてM&Aをとら

図表3-3-11　製造業M&Aの成約データ（2015～2018年）

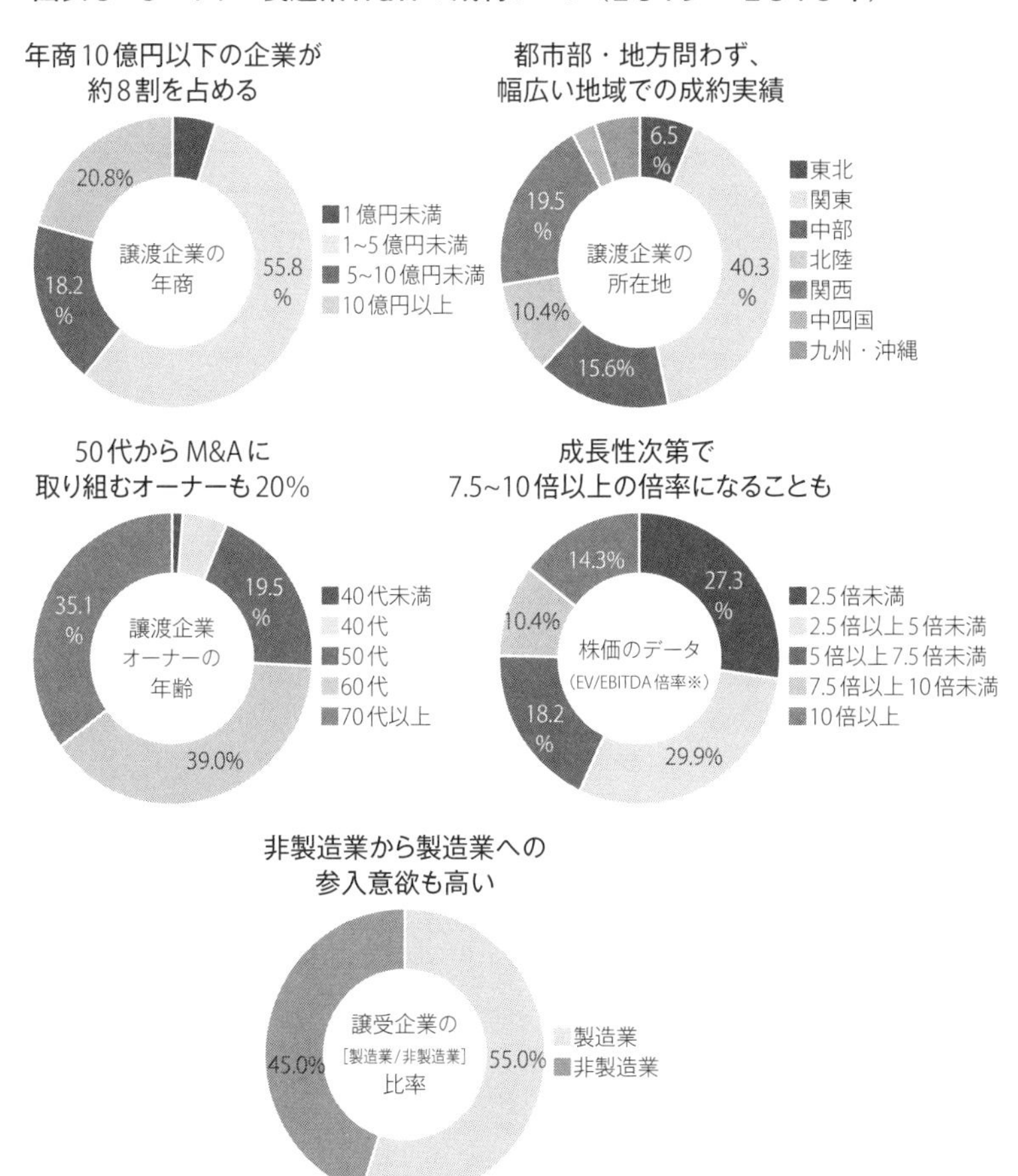

※EV/EBITDA倍率＝株価がEBITDA（税引前当期営業利益＋減価償却費）の何倍になっているかを表す指標。
出所：株式会社企業評価総合研究所調べ（日本M&Aセンター実績を分析）

えたい」という経営者は、より遠くにある目標を実現するために、大きな船に乗ることを選択肢に入れて、早い段階で計画を練っている。優良企業同士が手を組んで時代をリードしていくことこそ、ひとつひとつのM&Aがもたらす社会的意義なのではないだろうか。

世界が喜ぶモノづくりは、一人ひとりのオーナーの選択や決断を通じてこそ、一歩ずつ実現していくのかもしれない。

建設・設備工事業界

海外も視野に入れた企業グループへと進化する

建設業界の市場動向とM&A動向

日本の高度経済成長とともに成長してきた建設業界は国内の市場規模を表す「建設投資額」が約84兆円を記録した1992年にピークを迎えた。だが、バブル崩壊後は下落の一途をたどり、2010年には約42兆円とピーク時の2分の1まで落ち込む。その後、2011年の東日本大震災、2013年の第二次安倍内閣による国土強靭化計画、東京オリンピック・パラリンピック開催決定などを経て増加に転じ、2017年以降は60兆円を超える水準で推移。今後もこの景況が続く見通しとなっている（図表3-4-1）。

市場構造に大きな変化が生じる一方で、この変化する市場ニーズに臨機応変に応

図表3－4－1　建築投資の推移

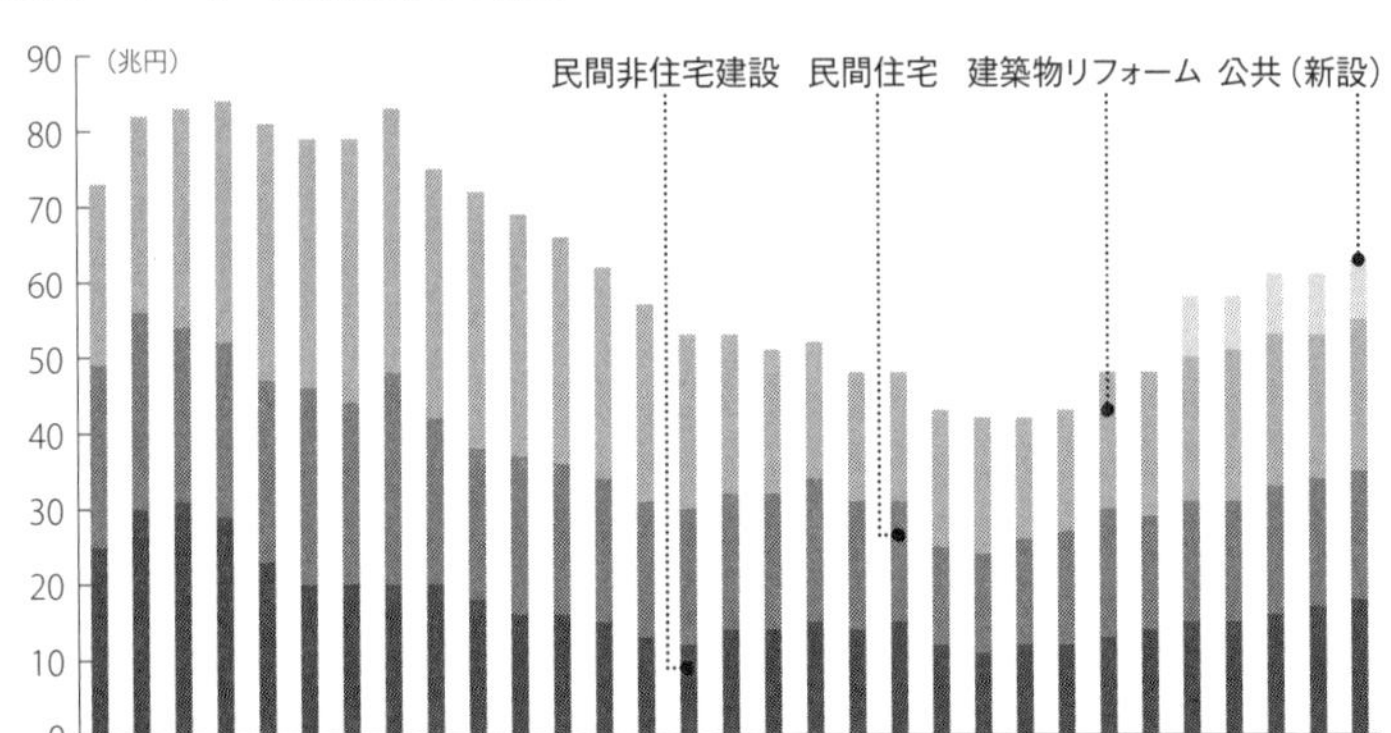

出所：国土交通省総合政策局建設経済統計調査室開示データを基に日本M&Aセンター作成

じ、新しい立ち位置を獲得していくことが、これからの建設業界で生き残っていくために必要である。建設業界は2020年東京オリンピック・パラリンピックでピークを迎えるという議論もよく出るが、東京においては、それ以降も東京駅・日本橋・虎ノ門など都心部の大型プロジェクト、品川エリアでのリニア中央新幹線や山手線約40年ぶりの新駅である高輪ゲートウェイ駅周辺の開発などが計画されており、多くの建設需要が見込まれる。

これらの大型工事を請け負っていくスーパーゼネコンを中心とした大手建設会社は、オリンピック後も堅調な推移が見込まれている。そうしたなか、国内にお

図表3−4−2　スーパーゼネコンによる近年のM&A公表事例（一部）

会社名	年	提携先企業情報
清水建設	2019	バカン（AI、IoTによる混雑情報配信サービス）
鹿島建設	2019	スチューデントデポ（不動産・ホテル業）
大林組	2018	サイズミック（ロボット工学を利用したパワードスーツ開発）
竹中工務店	2017	HEROZ（AIを活用した構造設計システム開発、「Ponanza（将棋電王戦優勝ソフト）」の開発メンバーが在籍）
鹿島建設	2017	コクラム（オーストラリアの建設業）
大林組	2014	クレマー（アメリカの建設業）
大成建設	2013	ニッピ（ゼラチン、コラーゲン、皮革等の製造）

出所：レコフM&Aデータベースを基に日本M&Aセンター作成

いて圧倒的な地位を誇るスーパーゼネコン5社はいずれも、近年、国の同業の企業とのM&Aを行なう動きはみられない。海外への展開を進めるための海外企業や設計・施工の効率化を目的としてITやテクノロジー系の企業との資本提携に集中している（図表3−4−2）。

一方、業界内での勝ち残り戦略としてM&Aを活用しているのが、準大手以下の主要ゼネコンである。それらの企業では、施工体制強化・エリア拡大戦略のための同業のM&Aや、第二、第三の柱をつくるための隣接・異業種のM&Aを行なったり、あるいは大手住宅会社などのグループに入って合従連衡によっての成長を指向したりする会社も目立っている

図表3－4－3　主要ゼネコンによるM&A公表事例（一部）

会社名	年	提携先企業情報
髙松コンストラクショングループ	2019	タツミプランニング（建設）
飛島建設	2018	ノダック、ジャパンレイクアンドキャナル（建設）
戸田建設	2018	佐藤工業（建設）
徳倉建設	2017	九州建設（建設）
熊谷組	2011	白糸ハイランドウェイ（運輸・倉庫）
鴻池組	2002	新井組（建設）

出所：レコフM&Aデータベースを基に日本M&Aセンター作成

（図表3－4－3）。

前述のとおり、建設業界は2013年以降、回復局面に入っているが、関東、とくに東京への一極集中の様相が強く、地方では苦戦を強いられているという声を多く聞く。建設投資も関東が日本全体の37％（2019年、見通し）を占めている。しかしながら、建設業は地域インフラの整備や維持、近年増加している大規模災害への対応、そして地方の主要産業として雇用を担うという非常に重要な役割を担っている。

地方の建設会社がそれらの役割を果たし、地方創生に貢献するための活路のひとつが、老朽化する社会インフラの維持・修繕分野への展開である。高度経済

図表3－4－4　維持・修繕分野におけるM＆A公表事例（一部）

会社名	年	提携先企業情報
東亜グラウト工業	2018	みぞぐち事業（コンクリート構造物メンテナンス）
飛島建設	2018	ノダック、ジャパンレイクアンドキャナル（水インフラ施設の整備、維持管理）
前田建設工業、第一カッター興業、デジタル・インフォメーション・テクノロジー	2018	トヨコー（屋根の防水、断熱、補強工事）
コニシ	2017	角丸建設（ゼネコン）
日本電通	2017	大一電業社（電気設備メンテナンス）
コムシス	2015	日本アフター工業（各種ポンプ設置、メンテナンス）

出所：レコフM&Aデータベースを基に日本M&Aセンター作成

成長以降、つくられてきた道路・橋梁・トンネル・上下水道管などの社会インフラの老朽化が進み、全国的に更新する時期に入ってきている。これからの時代で勝ち残っていくのは、この維持・修繕分野での優位性を見出せる会社と考えられる（図表3－4－4）。

建設業界のもうひとつの重要な役割が、海外でのインフラ建設だ。日本の建設会社は、戦前より海外でのインフラ工事を手掛けてきた。技術力・信頼性や納期の順守など、日本企業は高く評価されていたが、近年は中国企業などの陰に隠れてしまった。政府は2013年に「インフラシステム輸出戦略」を決定し、官民一体となった海外展開の推進を図っている

図表3−4−5　建設業の海外売上の変遷

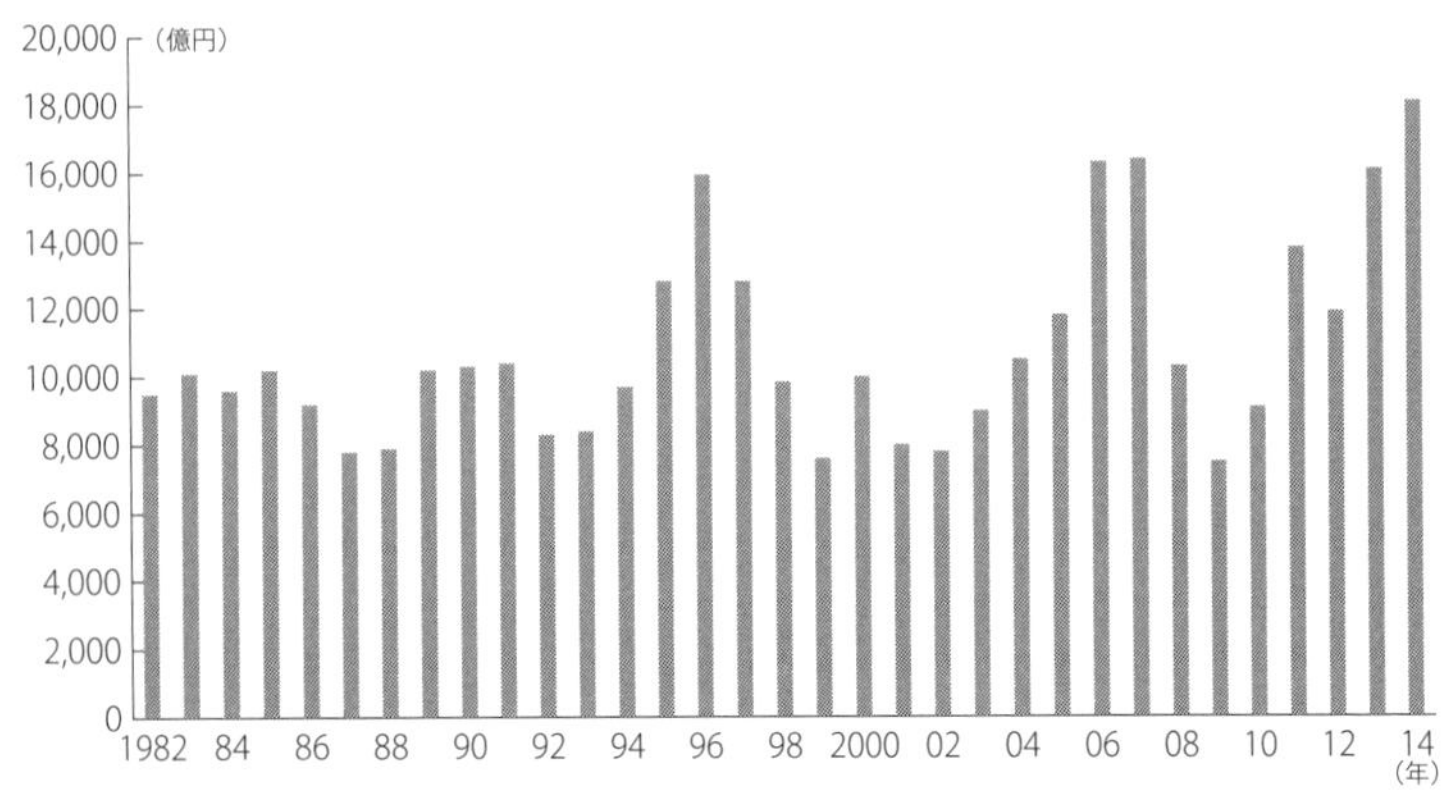

出所：国土交通省「建設業を取り巻く情勢・変化 参考資料」

（図表3−4−5）。

前述のとおり、スーパーゼネコンは海外展開の手法としてM&Aを活用しているが、なかでもいち早く海外M&Aを活用して強固な事業基盤をつくり上げたのが建設機械大手のコマツである。同社は1996年から、GPSを使って建機の状況管理や位置確認を行なうソフトを開発していたアメリカのモジュラーマイニングシステムズに資本参加をし、ICT化への挑戦を進めてきた。建設業界も異業種とのM&A・協調が基本戦略となる時代を迎えている現在、本格的な海外市場進出や技術革新に不可欠なテクノロジー業界との融合のために、日本企業には強固な組織体制が求められる。国内建設

図表3-4-6　公共工事と民間における維持修繕割合推移表

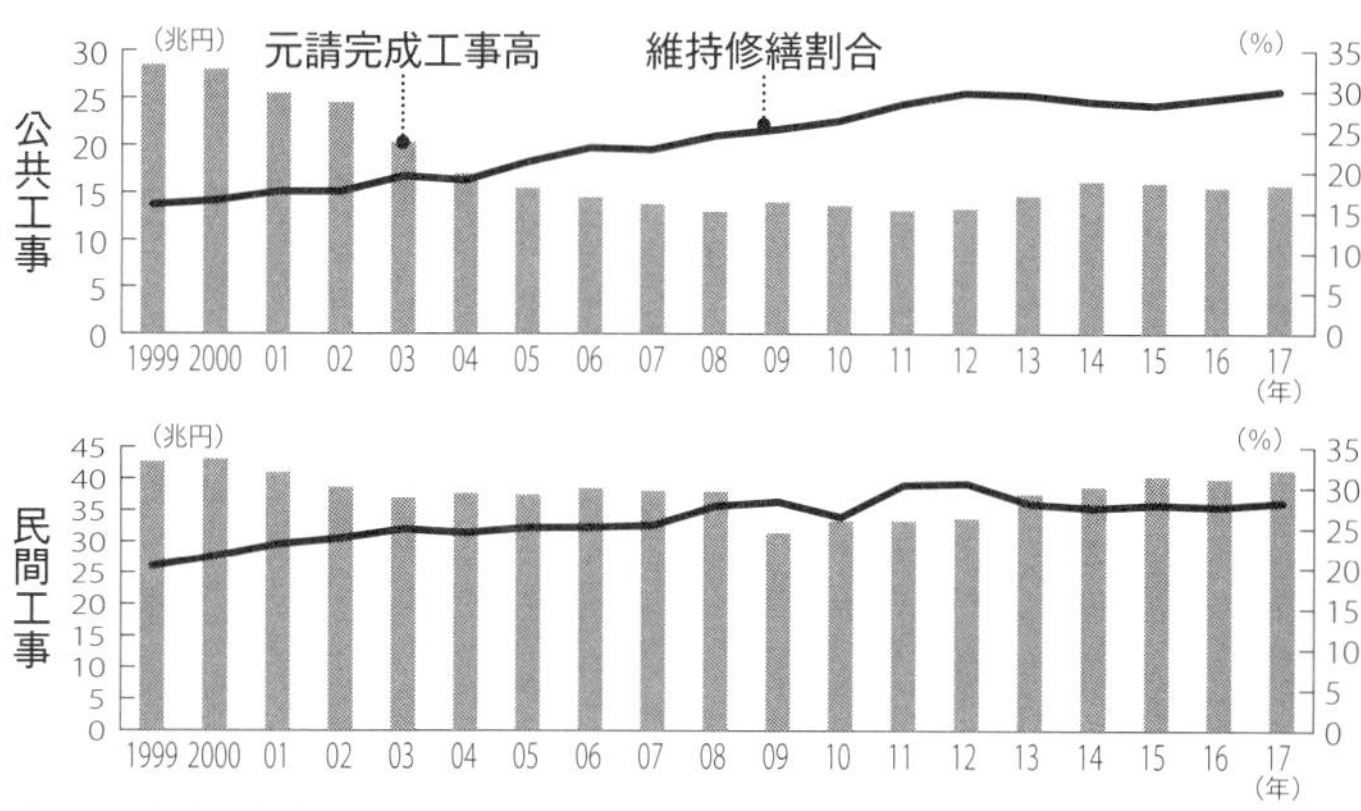

出所：国土交通省「建設業を取り巻く主な情勢」、e-Statを基に日本M&Aセンター作成

業界の業界再編である。

業界再編・協調の時代へ

近年、建設業界は、マーケットの成熟、将来の担い手不足、新設から維持修繕へという市場ニーズ変化を受け、大手企業によるメガプラットフォームグループ企業体制構築の時代へと移り変わりを見せている。

従来、発注者側からのニーズは新設工事が中心であったため、基本的にひとつの工事ですべての建設機能、すべての専門工事が必要とされていた。一方、近年は新設工事のニーズが激減しているのに対し、維持修繕の需要が大きく増加してきている。

国土交通省が公表している1999年以降の元請完成工事高の推移をみると、公共工事、民間工事ともに新設工事の市場は縮小しており、反対に維持修繕工事の占める割合の増加が顕著である。とくに公共工事においては、元請け工事高に占める維持修繕割合が2倍近くも増加している（図表3－4－6）。

これまで新設工事が中心だったときは、ひとつの工事には基本的にすべての専門工事が必要とされてきた。だからこそ、各専門工事会社による労働集約型の業界として継続的な発展を遂げてきたと考えられる。しかし、維持修繕の割合が増加している現在の建設市場においては、ひとつの工事にすべての専門工事が必要とされるということはなく、特定の専門工事機能だけが必要とされることが通常となっている。たとえば今回は電気工事と空調工事だけ、次回は衛生給排水工事だけといったように、工事があれば自ずと専門工事も受注できるという市場構造は成り立たなくなっている。

この市場で強みを持つのは、多種多様な維持修繕ニーズに直接の窓口として対応することができる、複数の専門工事機能を有する企業グループである。ただし、ひとつの企業がゼロから複数の専門工事機能を新しく事業として創設していくことは現実的に賢明な成長戦略とはいえない。

業界再編時代に勝ち残る企業

この変化する市場を生き抜くカギとなるのは、企業同士が手を取り合うことである。企業グループという表現を用いたのはこのためだ。将来の建設業界を生き抜いていくためには、まず何より収益性の良い工事を受注することであり、維持修繕という多種多様なニーズ中心の建設市場では、多種多様な工事機能を持つ存在であることが必須である。

だがそれは、1社がすべての建設機能を持つことではない。1社1社が各専門工事での強い競争力を追求し、別の専門工事に強い企業同士が手を取り合う「企業グループ」である。

多様な専門工事機能を持つ複数の企業がひとつのグループとなることで、社会のプラットフォームとして機能することができるのである。いままではひとつの市場のなかでバラバラに活動をしていた各企業が、他企業を淘汰するレベルの巨大な企業グループとなり、市場そのものになる。これがメガプラットフォーム企業グルー

図表3－4－7　メガプラットフォーム企業グループ構築

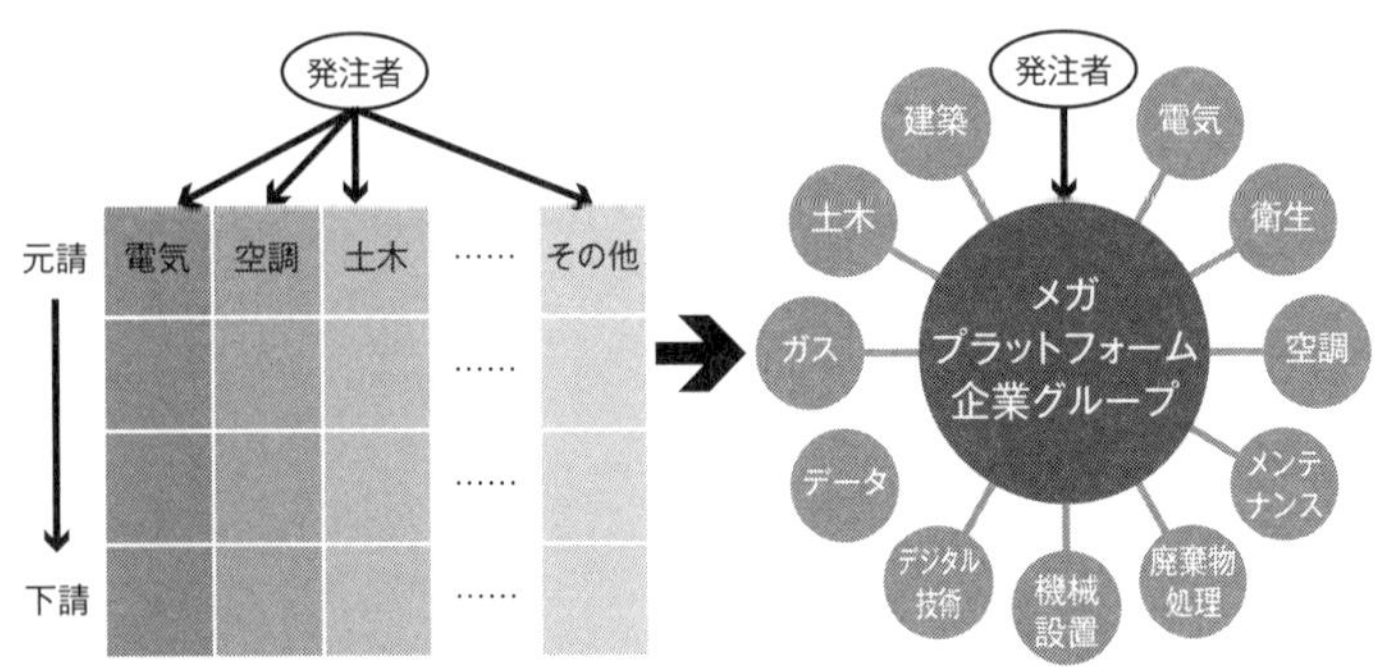

出所：日本M&Aセンター作成

プである（図表3－4－7）。

このような業界再編が、建設業界において非常に活発となっている。メガプラットフォーム企業グループは、専門工事の請負のみならず、ひとつの組織で社会のどのようなニーズにも対応することができる。業界再編により、社会にとってのインフラ企業として、その地域の中核的存在になった企業だけが健全な形で生き残れる時代を迎えようとしているのである。

資本提携の意義

ここでひとつ疑問が生じるであろう。

なぜ業務提携ではなく資本提携なのか。

業務提携は双方がリスクを取り合わない安全策であり、一方で本当に相手方のことを思う行動とはいいきれない。たとえるなら遠い親戚と約束事をするような状況だ。同じ家に住み家計をともにする状況とでは、真剣さがまったく異なることは明白である。

資本業務提携の関係を持つ企業グループは同じ資本を共有する家族であり、自社の利益はグループの利益、逆もまた同じである。いろいろな企業がヒトモノカネという経営資源を持ち合い、グループ全体が持続的に成長していくことを必要とされるのが業界再編時代である。

またグループ企業の施工能力が余剰である場合、自社の急な技術者需要に応じて即時に共有できる。また人材獲得についても、上場の企業グループであれば新卒でも中途採用でも巨額の投資を行なってくれる。巨大な規模の家族経営、そう言い換えることもできるだろう。

加えて、時間とコストをかけて業務提携がうまく機能し、株主や代表同士が良い関係を築けた場合でも、株主も代表もいずれ別の人間に交代するときが必ずくる。そうすると業務提携の場合はまたゼロからの関係構築が始まるのである。これが資本提携先である場合、必要ない。同じ資本、同じ理念を共有しているひとつの家族

図表3-4-8 ［事例］20年後の引退に向けたお相手探し

	有限会社森田工産	株式会社エスイー（ジャスダック上場）
売上高	約6億円（当時）	約187億円（当時）
従業員数	約18名（当時）	約170名（当時）
本社	鳥取県米子市	東京都新宿区
事業内容	鉄骨工事	鉄骨・鉄筋工事

のため、そのような心配事は不要である。

会社と社員のためになる相手探し

森田工産元社長は、20年後の引退に向け、40代で事業承継のために具体的な検討を始めた（図表3-4-8）。換金性のない株式相続には高額な相続税が生じる。親族そして会社の将来と社員の安心をまず考え、M&Aによる課題解決に舵をとった。上場企業グループエスイーと手を組むことで会社の信用力が上がり、重要な課題であった新規採用者数も増加した。その後、鉄建工業株式会社を子会社化し、2019年3月期の企業規模は

図表3-4-9 ［事例］中小企業が上場グループの主軸事業として期待

	水道工事関連会社	株式会社ミライト（東証一部上場グループ）
売上高	約17億円（当時）	約3,800億円（当時）
従業員数	約30名（当時）	約5,012名（当時）
本社	東京都	東京都江東区
事業内容	水道施設工事業、土木工事業	通信インフラ工事・総合エンジニアリング

売上が約7倍、従業員数も約5倍となる。この事例では事業承継問題と企業成長戦略の両方が実現されたといえる。

また、通信インフラ工事大手のミライトは総合エンジニアリング企業グループとして日本のインフラ業界の成長に貢献してきたが、老朽化に伴う維持修繕工事の需要が今後も増加すると考えられる上下水道工事の領域へ本格的に進出するべく、同分野の豊富な知識と経験を有する水道工事関連会社と資本提携した（図表3-4-9）。この事例では上場グループの次なる成長戦略の主軸企業として中小企業の活躍が期待される。

海外展開の活発化

先端技術の獲得と同様、建設業界で必要とされるのが海外での事業展開である。建設市場がこれから劇的に拡大するとは考え難いなかで、日本の建設会社が収益性を得てさらなる事業規模拡大を実現するためには、市場を国外へと拡大することが急務であると考えられる。

日本の建設業は、中堅・中小企業も含めてすべての企業が世界で戦えるだけの技術力を持っている。この状況のなかで、海外でまだまだ活躍できていない状況にとどまっているのは、単純に取引先開拓力と機動力が不足しているからではないだろうか。この問題は、海外企業との本格的な資本業務提携関係の構築により克服が可能であるということが強く認識されるべきである。

海外企業をグループ化することで、その国での事業基盤を確立することができるのだが、これを実現するにはそれだけの資金力、人材力、ノウハウが必要になる。それらをすでに有しているのが、スーパーゼネコンや大手設備工事会社を中心とした企業グループである。

図表3-4-10　建設業界における海外投資公表事例（一部）

会社名	年	提携先企業情報	所在地
協和エクシオ	2018	レング・エイク・エンジニアリンググループ	シンガポール
新菱冷熱工業	2018	スビダエンジニアズインディア	インド
淺沼組	2018	SINGAPORE PAINTS & CONTRACTOR PTE. LTD.	シンガポール
鹿島建設	2018	インターナショナル・ファシリティ・エンジニアリング	シンガポール
鹿島建設	2017	フラワノイ	アメリカ
大和ハウス工業	2017	ローソングループ	オーストラリア
中電工	2017	RYBエンジニアリング	シンガポール
高砂熱学工業	2017	インテグレーテッド・クリーンルーム・テクノロジーズ（ICLEAN）	インド
住友林業	2017	ブルームフィールド・ホームズ	アメリカ
鹿島建設	2017	コクラム	オーストラリア
きんでん	2016	アンテレック	インド
ミライト・ホールディングス	2016	ラントロヴィジョン	シンガポール
鹿島建設	2015	アイコン	オーストラリア
大林組	2014	クレマー	アメリカ
九電工	2013	アジア・プロジェクツ・エンジニアリング	シンガポール
ミライト・ホールディングス	2011	リレイテブ・サービス	オーストラリア
大林組	2011	ケナイダン	カナダ

出所：レコフM&Aデータベースを基に日本M&Aセンター作成

鹿島建設は2015年と2017年にオーストラリアのアイコンとコクラム、2017年にアメリカのフラワノイ、2018年にもシンガポールのインターナショナル・ファシリティ・エンジニアリングをM&Aによりグループ化している。また設備工事業界ではミライト・ホールディングスが2011年にオーストラリアのリレイテブ・サービス、2016年にシンガポールのラントロヴィジョンを、また協和エクシオは2018年にシンガポールのレング・エイク・エンジニアリンググループをそれぞれM&Aによりグループ化している。このように日本企業による海外での事業規模拡大は急務として展開されている（図表3－4－10）。

海外進出に挑戦すべき企業

海外企業とのM&Aというとスーパーゼネコンや大手設備工事企業グループばかりが注目されるが、いま求められているのは日本の中堅・中小企業の海外展開である。これを実施した中小企業として、鹿児島県に本社を構える森建設がある。2016年にベトナムのNEW INVESTMENT & CONSTRUCTION CONSULTANT JOINT STOCKという建設会社とM&Aを実施し、海外への事業展開と技術の輸出、そして海外市場データの吸収をいち早く実現している。

このように、すでに海外展開の必要性を理解している中小企業の経営者は具体的な行動を起こしているが、森建設のように実現力を有する中小企業は実際には少ないと考えられる。

これは前述したように、海外での事業展開には大きな資金力、人材力、そしてM&A実施後の統合費用が必要とされるからである。この点については、大手企業グループに加わり、その資金力、人材力、ノウハウを利用して、自社で海外展開を行なうという成長戦略手法も着目されるべきであろう。

テクノロジー業界との融合

今後メガプラットフォーム企業グループの新たな中核となるのがテクノロジー技術を持つ企業であると考えられる。

日本の建設会社は、これまでさまざまな技術革新により世界を驚かせる構造物をつくり出してきた。たとえば大成建設と竹中工務店はクアラルンプール国際空港、大林組はドバイメトロプロジェクト、大成建設はシンガポール地下鉄の建設を手掛

図表3－4－11　建設業界におけるベンチャー投資公表事例（一部）

会社名	年	提携先企業情報
清水建設	2019	バカン（AI、IoTによる混雑情報配信サービス）
JFE エンジニアリング	2019	AnyTech（AIによる対象物の異常察知判断）
清水建設	2018	新世代小型ロケット開発企画（小型ロケット打上げ事業）
大林組	2018	サイズミック（ロボット工学を利用したパワードスーツ開発）
大和ハウス工業	2018	ロイヤルゲート（高セキュリティ、柔軟性、拡張性を備える決済サービス「PAYGATE」提供）
竹中工務店	2017	HEROZ（AIを活用した構造設計システム開発、「Ponanza（将棋電王戦優勝ソフト）」の開発メンバーが在籍）
千代田化工建設	2016	テクノマネジメントソリューションズ（運転、保全、安全支援システム開発）
協和エクシオ	2016	WHERE（位置情報を核とするサービスを提供するスマートフォン用アプリ開発）

出所：レコフM&Aデータベースを基に日本M&Aセンター作成

け、またシンガポールを象徴するマリーナベイ・サンズホテルの船の形をした塔頂部分もＪＦＥエンジニアリングが橋梁設計の技術を用いて設計したものである。

これらの根幹には、日本の建設会社が開発してきた強い技術力があった。しかしながら、現在日本の建設会社の持つ技術は世界各国の技術力のなかに埋もれつつある。たとえば掘削では、これまでさまざまな国が日本企業のシールドマシンの技術を利用していた。だが、中国が独自の知的財産権を有する超大直径シールドマシン「振興号」をつくり、バングラデシュ初の水底トンネルの建設に取り組むなど、日本の技術力が海外勢に押される構図となっている。

この状況を打破するために、日本の建設業界には先端技術の獲得が急務とされており、実際に多くの建設企業が先端技術を有する企業との資本提携に積極的な姿勢を見せている。

図表３－４－11はテクノロジー業界との技術開発への取組事例の一部であるが、これらを見るだけでも建設業界は資本業務提携を通じた技術革新に前向きであることがわかる。

清水建設は、ＡＩ、ＩｏＴを利用しカメラやセンサーを通じて人や物の集合状況を検知してタブレットデバイスに表示する技術を有するバカンに資本参加している。ＪＦＥエンジニアリングも、カメラを通じた画像解析により監視対象物の状態判断を行なうことのできるＡＩを開発したAnyTechとの資本業務提携を行なうとともに、１００億円のＣＶＣ（コーポレートベンチャーキャピタル）を創設し、建設・インフラ業界のデータトランスフォーメーションに注力している。また竹中工務店も、ＡＩ開発を行なうＨＥＲＯＺに資本参加し、構造設計ＡＩシステムの共同開発を開始し、自動設計やシミュレーション自動化の実現に取り組んでいる。これにより手作業における約70％の自動化が期待できる。

このようなテクノロジー業界との連携により、建設・インフラ業界は次なる技術革新を迎えようとしており、そのなかでもとくに注力されているのがＡＩの活用である。しかし、ＡＩはあくまでテコの機能であり、単独では何も価値を生み出さない。巨大な建設・インフラ業界の市場データを取り込むことで、初めてＡＩが学習し、人が24時間交代で監視する必要がある工程をＡＩにより自動化できるのである。

建設・インフラ業界とテクノロジー業界が手を組むメリットと必要性があり、両者の融合が人材不足という建設・インフラ業界の大きな課題を解決する糸口となると考えられる。

新たな業界リーダー

このような新たな取り組みのなかで、スーパーゼネコン以外の企業が新たな業界リーダーとして名乗りを上げている。日本の建設業界で業界再編をいち早く実現したのが通信工事業界である。ひとつの業界での再編が完了すると、その業界は隣接業種により本格的に進出することができる。なぜなら、その組織体制があるからだ（図表3－4－12、3－4－13）。

コムシスホールディングスはＭ＆Ａにより建設業界の大半の専門工事に対応しう

図表3－4－12　2018年に通信工事業界の再編は終了

コムシスHDグループ	協和エクシオグループ	ミライトHDグループ
日本コムシス	協和エクシオ	ミライト
サンワコムシスエンジニアリング	和興エンジニアリング	ミライト・テクノロジーズ
TOSYS	大和電設工業	
つうけん	池野通建	
2018年10月1日3社同時経営統合	2018年10月1日3社同時経営統合	2018年10月1日3社同時経営統合
NDS（東証一部）	シーキューブ（名証一部）	TTK（東証二部）
北陸電話工事（東証二部）	日本電通（東証二部）	ソルコム（東証二部）
SYSKEN（東証二部）	西部電気工業（東証一部）	四国通建（非上場）

出所：レコフM&Aデータベースを基に日本M&Aセンター作成

る組織体制を構築した。通信インフラグループから社会インフラグループへと成長し、専門工事の垣根を超えた新しい業界リーダーとして存在感を発揮している。M&Aが成長戦略のための一般的な手法として認知され、業界再編が活発になるなか、今後も新たな業界リーダーの登場を期待したい。

このように、多種多様な各分野で専門家同士が手を取り合い、ひとつの巨大な社会インフラ企業グループとなって新たな業界リーダーとして名乗りを上げている。変わりゆく建設業界で生き残っていくのは、市場の変化を早くとらえ、未来を予測し、それに応じた組織体制をつくり上げる実行力を持った経営者が率いる

図表3－4－13　他業種のシェア獲得に動く通信工事業界

通信工事業界
再編終了
→
今後の景気減退を見据え、
総合力強化へ間接業種を交えた再編に発展

コムシスホールディングス → **通信インフラから社会インフラへ**

M&Aで既に約700億円の売上を獲得

企業	事業	売上高	年
セントラルビルサービス	**ビルメンテナンス・警備**	【売上高5億円】	2014年
日本エコシステム	**太陽光発電システム**	【売上高155億円】	2014年
川中島建設	**土木工事**	【売上高18億円】	2014年
東亜建材工業	**産業廃棄物**	【売上高8億円】	2015年
日本アフター工業	**機械器具設置工事**	【売上高2億円】	2015年
東京舗装工業	**道路建設工事**	【売上高131億円】	2015年
ヴァックスラボ	**ソフトウェア開発**	【売上高15億円】	2016年
カンドー	**ガス・水道工事**	【売上高358億円】	2017年

協和エクシオ → **トータルICTソリューションの推進**

企業	事業	売上高	年
アイコムシステック	**システム開発**	【売上高34億円】	2011年
WHERE	**アプリ開発**	【売上高NA】	2014年
AIDホールディングス	**ソフトウェア開発**	【売上高63億円】	2014年

ミライトホールディングス → **総合エンジニアリング＆サービス会社に**

企業	事業	売上高	年
日設	**設備設計・施工**	【売上高102億円】	2011年
片倉建設	**下水道・水道工事**	【売上高20億円】	2012年
沖創工	**電気通信設備設計**	【売上高13億円】	2012年
アクティス	**ソフトウェア開発**	【売上高39億円】	2012年
リブネット	**図書館業務受託**	【売上高4億円】	2013年
福岡システムテクノ	**情報システム事業**	【売上高8000万円】	2013年
タイムテック	**ソフトウェア開発請負**	【売上高6億円】	2014年
トラストシステム	**ソフトウェア開発請負**	【売上高37億円】	2015年

出所：日本M&Aセンター作成

組織ではないだろうか。

組織は人がつくり出すものである。つまりこの業界再編の波の中心にいるのは、業界の存続繁栄、会社の将来、社員の未来を真剣に考える、強いリーダーシップのあるオーナー経営者たちである。

彼らの決断が社員の未来、会社の未来、そして建設業界の未来に直接的につながっていることを改めて強く認識し、責任を持った判断により建設業界の存続発展を実現して欲しい。

住宅・不動産業界

人口減少による需要の減少、働き手の不足にどう向き合うか

不動産業界のイメージとは

「不動産業界」と聞くと皆さんはどんな企業をイメージされるだろうか。アパートを探すときに利用するアパマンショップや東急リバブル、町の不動産屋さんのような仲介ショップを持った企業かもしれない。あるいは、ミッドタウンをつくった三井不動産、六本木ヒルズに代表される森ビルなど、だれもが知っている大企業だろうか。また、大家さんであれば、自分の物件を管理してくれる不動産管理会社をイメージすることもあるだろう。

実際、不動産業のくくりはとても広く、不動産を売ったり買ったりしている売買業、それの仲介を行なう仲介業、不動産を管理する管理業、大きな土地を仕入れてまちづくりをするディベロッパーなどがある。

不動産取引をするためには、宅建免許が必要だが、日本には宅建免許を持つ法人だけでも10万社以上あるとされる。

近年、不動産業界周辺では、かぼちゃの馬車を運営していたスマートデイズの破綻やレオパレスの施工不良問題などの不祥事が発生し、業界としての活況は一時的に冷え込みつつある。

また、人口減少という社会現象や、テクノロジーの進化を背景に、不動産業界は今後苦しいものになる、などといわれることもあるだろう。実際、バブルの崩壊、耐震偽装建築問題、リーマンショックなどを経験し、多くの企業の倒産、廃業を経験した業界でもある。しかし一方で、不動産業界は確かに〝輝いていた〟業界であった。バブル期には、〝不動産神話〟が語られるなど、一世を風靡していた業界であり、山手線内の土地で全米が買えるともいわれ、実際に三菱地所がマンハッタンの象徴的なビル、ロックフェラー・センターを買収するなど、世界を驚かせた輝かしい時代もあったことを覚えている方もいるだろう。本節では、今後の不動産業界の行く末について考察していく。

不動産業界の概要
——不動産業界の生産性は下がってきている

不動産業の国内総生産は61・8兆円で、全体産業の11・3％を占める（図表3－5－1）。そして、国民の資産の約4分の1が不動産であるともいわれている。

これほど日本経済に与えるインパクトが大きい業界だが、一企業に注目するとその規模はむしろ小さくなっていることがわかるだろう（図表3－5－2）。

業界全体の売上額は40兆円前後と変わらないものの、20年以上経って法人数は約1・6倍になっている。すなわち、1社あたりの売上は30％以上落ちていることを意味しているのである。実際、法人の90％以上が従業員10名未満という統計もあるように、全体でみるとバブルの頃から20年以上経って、1社あたりの力が弱くなってきたといえるだろう。

図表3−5−1　国内総生産に占める不動産業の割合

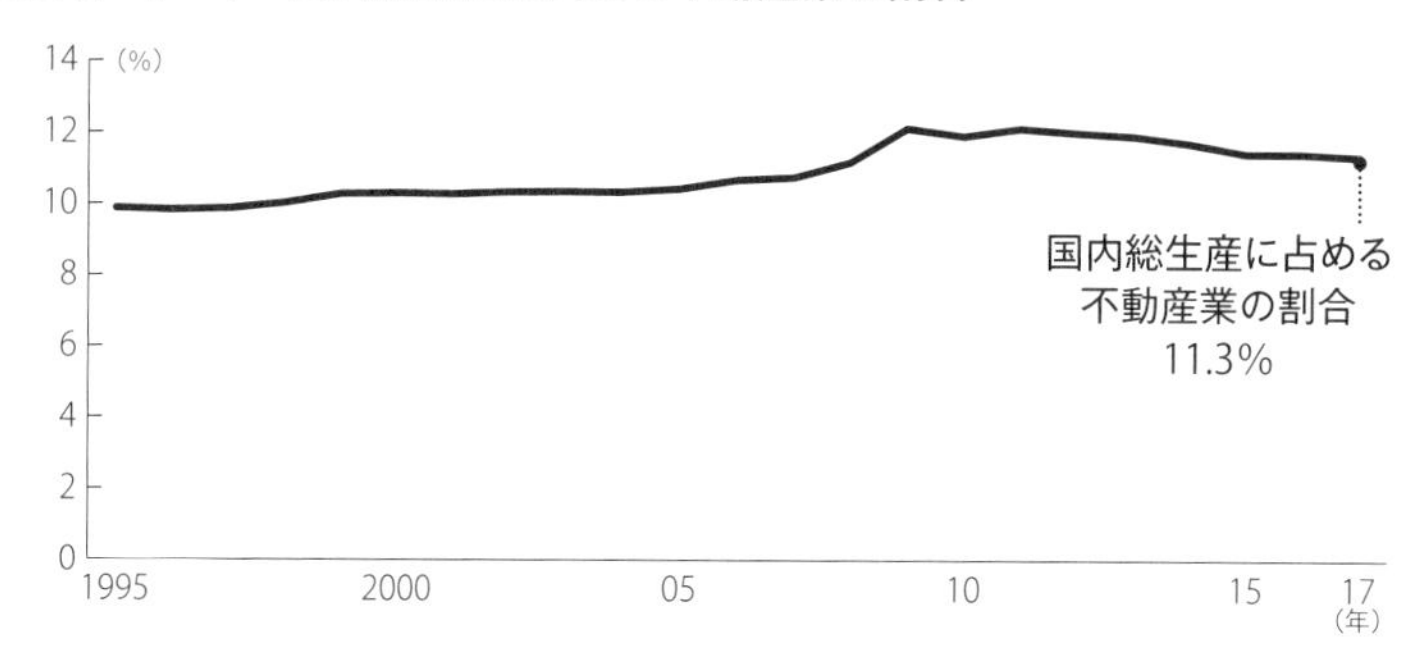

注：住宅賃貸業（開発・賃貸・管理）、不動産仲介業（流通）、不動産賃貸業（住宅以外の開発・賃貸・管理）が対象で、2002年以降駐車場業を含む。住宅賃貸業は、帰属計算する住宅賃貸料を含む。なお、不動産投資（証券化）については、「金融業、保険業」に含まれるため対象外とする。
出所：国土交通省「不動産業ビジョン2030参考資料集」

図表3−5−2　不動産業の売上高と法人数の推移

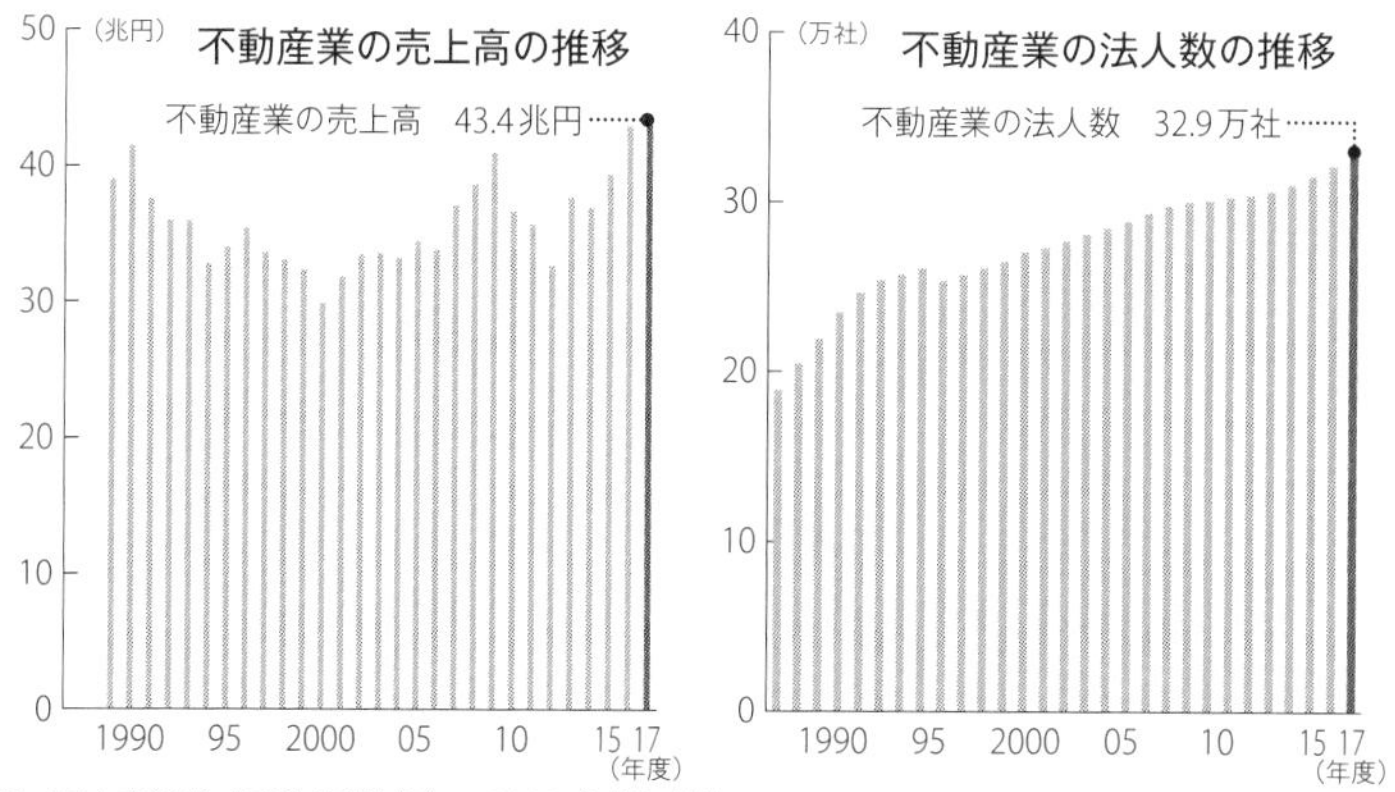

出所：国土交通省「不動産業ビジョン2030参考資料集」

業界を取り巻く3大課題

不動産業界の中で最大の課題は、①世帯数の減少、②働き方改革と労働力の確保、③技術革新、だと考えられる。

日本の人口はすでに減少局面を迎え、今後40年で8000万人台になるとまでいわれるが、同時に世帯数についても、2019年をピークに減少の一途をたどると予測されている。

そうなると、新築物件のニーズが減るだけでなく、現在増加している管理業界の市場も縮小時代を迎えることは間違いないだろう。また、1世帯あたりの世帯人数も減少していることから、1取引あたりの金額も小さくなる圧力があるといえよう（図表3－5－3）。

また、不動産業界の労働者を世代別にみていくと、60代以上で全体の5割弱を占めており、これは働き盛りの20代から40代の合計よりも多くなっている（図表3－5－4）。

たとえば5年後、その多くが退職している可能性もある。業界の9割以上を占め

図表３－５－３　人口・世帯数の推移と将来推計

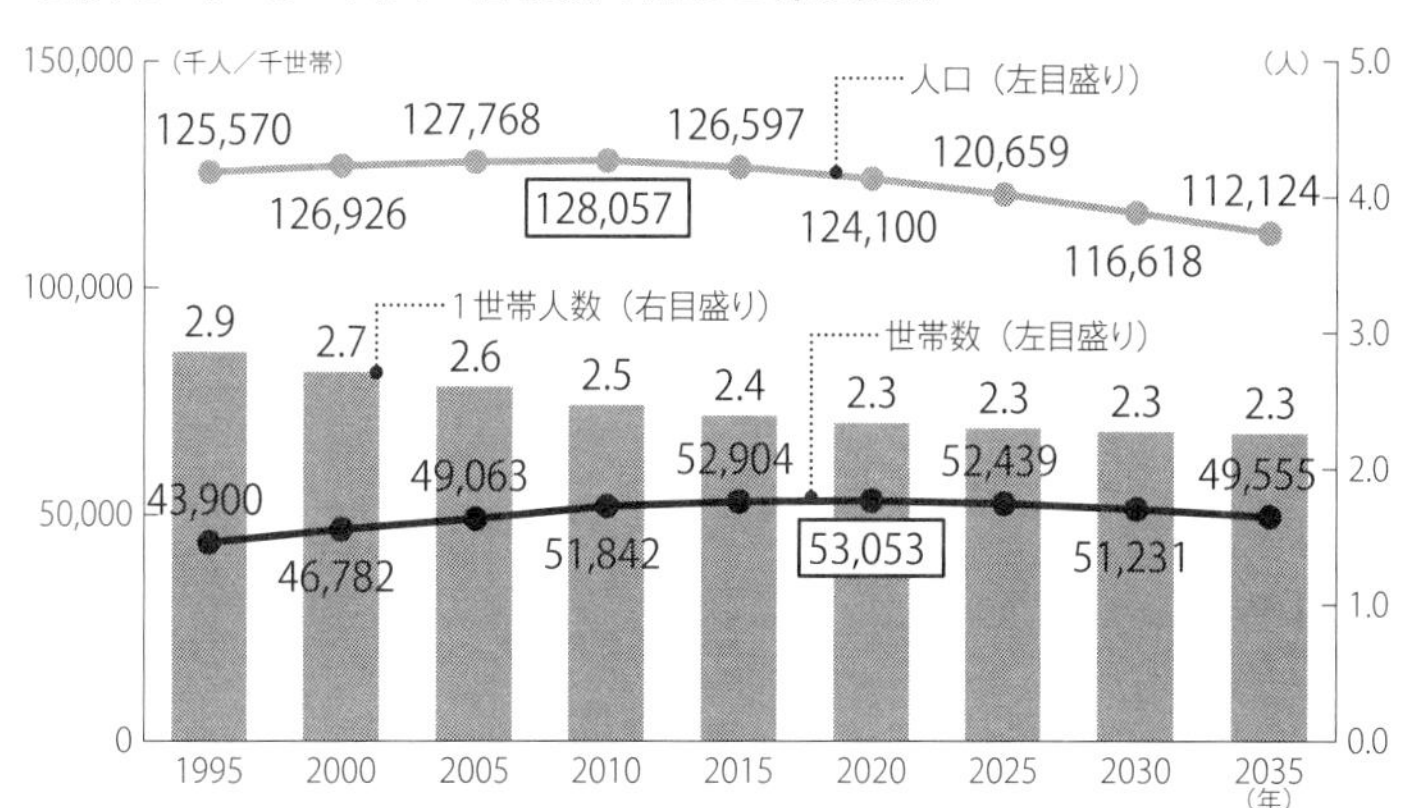

出所：国土交通省「人口の推移と将来推計（年齢層別）」

図表３－５－４　不動産業界の世代別労働者数

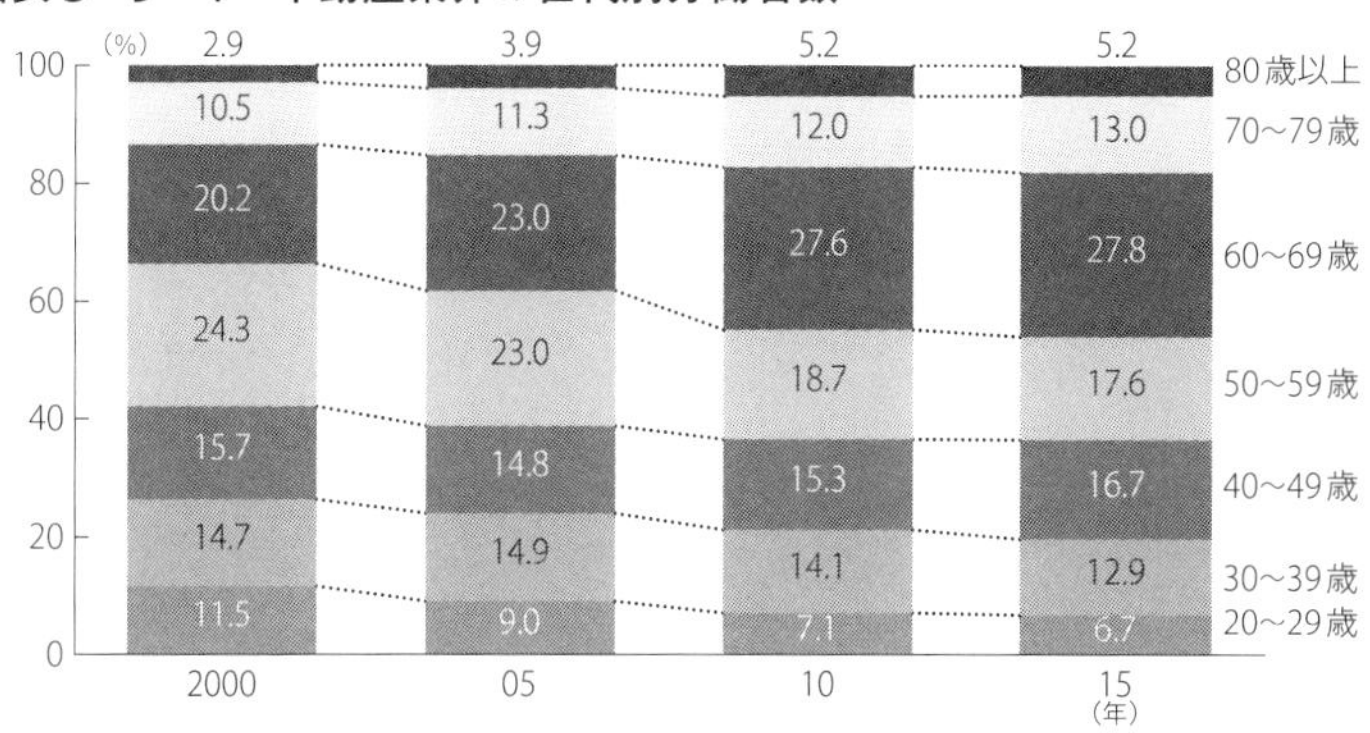

注：不動産取引業（開発・流通）、不動産賃貸業・管理業が対象である。物品賃貸業は除く。駐車場業を含む。なお、不動産投資（証券化）については、「金融業、保険業」に含まれるため対象外とする。
出所：国土交通省「不動産業ビジョン2030参考資料集」

る従業員数10名以下の企業にとっては特に、若手の採用が重要課題だといえるだろう。

そのようななかで昨今、働き方改革が叫ばれており、残業規制はますます厳しくなってきている。いままでは未払賃金の請求に関わる時効は2年とされていたが、民法改正により5年に延長されようとしている。いままでサービス残業に頼っていた企業があるとすれば、同じ業務量をこなすためには、採用数を増やすか、生産性を格段に高めるしかない状況なのである。

生産性を向上させるため、近年不動産業界のＩＴ化が進みつつある。２０１７年10月からはＩＴ重説（重要事項説明）の社会実験がスタートした。これにより、賃貸借契約などの際、宅地建物取引士が対面で説明をしなければいけなかったものが、テレビ会議などオンラインで済むようにするためのものである。

それ以外にも、たとえばＶＲ・ＡＲ技術を活用した〝ＶＲ内覧〟、不動産や空きスペースをシェアする〝スペースシェアリング〟、複数投資者からＷｅｂで資金集めをして不動産へ投融資をする〝クラウドファンディング〟、またＩｏＴを使った管理サービスなど、一消費者としても目にすることが多くなったのではないだろうか。

図表3-5-5　代表的な不動産テックM&A事例

投資元	投資先	サービス内容
シノケングループ	chaintope	【ブロックチェーン技術開発】 「ブロックチェーン×民泊」など
アンビション アトリウム	リーウェイズ	【不動産投資プラットフォーム】 AIを用いた将来価格の見通しの割り出し、収益管理
三菱地所	ナーブ	【VRコンテンツプラットフォーム】 三菱地所グループ全体に導入を拡大
竹中工務店	HEROZ	【AIを活用したサービス開発】 構造設計の自動化を進め、 ルーチン作業7割削減を目指す
フィル・カンパニー	favy	【グルメメディア、デジタルマーケティング】 空中店舗フィル・パークの付加価値の向上
アンビション	ROBOT PAYMENT	【クラウド型請求管理サービス】 請求関連業務の簡素化、コスト削減

出所：日本M&Aセンター作成

大手はM&AでIT化に対応

生産性が落ち、今後厳しい局面が予測されるなか、大手各社はM&Aで最先端技術の獲得をしてきた。IT技術を自社開発するだけではなく、必要に応じて技術のある会社に出資・資本提携をすることで、技術の内製化を進めている。以下、過去3年の大手による不動産テック企業との代表的なM&Aの事例である（図表3-5-5）。

管理戸数3万戸を有するシノケンは、chaintopeと資本業務提携し、自社の管理する3万戸以上に対し、オーナーの了解のもと、ブロックチェーン技術を活用した、民泊利用者と物件とをダイレクトにつなぐサービスを開始した。このブロックチェーン技術を民泊分野に活用することで、従来Airbnbなどの民泊プラットフォームを使用したような民泊利用者と物件のマッチングが不要となり、加えて、スマートキーなどを連動させることで、物件検索・申込・滞在・終了手続きまでの一連の流れを自動化し、スムーズに民泊物件を利用できるようにした。

アンビションは2016年にリーウェイズと資本業務提携を行ない、販売投資不動産を、人工知能により分析・数値化して不動産価値を算出し、投資希望の顧客に対し最適な物件の提案・販売を行なえるようにした。

三菱地所はVR技術をもつナーブに2017年、2019年と立て続けに出資している。

2013年に設立され、6年で時価総額400億円を超えたGA technologiesは、2018年にイタンジと資本業務提携し、業界を驚かせた。イタンジは、仲介会社や管理会社向けに顧客管理や営業支援サービスを提供する急成長中の不動産テックベンチャーだが、不動産業界にとらわれず、〝テクノロジーで不動産業界から世界を変える〟という樋口社長のビジョンに共鳴し、グループ入りすることを決定したという。

不動産業界の再編は加速する

賃貸管理業については、20年間で不動産賃貸業界の市場規模は1996年度の約1770万戸から2018年度の約1850万戸と変化していない一方、賃貸管理戸数ランキング上位10社のシェアは、2%から22%と、約20ポイントの伸びを示している（図表3-5-6）。

大東建託など建築系大手は、人口拡大時代の流れに乗って新築戸建て・アパートを大量供給することでそのシェアを高めてきたが、今後人口・世帯減少時代に入ると、それは期待できなくなるとみられる。そうなると既存の管理物件を他社から獲得する必要があるだろう。そこで近年、M&Aによる管理戸数の獲得が注目されるようになってきている。

大手各社は管理戸数500戸以上の企業を資本業務提携先としてターゲティングし、M&Aによる買収を繰り返している。日本M&Aセンターの仲介実績だけでも、過去3年で12件の管理戸数型M&Aが成立している（図表3-5-7）。

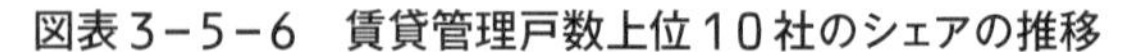

図表3−5−6　賃貸管理戸数上位10社のシェアの推移

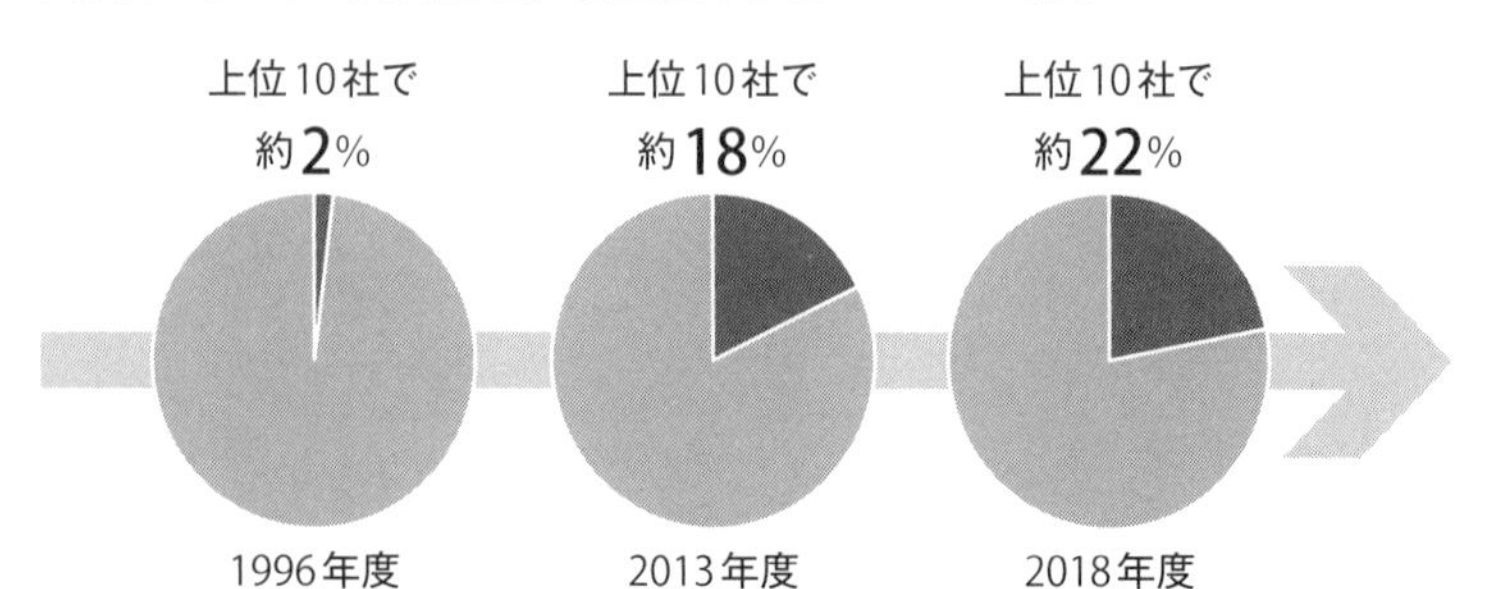

順位	1996年度		2013年度		2018年度	
	社名	管理戸数	社名	管理戸数	社名	管理戸数
1	積和不動産	60,000	大東建託	747,163	大東建託	1,036,640
2	ハウスメイト管理	54,000	レオパレス21	546,204	積水ハウス	607,000
3	中部積和不動産	40,000	積水ハウスグループ	506,353	レオパレス21	570,672
4	エイブル不動産	40,000	スターツグループ	361,163	大和リビング	535,661
5	ミニテック	33,000	大和リビング	340,609	スターツグループ	523,787
6	マイム	32,000	エイブル	203,555	東建コーポレーション	226,016
7	関西積和不動産	28,000	ハウスメイトグループ	175,954	ハウスメイトグループ	210,369
8	千曲管理サービス	27,000	ミニテック	168,711	ミニテック	181,000
9	リエスタコーポレーション	23,000	東建コーポレーション	165,227	ビレッジハウス・マネジメント	97,001
10	東建コーポレーション	20,000	学生情報センター	85,000	旭化成不動産レジデンス	81,079
	上位10社の合計	357,000	上位10社の合計	3,299,939	上位10社の合計	4,069,225

出所：総務省「住宅・土地統計調査」、『全国賃貸住宅新聞』1996年7月8日号、2013年7月15日号、2018年7月30日号

図表3-5-7　日本M&Aセンターの成約事例（直近3年分抜粋）

	売り手企業			買い手企業
	地域	年商	管理戸数	
1	東北・北海道	10億円	500戸以下	・不動産管理専業（大手） ・総合不動産業（地域大手） ・総合不動産業（上場） ・パワービルダー（上場） ・注文住宅（地域大手） ・建設資材（地域大手） ・電鉄系不動産会社
2	甲信越	1億円	500戸以下	
3	関東	20億円	10,000戸以上	
4	関東	5億円	約2,000戸	
5	関東	5億円	約1,000戸	
6	中部	10億円	約5,000戸	
7	東北・北海道	2億円	500戸以下	
8	中国・四国	10億円	3,000戸以上	
9	九州・沖縄	5億円	1,000戸以上	
10	九州・沖縄	10億円	1,000戸以上	
11	関東	10億円	約1,000戸	
12	関東	1億円	約500戸	

出所：日本M&Aセンター作成

管理会社の再編の中で、各社その取り組みに特徴が出てきていることがわかる。

管理戸数別に業界を区分してみると（図表3-5-8）、管理戸数10万戸以上ある企業は、自前での新築開発からの管理を増加させつつ、管理の質＝顧客満足度を高めるためにIT化が目下の課題となっている。

最大手の大東建託は、イタンジと業務提携し、駐車場の契約電子化を推進している。また、東建コーポレーションは携帯ゲームを開発するなど独自の切り口でユーザーエクスペリエンスを追求しているという。

その次の層となる2万～10万戸を管理する準大手群は、最も積極的にM&Aを

図表3−5−8　管理戸数別にみる業界の構造

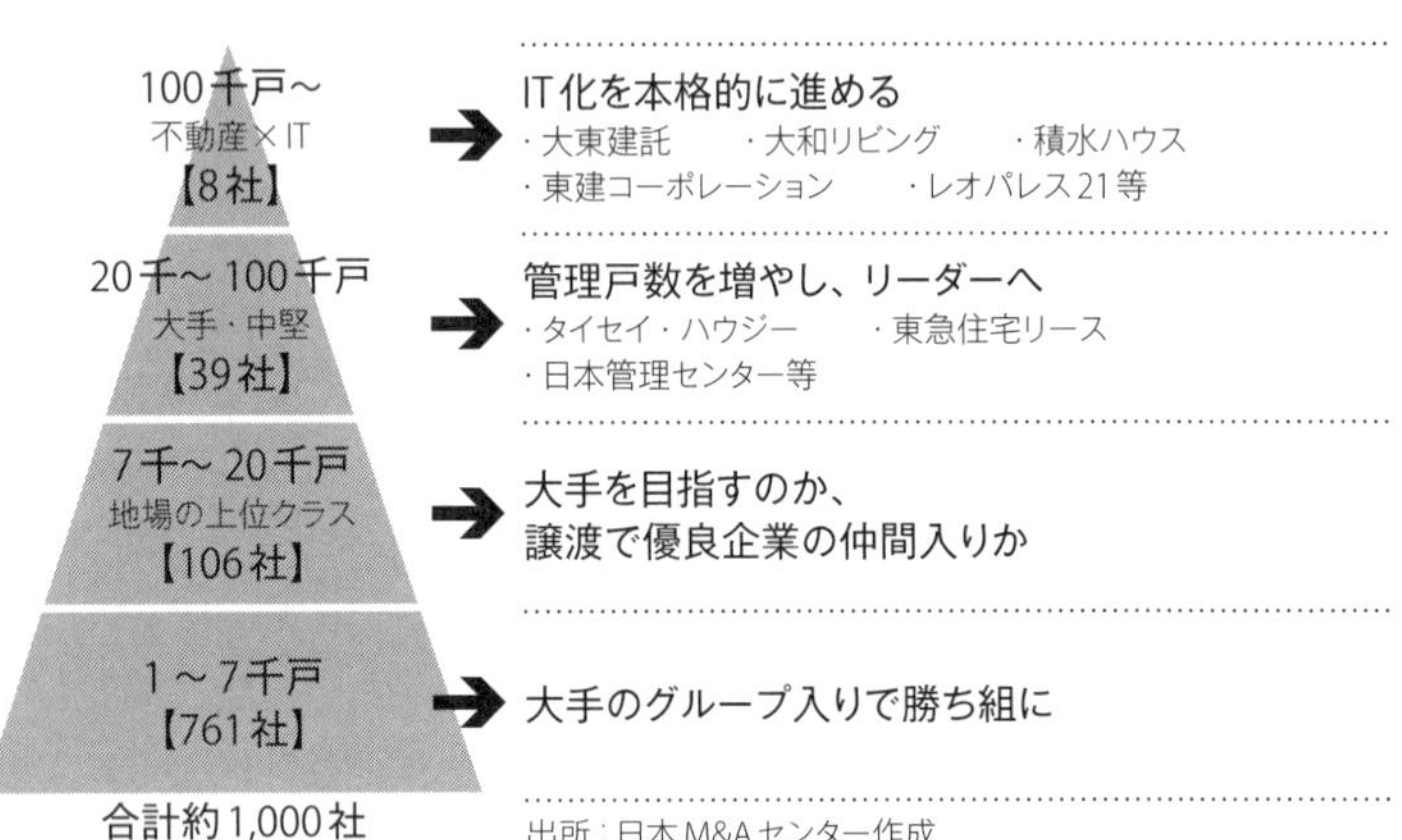

出所：日本M&Aセンター作成

推進している。東急住宅リースが学生情報センターを買収したのは記憶に新しい事例だろう。タイセイ・ハウジーは得意の社宅管理の領域でトップシェアを獲得してきた。

そして、7000～2万戸を管理する層では、譲渡して大手のグループ入りする企業と、エリアを絞って地場でのシェアを高めるなど、ローカルトップを堅持する動きをとりつつある。福岡の三好不動産、北海道の常口アトムなどはその最たる例だ。

それ以下の群は、大手を凌ぐ成長率のある企業以外はグループ入りを検討していくケースが多く見られる。

いずれにしても、これらの企業を中心

図表3−5−9　飯田グループのM&A戦略

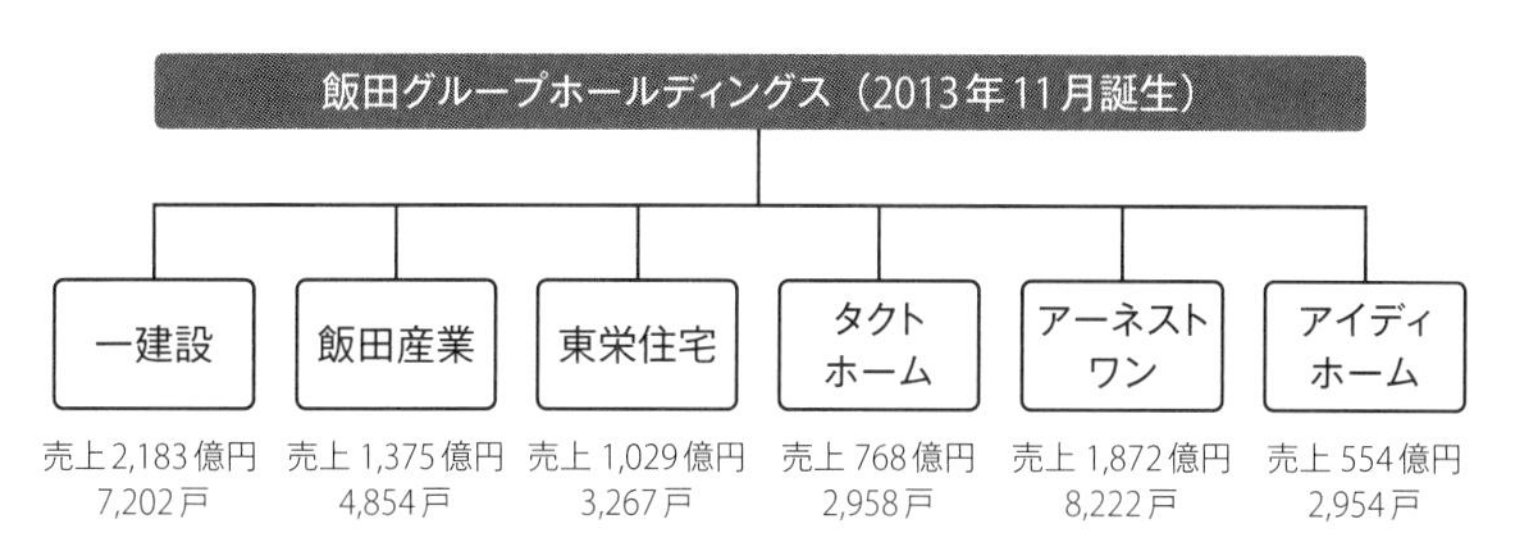

出所：各社ホームページ、ニュースリリース

に今後、大再編時代がやってくることが予測される。人口・世帯減少時代において、M&Aで買収していくのか、それとも譲渡することで大手資本の傘下に入るのか、意思決定が迫られる時代はもう目の前にやってきているのである。

新築戸建業界についても、2013年に飯田グループが6社統合（図表3−5−9）したことを背景に、再編が進んでいる。これからは、新築からリフォーム・リノベーションなどの中古住宅市場へのシフトがますます進むと予測されるだろう。

中古流通市場のルールづくりも着実に進んできている。

1990年　指定流通機構制度⇓不動産情報基盤の整備　月45万件の情報が登録
1995年　透明性を確保するため、専任媒介物件の指定流通機構への登録義務化
2005年　耐震偽装問題を契機に不実告知を明確に禁止
2016年　インスペクションに関する情報提供の充実化

『「業界再編時代」のM＆A戦略』（幻冬舎）でも記したが、大手企業の統合や規制改革は、業界再編を起こすトリガーになりうる。そして一度起きた再編の動きは、逆行することなく進むことは間違いないだろう。

強者連合を組むことで、人口減少時代・ＩＴ化を乗り切る

「うちの会社は業界再編には関係ない」と思っている経営者も多いかもしれない。しかし、これからの時代は、業界再編型のM＆Aは中小・中堅企業の経営者にとって避けて通れないものである。

団塊世代は70歳を迎え、世代交代の最終段階にきているといっていいだろう。今、この世代の経営者が大量に引退することにより、業界勢力図が激変しようとしている。

そんななか、人口減少とIT化対応が迫られているというわけだ。激変の時代に企業を存続・発展させていくためには、付加価値を創造していく、経営者の手腕が特に問われる時代だといえるだろう。

ソフトバンクグループの孫正義代表は、「企業が生き続けるためには〝事業ドメイン〟を刷新していく必要がある」と述べている。

私たちは業界再編について、〝集まることによって一人ではできなかったことができるようになる〟と定義しているが、業界再編によって、強者連合ができ、日本を豊かにするような新しい価値が創造されていくことを期待し、そうしたリーダーを応援していきたいと思っている。

調剤薬局業界

調剤薬局をベースにM&Aで付加価値をプラスする

調剤薬局とは

「薬局」と聞いてイメージするのは、東京であればマツモトキヨシ、ウエルシア、ツルハ、北海道であればサツドラ、東海であればスギ薬局、関西であればコクミン、四国はレデイ、九州はコスモスといった店だろう。だが、それらはドラッグストアと呼ばれるものであり、調剤薬局とは異なる（ただし、現在はドラッグストアも調剤併設を始め、その境目は薄れつつある）（図表3-6-1）。

調剤薬局の大手企業としては、アイン薬局、日本調剤、クオール薬局、そうごう薬局などがあるが、一般には知らない人も多いと思う。病院やクリニックで発行する処方箋をもとに、薬を受け取りに行くのが調剤薬局である。

昔は病院で薬がもらえたが、いまは多くの病院で処方箋だけを受け取り、病院や

図表3-6-1　調剤薬局とドラッグストアの違い

	調剤薬局	ドラッグストア※1
処方箋	あり	なし
立地	病院、クリニックの近く	駅前、ロードサイドなど、人通りが多い場所
従業員	薬剤師、医療事務	登録販売員、事務（レジ）※2
主な医薬品	医療用医薬品	第1～3類医薬品
その他商品	第1～3類医薬品、健康食品など	医療用医薬品、化粧品、食料品（お菓子、総菜）など
主なブランド	アイン薬局、日本調剤など	ウエルシア、マツモトキヨシ、ツルハ、サンドラッグ、コスモス

※1　ここではわかりやすく、処方箋調剤を受け付けていない（薬剤師のいない）ドラッグストアとする。近年は、大手ドラッグストアは、薬剤師を配置し、処方箋調剤を受け付ける店舗が多くなってきている。
※2　多くはないが、処方箋を扱っていなくても、薬剤師が常駐している場合もある。
出所：日本M&Aセンター作成

クリニックの門前に並ぶ薬局（門前薬局）で、処方箋を渡し、薬剤師から薬を受け取る。これが一般的な流れだろう。

薬剤師は調剤薬局で以下の3つの業務を行なっている。

①調剤業務

患者が医療機関でもらってきた処方箋に記載してある薬を調剤すること。患者の過去の服薬状況を確認し、複数の薬を飲んでいる場合、薬の飲み合わせなども確認する。問題が発覚すれば処方した医師に疑義照会をし、確認することが求められている。

②服薬指導

患者と会話をしながら症状のヒアリングや治療過程の確認、薬の内容の説明や飲み方、注意点を説明する。

③薬歴管理

服薬指導終了後、処方の履歴を記録する。患者がいつどんな薬を処方され、どういう体調になったか、副作用などの症状があったかなどを詳細に管理する。

企業数と市場規模

調剤薬局は全国に5万9000店以上あり毎年増加している。コンビニが5万7000店、ドラッグストアが2万店なので、どれだけ多いか想像できるだろう。日本の100万人あたりの薬局数は、アメリカの2・3倍、ドイツの2倍となっており、世界的に見て日本は薬局数が多いといわれている。法人数は2万3000社程度といわれており、1割が20店舗以上のチェーン薬局、2割が数店舗の薬局、7割が個人薬局だ。

日本の社会保障費全体は30兆円だが、そのうち7・7兆円が調剤報酬である。高齢者が増え、社会保障費の増大が避けられないなかで、調剤報酬も抑制の対象になっている。2015年には当時の塩崎厚生労働大臣が、「5万7000軒(当時)

の薬局についてもすべてを残すわけではない」「調剤報酬を抜本的に見直す」「病院前の景色を変える」といった発言をしており、調剤薬局の店舗数は次の10〜15年で半分くらいになるのではないかといわれている。

薬局のモデル決算書

薬局の収益構造はどのようになっているのか。図表3－6－2は調剤薬局を5店舗運営し、売上10億円の企業のモデル決算書だ。

調剤薬局の売上は調剤報酬がほとんどだが、数％の処方箋以外のOTCと呼ばれる一般医薬品の売上がある。調剤報酬の内訳は、薬剤料と技術料という二つの項目の合計になっている。薬剤料とは医薬品の金額そのもので、技術料とは調剤や患者への説明、薬歴管理などの薬剤師の業務について国から報酬を定められたものである。平均的には、全体のおよそ25％が技術料、75％が薬剤料で構成される。

粗利益は技術料＋薬価差益（薬剤料－仕入値）で構成され、粗利率は平均30％といわれている。薬価差益は医薬品を多く仕入れる大手調剤薬局ほどスケールメリットが出る。

図表3－6－2　調剤薬局運営企業Aの決算書

科目	金額（千円）		売上高比
【売上高】		1,000,000	100%
期首棚卸高	50,000		5%
仕入高	700,000		70%
期末棚卸高	50,000		5%
【売上原価】		700,000	70%
【売上総利益】		300,000	30%
【販売費及び一般管理費】		267,600	27%
人件費	169,000		17%
家賃	24,000		2%
減価償却費	6,000		1%
支払手数料	3,000		0%
接待交際費	3,600		0%
消耗品費	9,000		1%
水道光熱費	3,000		0%
その他販売管理費	50,000		5%
【営業利益】		32,400	3%
【営業外収益】		5,000	1%
受取利息	5,000		1%
【営業外費用】		5,000	1%
支払利息	5,000		1%
【経常利益】		32,400	3%
【特別利益】		0	0%
固定資産売却益	0		0%
【特別損失】		0	0%
固定資産売却損	0		0%
【税引前当期純利益】		32,400	3%
【法人税・住民税及び事業税】	10,692		1%
【当期純利益】		21,708	2%

販売管理費の項目において、人件費が最も大きな割合を占めている。薬局では、薬剤師は年収600万円前後、事務員が200万円前後のケースが多くみられる。また、薬局1店舗に従業員の監督や医薬品などを適切に管理する責任者として「管理薬剤師」1名を置くことが義務づけられ、一般薬剤師よりも給与が高く設定されている。

また、売上が10億円ほどになってくると本部機能が必要になり、そこに数名の経理、総務を雇用しなければいけなくなるため、コストがかかる。

支払手数料の多くは、薬剤師の採用にかかる人材紹介会社への紹介手数料になっている。とくに店舗数の少ない企業においては経営に大きなインパクトを与える。このことから調剤薬局では、店舗数によっても大きく収益率や人件費等の費用が異なっていることがわかる。

店舗規模別で1店舗あたりの平均売上高を見ると、1店舗企業で1億4185万円、2~5店舗企業では1億5892万円、6~19店舗企業では1億9451万円となり、1店舗よりも複数店舗企業のほうが1店舗あたりの売上高が多いことがわかる。また、20店舗以上の企業では、2億4803万円となり、差は明確になってくる。

さらに、売上高に対する税引き後の損益金額割合は、1店舗企業では0・9%、2〜5店舗企業では1・5%、6〜19店舗企業では6・6%、20店舗以上の企業では6・7%となり、複数店舗を経営し、スケールメリットを取れることが財務面で重要であることがわかる。

近年の調剤薬局をめぐる論点

業界再編が起きつつある調剤薬局では、毎年状況が変わっている。調剤薬局業界はこれからどうなっていくのかについて、国を挙げて議論をしている。その行方を考えるきっかけになるように、ここからは分析をしたいと思う。

①世代交代を迎える調剤薬局

調剤薬局業界およびドラッグストアは比較的新しい業態で、ここ30年ほどで大きく成長した。また創業年度を見ると、診療報酬における処方箋料の引上げがあり、医薬分業元年と呼ばれる1974年の前後約10年間に集中していることがわかる。

このことから現在、多くの調剤薬局は創業30年を超えて、創業者から第二世代への事業承継の時期を迎えている。２０１９年には大手の阪神調剤薬局や日本調剤で創業者からの世代交代が行なわれた。

一般に店舗を各地に持つ拠点ビジネスにおいて、創業30年を迎え、６万拠点になるフェーズでは、成長の鈍化や業界再編で淘汰が起こる傾向にある。第二世代へと世代交代していくなかで新しいビジネスの創出が必要とされる。

②薬局の未来像

一方で、これからの薬局は情報の一元化が求められている。クリニックの門前薬局という立地で選ぶのではなく、内科のときも、眼科のときも、皮膚科のときも、いつもの薬局に処方箋を持っていくことで重複投薬を避けるなど、「かかりつけ薬局」をつくる流れが始まった。

立地ではなく質で選ばれる時代には、信頼できるブランドの確立が必須である。調剤薬局大手のアイングループ（「薬局の未来をはじめよう」）や日本調剤（「日本のかかりつけ薬局」）はＴＶコマーシャルを放映し、かかりつけの時代に向けて認知度の向上に努めている。

日本の薬剤師数は世界2位であり、住民に対する影響力という点でポテンシャル

図表３－６－３　調剤薬局業界の構造

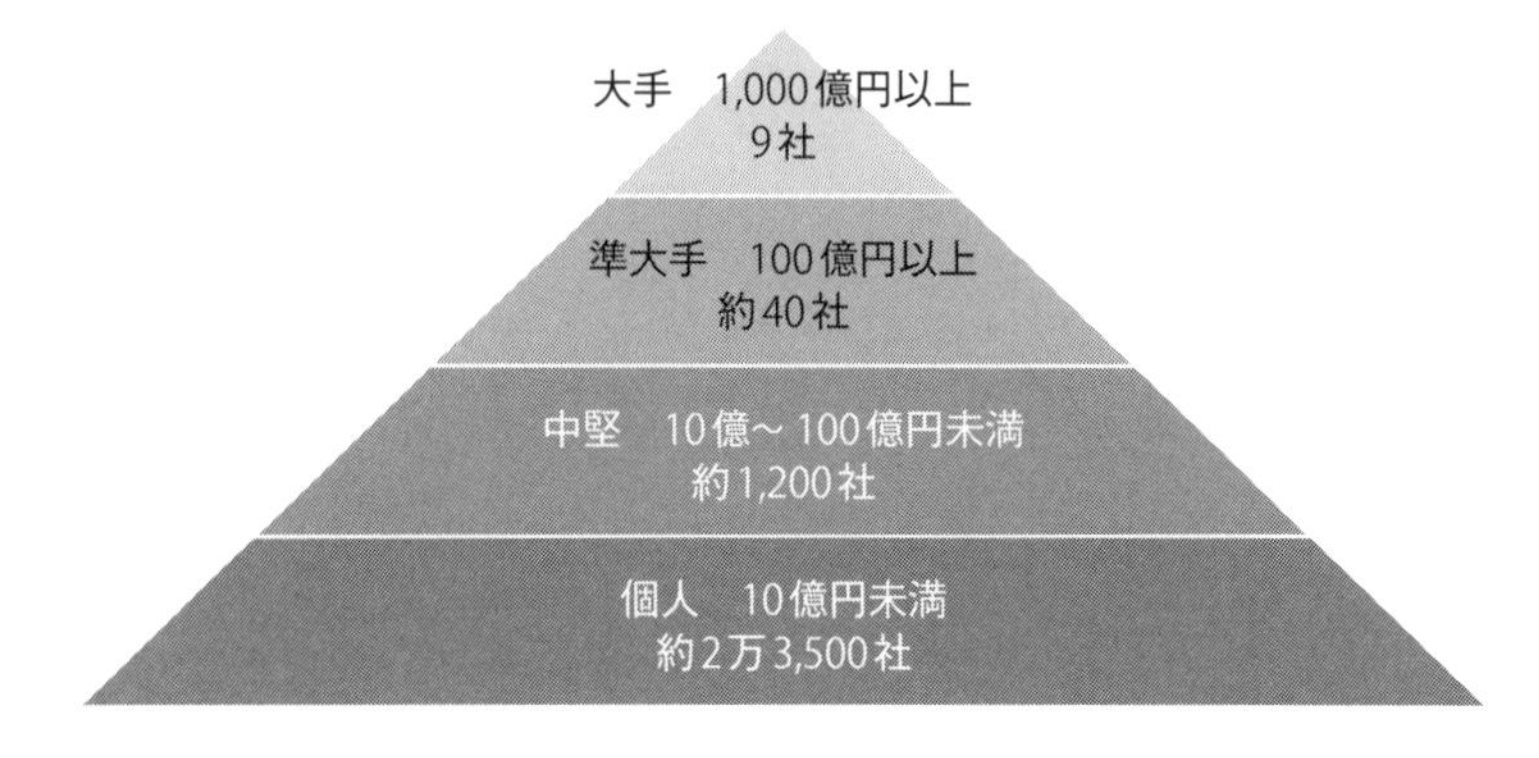

出所：東京商工リサーチの企業データベースより日本M&Aセンター作成

は非常に高い。一方で、そのポテンシャルを活かし切れていないという批判も多い。薬剤師は薬を渡しているだけという批判もあるが、医薬分業そのものがなかったところでいまの形を確立してきた創業者たちのフロンティア精神は尊敬されるべきものだ。

調剤薬局業界のメインプレイヤー

調剤薬局業界は、１０００億円を超える大手調剤薬局が９社存在する。それらが積極的にＭ＆Ａを行ない、再編を進めてきた（図表３－６－３）。また、図表３－６－４は、大手調剤薬局の店舗数推

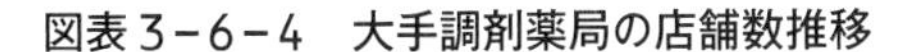
図表３−６−４　大手調剤薬局の店舗数推移

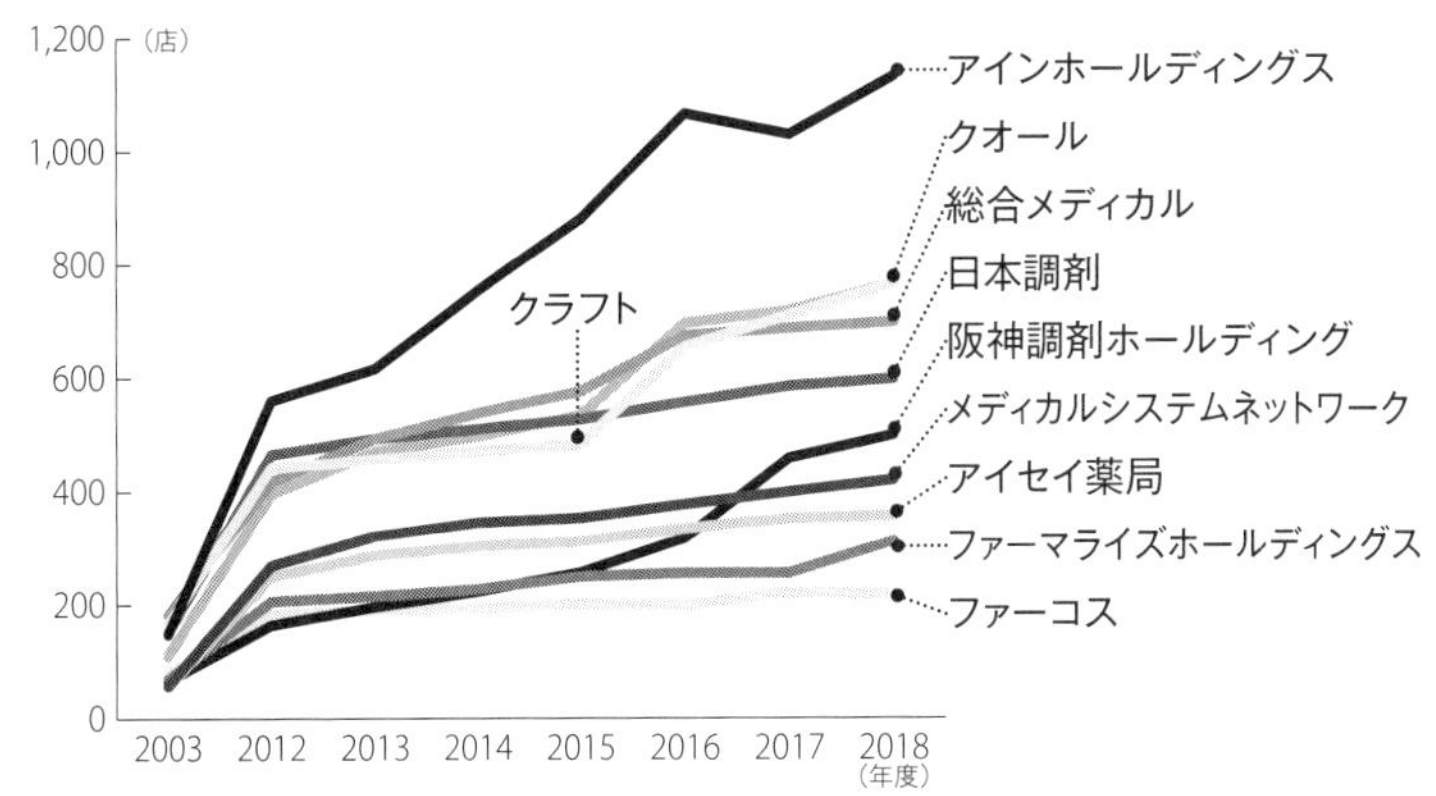

出所：各社HPより日本M&Aセンター作成

移をまとめたものである。これらの10社で約５８００店舗あり、市場の10％を占める。２００３年当時は大きな開きがなかったが、２０１８年には、アインホールディングスが大きく２位以下を引き離し、阪神調剤ホールディングが10位から６位に躍進した。

この２社の急成長に共通するキーワードとしてＭ＆Ａがある。図表３−６−５は上場６社（アイセイ薬局は現在は非上場）のＭ＆Ａ件数推移をまとめたものである。

アインホールディングスは２０１０年からの９年間で６８３店舗のＭ＆Ａを行なっているが、これは２番目に多いクオールの１・８倍、３番目の総合メディカ

図表3－6－5　大手調剤薬局6社のM&A件数推移

企業名	出店形態	2010年度	2011年度	2012年度	2013年度	2014年度	2015年度	2016年度	2017年度	2018年度	合計
アインホールディングス	M&A	35	28	38	26	119	110	182	11	134	683
	期末店舗数	448	494	560	616	754	881	1,066	1,029	1,132	-
日本調剤	M&A	5	2	0	0	0	5	21	13	6	52
	期末店舗数	340	417	466	494	511	527	557	585	598	-
総合メディカル	M&A	10	10	16	33	9	25	92	6	5	206
	期末店舗数	328	366	417	493	538	576	674	687	698	-
クオール	M&A	1	15	51	66	16	34	125	14	50	372
	期末店舗数	284	327	438	520	538	563	696	718	766	-
メディカルシステムネットワーク	M&A	4	6	33	45	27	7	20	19	30	191
	期末店舗数	214	223	269	335	345	353	377	399	420	-
アイセイ薬局	M&A	24	10	30	21	13	0	0	10	10	118
	期末店舗数	182	214	249	287	303	317	316	352	357	-
合計	M&A	79	71	168	191	184	181	440	73	235	1,622
	期末店舗数	1,796	2,041	2,399	2,745	2,989	3,217	3,686	3,770	3,971	-

出所：レコフM&Aデータベースを基に日本M&Aセンター作成

図表3－6－6　大手調剤薬局の売上高と経常利益率

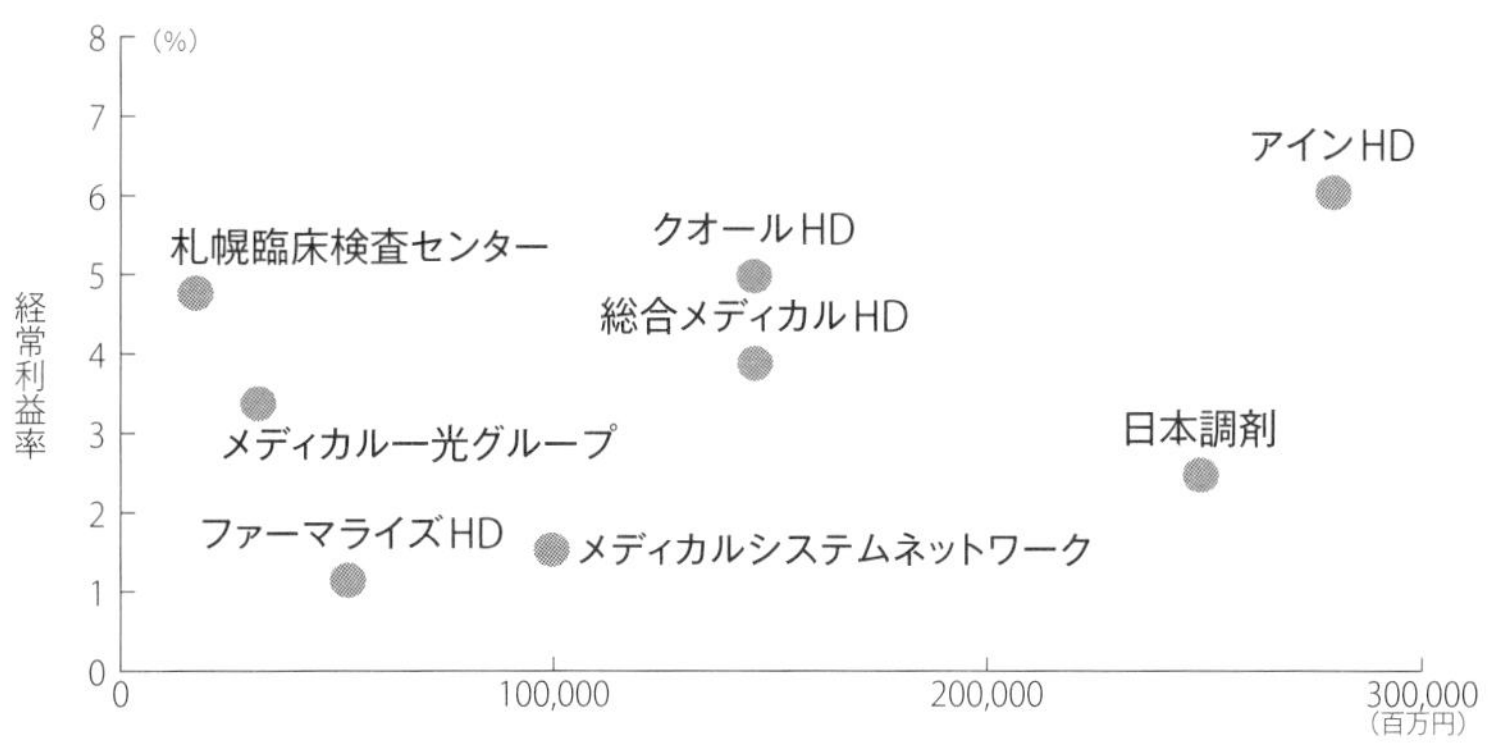

※2018年度データ
出所：各社HPより日本M&Aセンター作成

ルの3・3倍もの多さである。アインホールディングス全体店舗数の半分以上の店舗をM&Aで買収してきたということになる。その意味ではアインホールディングスは地域薬局の集合体であるといえよう。

その成長性は市場でも高く評価されてきた。2010～2018年を比較すると、他の上場している大手調剤の時価総額が300～600％の成長に対して、アインホールディングスの時価総額は1650％成長となっている。

図表3－6－6は大手調剤の売上高と経常利益率を表したものである。2つのグループに分けると、ひとつ目のグループは、札幌臨床検査センター（北海道）、

メディカル一光（三重）である。売上は全国大手に比べると少ないが、これらは地域に特化し、それぞれの県でのシェアはトップの全国チェーンに肩を並べ、利益率も高くなっている。

もう一方のグループは、全国に店舗を展開する全国チェーンである。これらからは、売上高と利益率が相関関係にあり、スケールメリットがあることが見てとれる。その意味では、M&Aを使いスケールメリットを追っていくというのは正しい戦略であるといえよう。

すでに再編が成熟期にあるドラッグストア業界

業界再編に関して調剤薬局の先を行くといわれるドラッグストアはどうか。2010年と2018年の大手ドラッグストア業界の売上と経常利益率を比較すると、2010年に大手16社の売上合計が3兆円（市場規模5・6兆円、シェア54％）だったが、2018年には5・4兆円（市場規模7・3兆円、シェア74％）に成長した。

規模の成長に伴い、各社の経常利益率は平均3・4%から4・4%となった。以前は、売上高2000億円を境に、2000億円未満の企業は1社を除き総じて経常利益率3・4%未満、2000億円以上の企業は3・4%以上と、スケールメリットがはっきりしていた。

この8年間で、2000億円以上の企業がさらに利益率を上げたのと同時に、2000億円未満の企業のうちいくつかは、2000億円企業に迫る利益率に伸ばしてきた。

これらの企業に共通するのは地域ドミナントしているグループであることだ。クスリのアオキ（北陸＋北関東）、クリエイトSD（首都圏）、薬王堂（東北）、ゲンキー（北陸）は全体の売上は大きくないものの、特定地域におけるシェアは大手以上となっている。こうして地域特化して店づくりをすることで利益率の向上を達成したのは、厚生労働省がかかげる地域密着の構想とも合致するといえよう。一方で広域展開しているグループについては、やはり売上高に応じた利益率の推移が見られた。

また、2010年と比べると、レデイ（経常利益率1・1%）はツルハに、CFS（2%）とグローウェル（3%）は合併してウエルシア（4・2%）となってお

図表3-6-7　株式公開企業の売上高・経常利益率分布

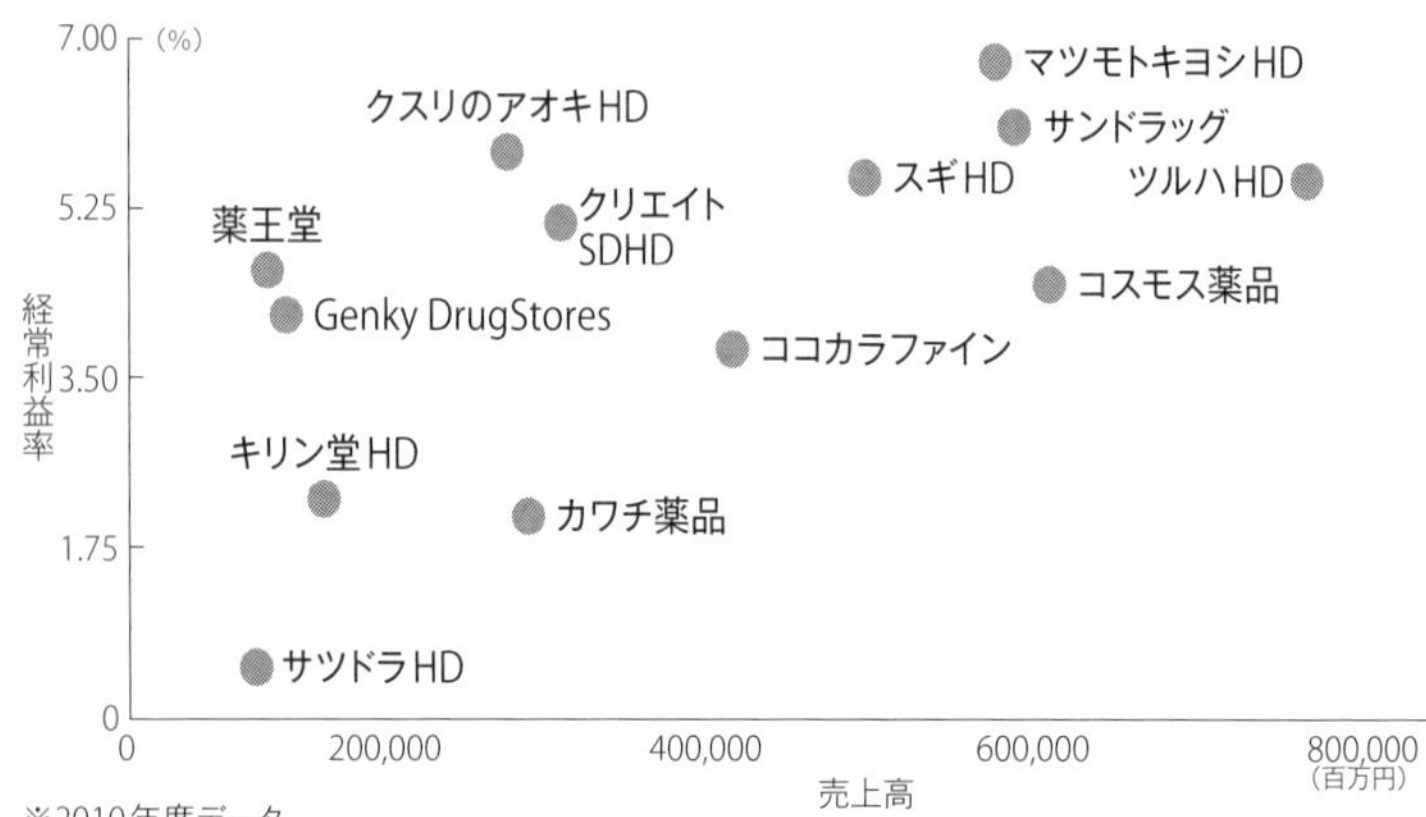

※2010年度データ
出所：各社HPより日本M&Aセンター作成

り、利益率の低い企業は高い企業に買収されるか、統合されていく流れが見えた(図表3-6-7)。さらにココカラファインとマツモトキヨシHDが2021年に統合され、売上高1兆円を超える最大手の誕生が決まった。

調剤薬局業界におけるその他のキープレイヤー

薬局業界におけるプレイヤーは、これらだけではない。日本薬剤師会、日本保険薬局協会という公共団体、および厚生労働省、財務省という官庁も重要な影響を及ぼしている。それぞれについて概説していこう。

・業界団体

調剤薬局業界には、主に2つの業界団体がある。

日本薬剤師会は都道府県市町村の薬剤師会に加入する薬剤師によって構成される職能団体で、主に小規模薬局のオーナーで構成されている。一方、日本保険薬局協会は、大手調剤薬局や地域の有力薬局を中心に2004年に設立された業界団体。

また、日本医師会も調剤薬局業界に大きな影響力を持っている。日本医師会の中川俊男副会長は、薬剤師へのデータ提供、オンライン服薬指導、リフィル処方箋だけではなく、医薬分業についても反対の立場をとっており、2年に一度の報酬改定の度に、これらの業界団体の間で激しい論戦が繰り広げられている。

・厚生労働省と財務省

厚生労働省は、社会保障行政を推進・監督していく立場であるため、社会保障費の削減には反対であるものの、どちらかといえば診療報酬を調剤報酬より重視する傾向にある。一方で財務省は、財政健全化のため社会保障費全体の削減を厚生労働省に迫っており、両省のあいだで論戦が起きている。

薬局のファイナンス機能を担う医薬品卸業界

もうひとつ、調剤薬局業界に大きな影響力を持つのが、医薬品卸である。医薬品卸が持つ債権は、メディパル7130億円（2019年6月末）、アルフレッサ6337億円（2019年6月末）、スズケン5056億円（2019年6月末）、東邦2922億円（2019年6月末）、バイタルケーエスケー1250億円（2019年6月末）であり、あわせて2兆2695億円である。さらに、医薬品卸がいくつかの大手調剤薬局の株主になっている（阪神調剤＝アルフレッサ、東邦、メディパルで約50％、クオール＝メディパルが22％、ファーマライズ＝地域卸3社が13％）。

医薬品卸業界は、業界再編を経て全国規模の4大医薬品卸と地方の中堅卸に分けられる。4大卸のうち最大手メディパルホールディングスの年商は3・2兆円で、医療関係者以外からの知名度は高くないものの、非常に影響力の大きい企業体であるといえる（図表3－6－8）。

図表3-6-8　4大医薬品卸業界と製薬会社、調剤薬局の関係

	メディパル	アルフレッサ	スズケン	東邦
債権（兆円）	0.7	0.6	0.5	0.3
年商（兆円）	3.2	2.7	2.1	1.2
株主（オーナーを除く）	武田薬品工業、小林製薬、大日本住友製薬、アステラス製薬	第一三共、アステラス製薬	塩野義製薬、エーザイ、アステラス製薬	塩野義製薬、田辺三菱製薬、第一三共、アステラス製薬
調剤薬局	なし（クオールの筆頭株主）	171店舗	615店舗	773店舗
特徴	OTC、化粧品、日用品卸部門で、年商1兆を超え、今後のセルフメディケーション時代の流れに積極投資を行なう。	医薬品製造事業を行なう。	医薬品製造事業や、業界初となる製薬メーカー支援事業に力を入れている。	TBC広島やダイナベースなど、物流倉庫への投資と、最新の自動化物流システム、顧客支援システム等のITに特徴を持つ。医薬品製造事業も行なっている。

出所：各社HPより日本M&Aセンター作成

医薬品卸業界は、もともと350社存在した地方卸が統廃合を繰り返し、上位4社で90%のシェアを占めるまで再編が進み、その後均衡状態が続いている。また、取引価額の早期妥結の圧力により、債権者である製薬メーカーの系列を中心に統合が進んだ。そのため、現在も4大卸の株主に製薬メーカーが入ることで、色分けがされている。

2009年に予定されていた業界1位のメディパルと業界2位のアルフレッサの統合の基本合意が公正取引委員会の承諾に時間がかかる見込みから白紙となったが、2018年にはスズケンが東邦薬品のシステムを販売するための基本合意を行ない、2019年には後発医薬品製造事業において両社で合弁会社を設立した。また、アルフレッサと、地方卸の富田薬品とモロオが、スペシャリティ医薬品分野において提携しており、今後、地方卸も含めた巨大な業界再編に注目が集まっている。

結論からいえば、さらなる再編は十分ありえる。最も大きな障害は公正取引委員会だが、スズケンと東邦の場合は、主要な商圏がそれぞれ東京と名古屋と異なっているため、メディパル・アルフレッサ連合の際より、承諾の可能性が高いのではと考えられている。

こうした卸グループの組織再編が、薬局再編の勢力図を変えることになるだろう。

東邦は773店舗、スズケンは615店舗、アルフレッサは171店舗の調剤薬局をグループに持っている。調剤薬局業界は、大手各社が積極的にM&Aを行ない業界再編をリードするなかで、医薬品卸はグループ薬局に積極的な投資ができていないのが現状である。しかしながら、これらの3社が持つ薬局を合わせると、最大手のアイングループの店舗数を大きく上回ることから、この3社がどのような決断をするかにより、勢力図が変わることとなる。

再編を経て大手4社のシェア90%になった医薬品卸業界は、業界再編の最終形態ともいえ、各社の今後のM&A戦略は、医療関係者だけではなく、業界再編を迎える異業種のリーダーの参考にもなるだろう。

調剤薬局における業界再編の動向

調剤薬局業界では、ここ10年で再編の動きが活発化しており、2008年には、東邦薬品が全快堂グループ（新潟県、年商28億円）を、アルフレッサHDがアポロメディカル（東京都、年商93億円）を買収するなど、医薬品卸が積極的に調剤薬局を傘下に収めている。

２０１０年、東邦ＨＤによるメディカルブレーン（福岡県、年商16億円）の買収や、クオールによるテイオーファーマシーグループ（中四国地方、年商29億円）の買収といった年商20億円クラスの売却が相次ぎ、業界再編は新たなステージへと移った。

２０１２年には買収案件が複数出現して、２０１３年にオストジャパン（札証）、トータル・メディカルサービス（ジャスダック）がＴＯＢにかかるなど、上場企業同士のＭ＆Ａが起こった。さらに翌年から地方でトップクラスの薬局が相次いで売却を行なっている。

そして２０１６年には、共栄堂（新潟県）、葵調剤（宮城県）、みよの台薬局（関東）のような年商１００億円クラスの企業が、２０１８年には大分県でナンバーワンの永富調剤、２０１９年には長野県ナンバーワンの土屋薬品が立て続けに売却に動いた。再編が進むにつれ、譲渡企業の規模も次第に大きくなっていき、異業種からの買収も相次いでいる。

この背景にあるのはドラッグストアの台頭である。ドラッグストアの調剤部門は、年々増加傾向にある。最大手のウエルシアホールディングスの年間調剤報酬は１２９８億円で、３年間で70％増加している。この状況に対して危機感を持っている調剤薬局経営者は多い。

いまや調剤薬局業界は成長期から成熟期に差し掛かった段階に入っており、これからも大きな変遷を続けていくと考えられる。M＆Aはより戦略的な手法で行なわれ、ますます規模が拡大し、件数もいままで以上のペースで増加すると考えられる。薬剤師の補充や、在宅の営業、さらには在宅調剤のノウハウの共有など、不足したところを補ってもらうためにも、あるいはＡＩ技術やビッグデータの活用による効率化を図るためにも、M＆Aを検討する企業が増えてくるに違いない。

また、より良い医療の実現にも、地域に根差していることは重要だ。大手企業が他地域に進出する際、新規に出店するより、地元で長く続く中小薬局と提携することが望ましい。今後はそのような大手と中小薬局の両者がwin-winの状態になるM＆Aが増えると考えられる。

大手企業は過去10年強のあいだに店舗数を大幅に増やし、勢いを拡大してきた。調剤薬局の全体数はこの先、減少せざるをえず、トップ9社のシェアが50％になるまで中小薬局のM＆Aが頻発するだろう。

ドラッグストアは現在トップ10社のシェアが60％程度であり、再編は最終局面に突入した。地域ナンバーワンの多くが譲渡を終えたいま、売上50億円以下の企業は

図表3−6−9　調剤薬局業界に求められる課題

健康サポート薬局

健康サポート機能

- 国民の病気の予防やサポートに貢献
  - ・要指導医薬品等を適切に選択できるような供給機能や助言の体制
  - ・健康相談受付、受診勧奨・関係機関紹介、等

高度薬学管理機能

- 高度な薬学的管理ニーズへの対応
  - ・専門機関と連携し抗がん剤の副作用対応や抗HIV薬の選択などを支援、等

かかりつけ薬剤師・薬局

服薬情報の一元的・継続的把握

- 副作用や効果の継続的な確認
- 多剤・重複投薬や相互作用の防止
- ICT（電子版お薬手帳等）の活用
  - ・患者がかかる全ての医療機関の処方情報を把握
  - ・一般用医薬品等を含めた服薬情報を一元的・継続的に把握し、薬学的管理・指導

24時間対応・在宅対応

- 夜間・休日、在宅医療への対応
  - ・24時間の対応
  - ・在宅患者への薬学的管理・服薬指導

※地域の薬局・地区薬剤師会との連携のほか、へき地等では、相談受付等に当たり地域包括支援センター等との連携も可能

医療機関等との連携

- 疑義照会・処方提案
- 副作用・服薬状況のフィードバック
- 医薬品等に関する相談や健康相談への対応
- 医療機関への受診勧奨
  - ・医療情報連携ネットワークでの情報共有

出所：厚生労働省「患者のための薬局ビジョン」

運営が厳しく、M&Aによる売却は難しい。今後ますます集約化されていくなか、トップ4社に入れるか否かによって命運が分かれるだろう。

調剤薬局業界においても、同様のことが起こると考えられる。ある程度シェアを伸ばせば、調剤薬局業を基礎にしつつ、付随するサービスへ注力することが可能になるはずだ（近年では、アインファーマシーズの若い女性向けのコスメを主力とした新店舗アインズ&トルペや、日本調剤の人材紹介業や後発医薬品製造業、メディカルシステムネットワークの医薬品ネットワーク事業などが出てきている）。しかしながら、トップ9のシェアはいまだ18％程度であるため、大手企業が出現するまでに少なくとも2～3年程度を要するに違いない。

調剤薬局業界はこれまでは技術の革新が行なわれなかった。分業前の名残によりドクターと対等になれず、2年ごとの報酬改定に振り回され、薬剤師の確保に悩んできた。しかし、今後「ドクターや国の制度や薬剤師の確保」に振り回されない経営をする大手企業が出現すれば、調剤薬局を基盤とした、新たな高付加価値の医療サービスを提供できるであろう（図表3－6－9）。

物流業界

協調することで業界全体のグローバルな活躍を目指す

物流業界の概要

日本の物流業界の市場規模は約26兆円（トラック、鉄道、外航海運、航空、倉庫等）であり、日本のGDP総額の約4・5％を占めている。外食業界（約26兆円）と同等程度、コンビニ業界（約11兆円）の倍以上の規模であり、存在感の大きな業界である。また、国土交通省のデータによると就業者数は約250万人（全産業就業者数の約4％）にのぼる。

物流業界の上位企業に目を向けると日本郵船（売上2兆1832億円）、日本通運（売上1兆9953億円）、ヤマトホールディングス（売上1兆5388億円）、SGホールディングス（売上1兆4550億円）、アルプスアルパイン（売上8583億円）と続き、上位10社で約半数近くのシェアとなっている。

図表3−7−1　物流業界の分野ごとの市場シェア

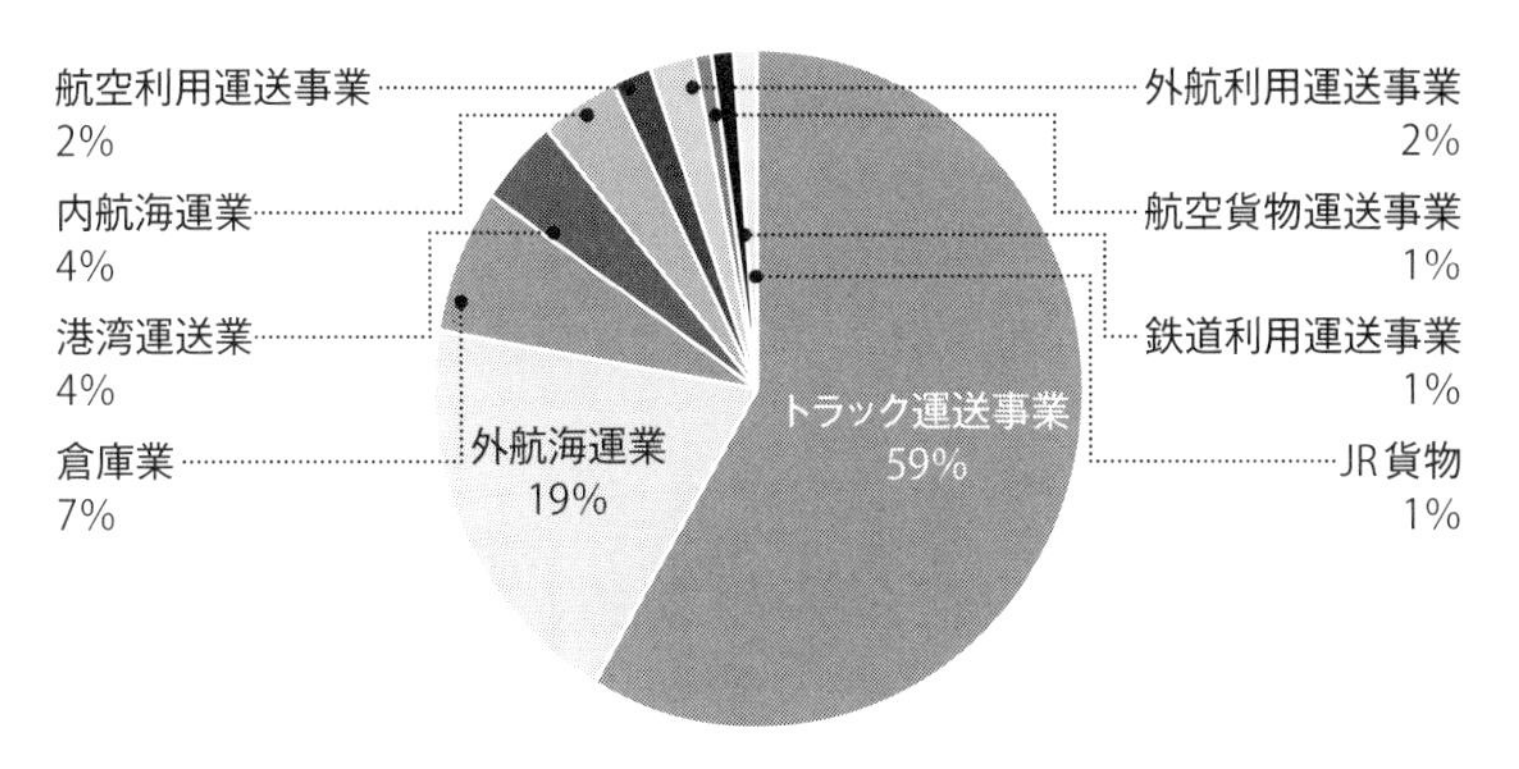

出所：日本M&Aセンター独自調べ

物流業界の分野ごとの市場シェアは図表3－7－1のとおりである。全体の約6割（14兆5449億円）を占めるのがトラック運送事業である。国内貨物総輸送量における輸送分担率（トンベース）で約9割を占め、日本の物流の主役といえる分野である。現在はこのトラック運送事業再編の流れが生まれており、今後の物流業界の動きを左右する重要な分野といえる。

トラック運送事業について簡単に解説すると、2016年度で6万2276社、そのうち従業員が100人以下の企業が全体の97％を占めている（図表3－7－2、3－7－3）。

図表3-7-2　トラック運送事業者数の推移

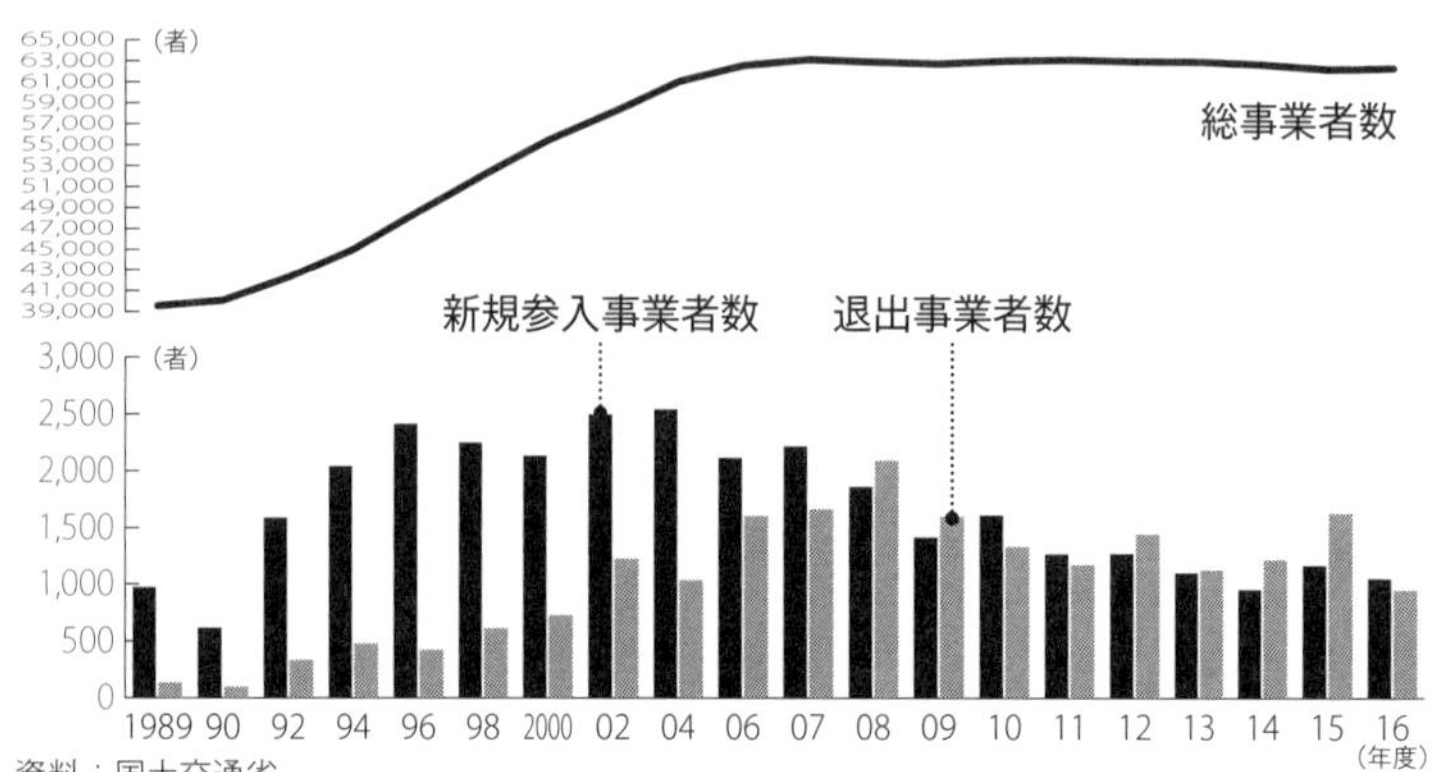

資料：国土交通省
出所：全日本トラック協会「日本のトラック輸送産業－現状と課題－2019」

これほどまでに中堅中小企業が大半を占めていることには歴史的な背景がある。1990年12月に施行された、いわゆる物流二法（貨物自動車運送事業法と貨物運送取扱事業法）だ。事業の参入が免許制から許可制に変わるなど、経済的な規制が大幅に緩和されたため、参入障壁が一気に下がり、「トラック5台あれば起業ができる」仕組みとなった。これにより1990年には4万72社であった事業者数は急激に増え、ピーク時には6万3122社（2007年）と約1・5倍になった。

日本の拠点ビジネスにおける限界数が6万と考えられているため（6万拠点の法則）、運送業の事業者数も約6万社が

図表3-7-3　トラック運送事業の規模別事業者数の推移

（2017年3月末現在、単位：者）

車両規模別

業種＼両	10以下	11～20	21～30	31～50	51～100	101～200	201～500	501以上	計
特別積合せ	10	4	10	26	59	77	62	43	291
一般	29,530	12,845	5,908	4,634	2,886	821	207	50	56,881
特定	382	33	7	5	2	0	1	1	431
霊柩	4,481	136	28	17	6	4	1	0	4,673
計	34,403	13,018	5,953	4,682	2,953	902	271	94	62,276
構成比（%）	55.2	20.9	9.6	7.5	4.7	1.4	0.4	0.2	100.0

従業員規模別

業種＼人	10以下	11～20	21～30	31～50	51～100	101～200	201～300	301～1,000	1,001以上	計
特別積合せ	9	3	4	21	50	64	41	62	37	291
一般	26,215	14,096	6,496	4,948	3,476	1,252	239	124	35	56,881
特定	345	56	14	11	3	1	0	1	0	431
霊柩	4,142	282	96	74	40	19	11	6	3	4,673
計	30,711	14,437	6,610	5,054	3,569	1,336	291	193	75	62,276
構成比（%）	49.3	23.2	10.6	8.1	5.7	2.1	0.5	0.3	0.1	100.0

注1：各項目の構成比については、四捨五入しているため、合計と一致しない。
　2：各表の特別積合せの計数は、一般の外数として計上している。
　3：一般には霊柩を兼業している事業者を含む。霊柩は事業者のみ。
資料：国土交通省
出所：全日本トラック協会「日本のトラック輸送産業－現状と課題－2019」

限界と考えられる。たとえば、かつてガソリンスタンドは拠点数が6万あったが、その後20年で3万4000に減っている。トラック運送事業もピークを迎えてからは徐々に減少しており、現在の数に至っている。

輸送需要が数十年伸び悩んでいることに加えて、事業者数の急増、さらには近年のEコマースなどの対応により小口化、多頻度化に拍車がかかり、効率性が低下して負担増を強いられている。結果的に積載効率は低下し続け、現在では40％程度（載室の60％を空にしたまま運んでいること）となってしまっている。

トラック運送業のモデル決算書

図表3－7－4の決算書は約50台のトラック運送業で、売上5億円企業の決算書だ。トラック運送業の経費の大半は労務費と燃料費である。労務費に関しては長距離メインの企業であれば35％程度、短距離メインの企業であれば45％程度が適切な水準である。これらの水準より低い場合は「低すぎる」と判断され、コンプライアンス違反の懸念があり、逆に高い場合は「高すぎる」と判断され、ドライバーの確保に苦労している企業と判断できる。

図表3－7－4　運送業者Aの決算書

科目	金額（千円）		売上高比
【売上高】		500,000	100%
労務費	190,000		38%
燃料費	75,000		15%
保険料	11,000		2%
修繕費	30,000		6%
減価償却費	25,000		5%
その他	80,000		16%
【売上原価】		411,000	82%
【売上総利益】		89,000	18%
【販売費及び一般管理費】		74,500	15%
人件費	42,000		8%
その他	32,500		7%
【営業利益】		14,500	3%
【営業外収益】		7,500	2%
【営業外費用】		5,000	1%
【経常利益】		17,000	3%
【特別利益】		0	0%
固定資産売却益	0		0%
【特別損失】		0	0%
固定資産売却損	0		0%
【税引前当期純利益】		5,950	1%
【法人税・住民税及び事業税】	5,950		1%
【当期純利益】		11,050	1%

営業利益については一般的には2〜3％程度であり、5〜10％程度の企業は超優良な荷主との取引ができているか、コンプライアンス違反を疑うべき水準となる。

またトラックの大半をリースではなく所有している企業の修繕費は5％程度が一般的である。この水準を大きく超える場合は古いトラックが多いことが予想できる。

トラック協会調べによると車両台数別の平均営業収支率（売上÷原価）に30台の壁があるとされている。収支率は台数が増えるごとにプラスになるため、車両台数が多いほど営業効率も上がり、収益力も高いことが示されている。少ないパイを奪い合う市場環境で、いかに効率よく経営できるかが今後のカギとなっている。

トラック運送業が抱える三重苦

物流業界の大きな割合を占めるトラック運送事業は経営をしていくうえで、①ドライバー不足、②コンプライアンス順守、③経費増による収益の圧迫、という課題に直面している。それぞれについて解説していこう。

図表3－7－5　トラックドライバーの賃金と労働時間

年間所得額の推移

トラックドライバーの年間所得額は、全産業平均と比較して、大型トラック運転者で約1割低く、中小型トラック運転者で約2割低い

年間労働時間の推移

トラックドライバーの年間労働時間は、全産業平均と比較して、大型トラック運転者で456時間（月38時間）長く、中小型トラック運転者で444時間（月37時間）長い

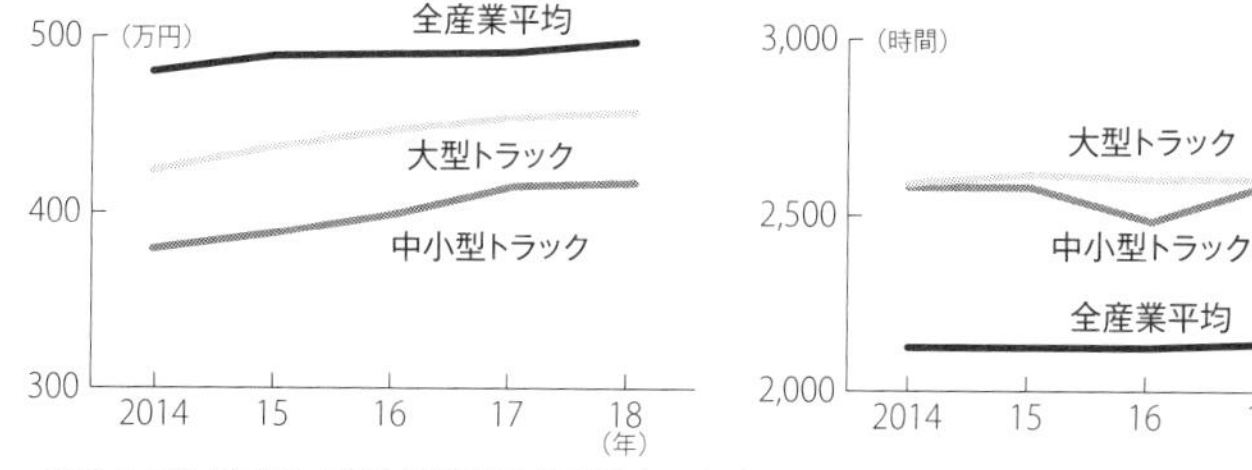

資料：厚生労働省「賃金構造基本統計調査」より
出所：全日本トラック協会「日本のトラック輸送産業－現状と課題－2019」

①ドライバー不足

日本銀行調査統計局のデータでは、物流業界は宿泊・飲食業に次いで2番目に人手が不足していることがわかった。トラックドライバーの賃金と全産業の賃金水準を比較してみると、全産業平均より10%程度低い水準で推移している一方、労働時間は全産業平均より約20%長い（図表3－7－5）。低賃金長時間労働というイメージを持たれ、ドライバーの希望者が減っているのもうなずける。

全日本トラック協会のデータによると、ドライバーが不足していると感じている（不足、またはやや不足と回答）企業が2018年時点で70%と、2011年の18%から急速に増えている。有効求人倍

率も2018年12月には3・03となり、全職業の倍近くまで上がった。全日本トラック協会が公表する経営分析報告書によると、運送コストのうち人件費が39・6%と最も高く、燃料費が14・9%となっている。近年の深刻なドライバー不足が人件費増に拍車をかけており、経営を圧迫している。

さらには、総務省による年齢別の就業者構成比を見ると、50代以上が40%を超えており、ドライバーの高齢化も深刻な問題となっている。どのようにすれば若い世代や質の高いドライバーが入社するのか、それらを改善できるかがカギとなっている。

②コンプライアンス順守

企業にコンプライアンスの順守が求められるなか、とりわけ労働環境については厚生労働省の「改善基準告示」に基づいて、改善を求められている。

トラック運送事業でのコンプライアンス順守は容易ではないのも確かだ。働く時間の適正化によって、高収入を求めていたドライバーが働きづらくなって離職者も出てしまう。さらに本来払わなければならない残業代なども、荷主に請求することができないから経営を圧迫してしまうことになる。経営者はそのような板挟みの状況にあり、結果的にコンプライアンスへの対応が後手に回ってしまっている企業も多い。

③経費増による収益の圧迫

トラック運送事業の経費で主なものはトラック購入費である。とくに売上5億円程度の企業と100億円以上の企業とでは年間の購入台数も大きく差があるため、1台の単価に2〜3割程度の開きがあるといわれている。さらに保険料や燃料費なども大きく開きがあるため、大手企業に比べて経費率が高く、経営を圧迫している。

また、時代に合わせた投資も必要となってくる。デジタコやGPSなど、すでにあるシステム投資はもちろんのこと、今後はリアルタイムに運行状況を把握したり、配車を最適化したりするためのITシステム投資も必要不可欠となってくる。

また近年では3PL（サードパーティ・ロジスティクス）を積極的に標榜する企業が増えているが、そのためには大規模な物流施設や倉庫への投資も必要になってくる。限られたパイを奪い合う現在の物流業界ではビジネスモデルそのものを変えることが今後の課題となっている。

品質世界一の日本の物流企業がなぜ世界と差をつけられるのか

さまざまな課題を抱える日本の物流業界だが、海外の物流企業はどういう状況になっているのか。両者を比べながら解決策を考えてみたい。

海外、主に欧米と日本では物流企業の考え方が大きく違う。欧米では日本と違い、物流企業こそが荷主の成長を後押しする大切な役割を担っているとされる。欧米の企業では、企業の物流戦略全般の責任を担うＣＬＯ（Chief Logistics Officer：最高ロジスティクス管理責任者）というポストが存在するし、アメリカではＭＢＡにＣＬＯコースが置かれている。

場合によっては荷主企業に最適な物流戦略を提案する立場でもあり、荷主と物流企業の立場に上下がないに等しい。また、アメリカは契約社会であるため、必要以上の仕事を行なうことがなく、ドライバーが荷役をやるということはなく、荷主から強いられることも一切ない。

また、中国最大手ＥＣ企業のアリババは物流子会社の菜鳥（ツァイニャオ）に１

000億人民元（当時約1兆7000億円）を投じて物流のIT投資をし、生産性効率向上を目指すと発表した。世界各国で物流分野がいかに重要な位置を占めているのかがうかがえる。

一方、日本の物流事情に目を向けると荷主と物流企業には上下関係が存在することが多い。荷主から言われるがままに現場で待機させられ、荷役を頼まれ、急な要望にも臨機応変に対応しないと取引が継続できないという関係性が少なからず存在している。このように海外と日本での物流企業の位置づけがまったく違っているのが現状である。

海外の物流企業は積極的に再編にも取り組んでいる。2002年にドイツ物流最大手であり現在世界1位のドイツポスト社が世界の航空輸送のリーディングカンパニーである国際宅配便会社のDHLを買収した。世界2位のアメリカのUPS社は2011年にイタリアの医薬品物流会社ピエッフェグループ、2012年にオランダのTNTエクスプレス、2014年にイギリスの医薬品物流会社のポーラースピード社とクロスボーダーの買収を積極的に行ない、世界のネットワーク、物流網を確立している。

日本企業は現地化も進んでおらず、海外へのM&Aも多くなく、世界の再編から比べると取り残されている状況である。日本の物流の作業品質の高さは国内外両方で評価されているものの、世界のネットワーク網が弱く、営業・PR等積極性が不足している。

しかし、日本には低温物流の技術がある。1960年代の高度経済成長で生活水準が向上し、冷凍食品のニーズが高まった結果、多様な食品ごとの温度管理にも対応できるようになった。こうした技術は世界でも高く評価されており、今後生活水準が上がり、低温輸送ニーズが高まると予想されるアジア圏での展開が期待されている。

日本の物流企業のM&Aの10年史

物流業界の再編が海外より遅れている日本であるが、その再編の兆しは確実に出始めている。国内物流企業が絡むM&A件数は2009年の52件から増加傾向にあり、2018年時点では85件となった（図表3－7－6）。中堅中小企業のオーナーの高齢化と後継者不在、ドライバーの確保難と先行き不安が譲渡側の理由であり、

図表3-7-6　物流企業のM&A件数の推移

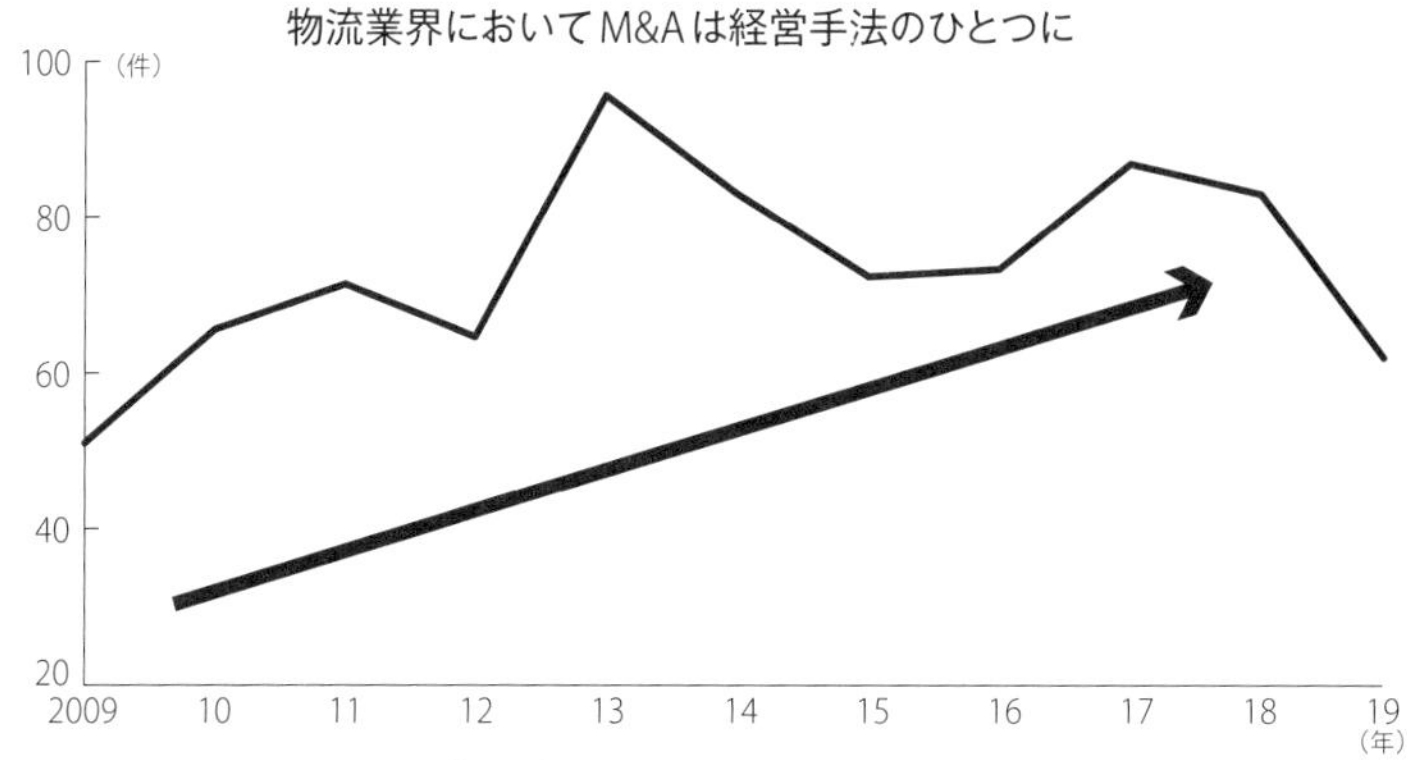

出所：レコフM&Aデータベースを基に日本M&Aセンター作成

譲受側にとっては積極的に規模を拡大し成長を目指す準大手企業、成長戦略の一環としてM&Aで拡大を目指す上場企業の譲り受けニーズがあり、物流業界全体にM&Aというものが経営手法のひとつと位置づけられてきているのがわかる。

上場企業の10年間の主なM&A事例について図表3-7-7にまとめたが、企業によってこの10年間の戦略の違いがはっきりしていることがうかがえよう。

大きく分けて、①海外志向型、②多角化型、③本業加速型、の3種類がある。

かねて積極的に海外にM&Aを仕掛けているのが、ヤマトホールディングス、日立物流、SGホールディングスである。

これらはアジアを中心に積極的に海外市

図表3-7-7　過去10年間の運輸業界上場企業のM&A

年	企業名	スキーム	被買収企業	取得後出資比率(%)
2009	SBS HD	株式取得	ビクターロジスティクス株式会社	100
	SG HD	株式取得	喜楽客思紡織品（上海）有限公司	100
			青島喜楽客思服装有限公司	100
			ニューウェイ	100
			シロックス物流	100
			新三国モーターズ・サービス株式会社	100
		資本提携	SGホールディングス（SGH）	0.78
	セイノーHD	株式取得	西武運輸（西武ホールディングス孫会社）	90
	センコーGr	株式取得	江坂運輸株式会社	100
			阪神運送株式会社	100
			東京納品代行	65.9
		資本提携	株式会社丸藤	100
			イヌイ運送（イヌイ建物）	51
	トランコム	株式取得	エムエスケイ	70.5
	ヤマトHD	株式取得	上海巴士物流有限公司	65
	日新	株式取得	鶴見倉庫株式会社	100
	日立物流	株式取得	J.P.Holding Company,Inc.	51
			株式会社オリエント・ロジ	86
	福山通運	株式取得	王子運送	54.3
2010	トナミHD	株式取得	第一倉庫株式会社	98.5
	ハマキョウ	株式取得	株式会社JALロジスティクス	72
	鴻池運輸	株式取得	昭和倉庫	100
			株式会社JALスカイ関西	90
			株式会社JALグランドサービス関西	90
			株式会社JALグランドサポート関西	90
	日立物流	株式取得	大航国際貨運有限公司	85
			ダイレックス株式会社	90
			DICロジテック株式会社	90
			フライジャック・ロジスティクス	100
	福山通運	株式取得	情報技術開発	2.6
2011	SBS HD	株式取得	アトラス・ロジスティクス	80
			Atlas Logistics Private Limited	80
			日本レコードセンター（JVC・ケンウッド・ホールディングス孫会社）	98.54
	センコーGr	株式取得	スマイル	92.6
	トナミHD	株式取得	マハポーントランスポートカンパニーリミテッド（MTC）	70
	トランコム	株式取得	トレーディア	9.67
	ハマキョウ	株式取得	JTB物流サービス（ジェイティービー<JTB>子会社）	100
	山九	株式取得	中央テクノ（中央化工機）	100
	日立物流	株式取得	DIC通運（DICE）（DIC香港孫会社）	90
			シマダヤ運輸株式会社	100
			Eternity Grand Logistics Public Company Limited	100
			バンテック	89.88

年	企業名	スキーム	被買収企業	取得後出資比率(%)
2012	SBS HD	株式取得	SBSホールディングス	2.19
			ゼロ（ジャパン・ブレークスルー・2004投資事業有限責任組合<JBFパートナーズ運営ファンド>投資先）	20.93
	SG HD	株式取得	Sindhu Cargo Services Limited	26
	トナミHD	株式取得	H&R Forwarding Co., Ltd.	70
			株式会社タカギセイコー	4.7
	トランコム	株式取得	スマイルスタッフ	100
	日新	株式取得	上海高信国際物流	80
	日本通運	株式取得	APC Asia Pacific Cargo（H.K.）Limited	100
			ポーテック・インターナショナル（三井物産）	10
			アソシエイテッド・グローバル・システムズ（AGS）	100
			マップカーゴ	49
	福山通運	株式取得	絹川屋運送	100
			三統	100
	近鉄EXP	株式取得	Gati-Kintetsu Express Private Ltd.（ガティ国内貨物輸送事業・ロジスティクス事業分割会社）	30
2013	SG HD	株式取得	アメロイド	90
	センコーGr	株式取得	アスト	52.1
	ハマキョウ	資本提携	SGホールディングス株式会社（佐川グローバルロジスティクス株式会社）	-
	鴻池運輸	株式取得	鴻池運輸	8.8
	山九	株式取得	日本工業検査株式会社	100
	日本通運	株式取得	パナソニック ロジスティクス株式会社	66.6
			NECロジスティクス社	51
			フランコ・ヴァーゴ社	100
	日立物流	株式取得	Mars Logistics Group	51
			CDS FREIGHT HOLDING LTD	85
			James J.Boyle & Co.	87
			JJB Link Logistics Co.Limited	23
	近鉄EXP	株式取得	パナソニックトレーディングサービスジャパン株式会社	65
2014	SBS HD	株式取得	SBS Transpole Logistics	70.37
			GIM GUAN FREIGHT Pte. Ltd.	100
		資本提携	雪印メグミルク	33.98
	SG HD	株式取得	Expolanka Holdings PLC	51以上
	センコーGr	株式取得	岩谷産業株式会社	100
			三協物流荷役	100
			三協ロジスティクス	100
	トナミHD	株式取得	菱星物流株式会社	81
	トランコム	株式取得	Transfreight China Logistics Ltd.（広州特蘭富力運輸有限公司）	35
	ヤマトHD	株式取得	TIDIKI EXPRESS	85
	鴻池運輸	株式取得	Anpha-AG Joint Stock Company	100
			九州産交運輸	100
	山九	株式取得	株式会社 扶桑工業	100

年	企業名	スキーム	被買収企業	取得後出資比率(%)
2015	近鉄EXP	株式取得	トランスグローバルロジスティクスグループ社	49
	SBS HD	資本提携	星光堂	6.8
	セイノーHD	株式取得	関東運輸株式会社	100
	トランコム	株式取得	Transfreight China Logistics Ltd.(広州特蘭富力運輸有限公司)	90
	ハマキョウ	株式取得	千葉三港運輸	100
	ヤマトHD	事業譲渡	オリックス環境株式会社	(空白)
	鴻池運輸	株式取得	BEL International Logistics Limited	30
			日鉄住金リサイクル	100
	山九	株式取得	昭安物流股份有限公司社	70
	日本通運	株式取得	名鉄運輸株式会社	20.16
			ワンビシアーカイブズ	100
2016	福山通運	増資	情報技術開発株式会社	10.8
	近鉄EXP	株式取得	APLロジスティクス	100
	SBS HD	株式譲渡	SBS Transpole Logistics	0
	SG HD	株式取得	ファット・ロック・エクスプレス&トレーディング・ジョイント・ストック	100
	セイノーHD	株式取得	株式会社こばうん	39.3
	センコーGr	株式取得	株式会社イエノナカカンパニー	100
			アクロストランスポート株式会社	100
	トナミHD	株式取得	株式会社テイクワン	100
			中央冷蔵株式会社	100
	ハマキョウ	株式取得	シュタープ株式会社	100
	ヤマトHD	株式取得	CKE Transport Agency Sdn.Bhd.	100
			Overland Total Logistic Services (M) Sdn.Bhd	100
			Overland Total Logistics (Thailand) Co.,Ltd.	100
	日本通運	株式譲渡	日本ヴォパック	0
		資本提携	巴鉄工株式会社	20
	福山通運	株式取得	E.H.ウタラホールディングス	49
			E.H.Utara (Thailand) Co. Ltd.	49
2017	セイノーHD	株式取得	ショーレイフィット株式会社	100
			ユニクラ自工株式会社	100
			昭和冷蔵株式会社	100
	センコーGr	株式取得	スカイリフト・コンソリデーター	100
			安全輸送株式会社	100
			栄吉海運株式会社	60
			株式会社ビーナス	100
			株式会社ブルーアース	100
			株式会社綾建設	100
			日本マリン株式会社	60
		事業譲渡	九州アグリカンパニー	(空白)
	ハマキョウ	株式取得	千代田運輸	100
	ヤマトHD	資本提携	ラクスル株式会社	0.56
			株式会社フランクジャパン	20

年	企業名	スキーム	被買収企業	取得後出資比率(%)
	鴻池運輸	株式譲渡	キャリア・サービス	100
2018	SBS HD	株式取得	リコーロジスティクス株式会社	66.6
	セイノーHD	株式割り当て	阪急阪神エクスプレス	34
		株式取得	西濃自動車学校	100
	センコーGr	株式取得	Best Global Logistics	100
			ランテック	100
	トナミHD	株式取得	株式会社ケーワイケー	100
	丸和・運輸機関	株式割り当て	トランコム	5
	ニッコンHD	株式取得	株式会社松久総合	100
			松久運輸株式会社	100
			松久運輸株式会社/株式会社松久総合	100
	ハマキョウ	株式取得	エービーエクスプレス	100
			株式会社JPロジサービス	67.6
	鴻池運輸	株式取得	BEL International Logistics Limited	100
		株式譲渡	エヌビーエス	100
		合併	コウノイケ・ビジネスマネージメント	100
	山九	株式取得	AMECC MECHANICAL CONSTRUCTION JOINT STOCK COMPANY	33.3
			日本精蠟	18.56
	日新	株式交換	日新運輸株式会社	100
	日本通運	株式取得	Traconf S.r.l.	100
	日立物流	株式譲渡	日立オートサービス	60
	福山通運	株式取得	株式会社キタザワ	51
2019	SBS HD	株式取得	株式会社京葉自動車教習所	100
			株式会社姉崎自動車教習所	100
			日本レコードセンター株式会社	100
	SG HD	株式取得	SG佐川ベトナム有限会社（SGV）	100
			SG佐川急便ベトナム有限会社（SGEV）	100
	トランコム	事業分割	トランコム	（空白）
	ヤマトHD	資本提携	オイシックス・ラ・大地	40
	鴻池運輸	株式取得	中電産業株式会社	100
	山九	株式取得	JPサンキュウグローバルロジスティクス株式会社	100
	日新	合併	ニッシントランスコンソリデーター株式会社	100
	日本通運	株式取得	Future Supply Chain Solutions Limited	22
	日立物流	株式取得	パレネット株式会社	70
		株式譲渡	株式会社日立トラベルビューロー	70

出所：レコフM&Aデータベースを基に日本M&Aセンター作成

場を獲得する姿勢がうかがえる。

一風変わった戦略を進めているのがセンコーグループである。2017年以降、介護事業のビーナスや建設業の綾建設、農産物卸の九州アグリカンパニーなど、物流分野以外への多角化に力を入れており、他社との差別化を図っている。その他にも本業を強化するためのM&Aや3PLを強化するための国内での本業加速型M&Aが多くみられた。

また、時代の流れに沿ったM&A案件も出ており、2013年のパナソニックロジスティクス、NECロジスティクス（日本通運）、2014年の菱星物流（トナミホールディングス）、2018年リコーロジスティクス（SBSホールディングス）、JPロジサービス（ハマキョウレックス）のように、大手企業からの物流子会社の切り離しもみられるようになった。

近年、物流子会社は親会社の仕事だけでは十分な収益を得ることができず、他社の仕事を取りにいかなければならない。さらには親会社も本業に集中するためノンコア事業を切り離したいという、お互いのニーズが合致してのことであろう。

件数を見ると、2009年が19件、2010年には11件と減ったものの、その後は増加傾向にある。10年で20社以上のM&A実績をもつセンコーグループや10件以上のSGホールディングス、その他にも複数回M&Aをしている上場企業があり、国内での再編の空気をつくり出したことは間違いない。

2019年の物流業界M&A

上場企業のM&Aを見ていくと、2019年はそれぞれの企業の課題解決や、成長戦略のなかで本業を強くするための本業加速型M&Aが多く起こったといえよう。

たとえばSBSホールディングスは長らくドライバーの確保に課題を持っていた。ブランド力を生かして採用活動をしていたが、より一層採用の幅を広げるために自動車教習所に目を向けた。有能なドライバーを教習所の時点で確保しようと考えたのだ。これはかつてセイノーが西濃自動車学校を譲り受けた戦略と同じである。

日立物流は本業の成長を加速させるため、ノンコア事業である旅行業の日立トラベルビューローを譲渡した。それに加えて本業に付随する事業のパレネットを譲受し、中期経営計画（LOGISTEED2021）の重点施策のひとつとして掲げていた、「強固なコア領域構築のためのポートフォリオ戦略の実行」を着実に進めているといえよう。

安田倉庫が金沢の大西運輸を譲り受けたことも話題を呼んだ。安田倉庫はこれまで北陸に倉庫や物流拠点がなく、今回のM&Aで物流のネットワークを大きく拡充することができた。

中堅中小企業のM&Aでも、同業を譲り受ける例がほとんどであった。大西運輸のM&A対象は、売上10億円以下、トラック100台以下の企業が大半であったが、それを超える企業の譲渡も増えており、地域で一定の地位を築いた企業が再編に取り組む姿が見えてきた。

世界に誇れる日本の物流業界のために

先に述べたように、日本の物流業界は海外に比べて社会的な位置づけが異なる。このままでは海外との差が広がるばかりであるため、日本の物流業界は一丸となって世界と戦える企業や業界をつくり上げなければならない。現在の状況を激変させるには〝再編〟をさらに進めるべきであろう。限られたパイを奪い合う競争ではなく、同じ使命を持つ企業たちが手を取り合い協調することによって、力のある企業ができるはずである。

中堅中小企業が大手企業と手を組むこともさまざまなメリットがある。たとえば、①ドライバー確保難からの解放、②資金繰りの悩みからの解放、③燃料費や保険料、トラック購入費、借入利息等の経費の大幅軽減、④荷主への発言力の強化、⑤優良企業への転換による従業員マインドの変化、⑥創業者利潤の獲得、連帯保証等の解除、などが挙げられる。

ドライバーの確保については、やはり大手企業のブランド力を利用したほうが採用にかかる労力を軽減できるし、離職対策としても大きなメリットがあるだろう。また、福利厚生や教育制度の充実、出世ポストの増大など、キャリアアッププランの可能性を広げることができ、定着率アップにもつながる。資金繰りや経費についても大手企業の立場を利用し、大幅に負担を軽減できる。

人繰りと資金繰りの悩みから解放されると経営者は本業に集中できる環境が整う。さらにグループとして物流効率が上がることや、薄利や無理なお願いに対して荷主への交渉力が上がり、断ることができる立場にもなれる。そのためドライバーを疲弊させることなく、さらには業績にも大きくプラスになる。そのようにさまざまなものが改善されていくと優良企業化していき、それを従業員に返すことができれば、会社のムードも好転するのである。

会社や従業員、さらには物流業界にとってメリットが多いが、もちろん経営者にもメリットがある。譲渡対価としてこれまで経営してきた成果を創業者利潤として手にすることができるほか、連帯保証などはすべて解除されるため、名実ともに非常に負担が軽くなる。

冒頭にも述べたが物流業界は上位10社でシェアが50%に満たないステージにあり、これは業界再編のフェーズでいうと成長期にあたる。今後はシェアが70%程度になるまで主に大手企業が中堅企業や地域ナンバーワン企業を積極的に譲り受け、業界再編がピークに達する時期といわれている。

業界再編は一度起きるととどまることを知らず再編完了に向かうため、現在の追い風を積極的に活用し、再編に取り組むべきであろう。日本国内の物流企業の位置づけが変われば、世界に打って出るフェーズに入る。世界にネットワークを構築し、低温物流のようなきめ細かい技術をさらに発信し、日本の物流が世界で活躍することを願ってやまない。

岡田武史氏寄稿

FC今治の挑戦～地方創生とスタートアップスピリッツ～
プレイヤーから監督、そしてオーナーへ

それは2014年の夏のことでした。

「FCバルセロナのメソッド部長がきていますが会ってみませんか？　先方も希望しています」と日本サッカー協会のスタッフから連絡がありました。「まあちょっと会ってみるか……」ぐらいの軽い気持ちで会いました。

色々興味深い話はあったのですが、彼が「スペインにはプレーモデルというサッカーの型のようなものがあるが、日本にはないのか？　そして我々は、そのプレーモデルを16歳までに教え、あとは自由にさせる」という一言を聞き、私の頭のなかで、化学反応が起こったようにシナップスとシナップスがつながり、ひとつのストーリーが浮かびました。

それは、「日本人が世界で勝つためのプレーモデルをつくり、16歳までにそれを落とし込むことによって、主体的にプレーする自立した選手が育ってくる」というものでした。

日本では基本的に、子供のときは教えすぎず楽しませておけといわれます。そして、16歳、

つまり高校生ぐらいから、相手にどう対応するかという戦術をいきなり教えられます。だから日本の選手は「いわれたことはしっかりやるが自分で判断できない」とか「驚くような発想が少ない」といわれるのかもしれません。日本代表でも、条件が揃ったら力を発揮できるのだが、少し想定外のことが起こると自分たちで対応できません。

16歳までに原則を教え、あとは自由にしたら、自立した選手たちが育ち、自律したチームができ、世界で勝てるのではないだろうかと思いました。

Jリーグのクラブからも全権を任せるからとオファーをもらいましたが、既存の出来上がったクラブだといまあるものを一度壊さなければなりません。そんなネガティブなことにエネルギーを割くなら、10年かかっても一からできるところはないだろうかと考えていて、ふと愛媛県今治市にあるFC今治のことが頭に浮かびました。

私の大学時代の先輩が今治市で会社経営をされていて、私もお手伝いをさせていただいていました。サッカー好きの先輩が四国リーグのアマチュアのサッカーチームFC今治を保有していました。その先輩に私の思いを話したところ、「それは面白い、是非やれ。ただし株式を51%取得してからにしろ」といわれ、私はFC今治のオーナーになってしまいました。

今治に家を借りて街中を歩いてみると、街の中心の交差点に大丸百貨店の跡地となった大きな更地があり、港に続く商店街では多くの店のシャッターが下り、人がほとんど歩いていませんでした。「このままではFC今治が成功しても見に来てくださる方がいなくなる」「自分たちが立っている場所さえ無くなってしまう」と背筋が寒くなりました。

でもいまさら後戻りできない、それなら町と一緒になって元気になる方法はないだろうか、と考え始めました。

最初はサッカーにおいて、少年団、中高等学校と一緒になってひとつのピラミッドをつくろうと呼びかけました。それを「今治モデル」と呼んで、そのなかでは我々の指導者が指導に行ったり、指導者研修をしたりして、「小さいけど日本一質の高いピラミッドにしましょう」と。

そうして、今治の中学校や高校が全国大会で活躍したり（2020年今治東高校が全国高校選手権に今治の高校として初めて出場し、勝利を挙げました）、FC今治が強くなったら、全国から今治でサッカーをしたいという若者、子供たちが集まってくるだろう。岡田メソッドを勉強したいというコーチが集まってくるだろう。日本のサッカーはアジアではリスペクトされているので、海外からも来るでしょう。そういう人たちにお爺ちゃんお婆ちゃんだけになった家にホームステイしてもらい、お年寄りがスポーツマンのための料理の勉強を始めたり、英会話を始めたり、子供たちがタブレットでお年寄りの買い物をしてあげたり、気がついたら15万人の町が妙にコスモポリタンで活気に満ちた町になっていないだろうか？

でも、サッカーだけで外から人が来るといってもせいぜい数十人でしょう。

将来的にJ2、J1に行くには1万人、1万5000人収容のスタジアムが必要です。そのスタジアムを複合型スマートスタジアムにしたら、スポーツを中心として人が集まって来ないだろうか？

なぜ複合型のスタジアムなのか？

まず、年間20〜30試合、サッカーの試合をするだけのために箱物をつくる時代ではありません。またスポーツビジネスの原点は満員のスタジアムの創出なのですが、15万人の人口では1万人のスタジアムを満員にすることはほぼ不可能です。

数年前、イタリア・トリノの世界的なクラブ、ユベントスのスタジアムに行ったときのことを思い出しました。ユベントスはかつてスタディオ・デッレ・アルピという6万7000人収容の陸上競技場で試合をしていました。それを4万1000人収容で中にレストランなどを入れた複合型のサッカー専用スタジアムにして、横にショッピングモールをつくってありました。

すると、いままで試合の15分前に来て終わったらさっと帰っていたお客さんが、2時間前から集まりだし、終わって1時間半スタジアムに残るようになったそうです。そして調べたら100マイルより遠くからのお客様の割合が10％だったのが55％になったと。

つまり、あれだけサッカーが好きなイタリア人でも、サッカーの試合を観るためだけに100マイルは来ないが、半日過ごせる場所があると100マイルでも来るということです。そういうサッカーの試合をするだけではなく、半日過ごせる複合型スタジアムにしたなら人が集まり、交流人口が増え、関係人口が増え、最終的に定住人口が増えるというようなことになるのではないだろうか。

こんな夢を語っていました。

すると全国からクラブに人が集まってきて、お金も集まってきました。

そして現実に、スタジアムというものがなかった今治に、J3に入るために必要な5000人のスタジアムが建ちました。日本一安い質素なスタジアムですが、Jリーグで3つ目の公共のお金の入っていない民設民営のスタジアムであり、唯一の大企業がついていないサッカー専用スタジアムです。

そのスタジアムのオープニングには5241人のお客様に来ていただきました。今治でサッカー専用スタジアムなんか絶対にできない。できても5000人のお客さんなんか絶対に入らないといわれてきました。私は夢を語っていただけですが、その夢が達成されました。

2014年最初に今治に行ったとき、今治の人々にどうしても受け入れてもらえませんでした。駅でビラも配りました。自分の車にポスターを貼って走りました。でもダメでした。

「どうせすぐに帰るのだろう」「骨埋めるつもりあるのか？」

私を含めほとんどの社員が今治以外から集まっていましたが、あるとき夜遅く事務所で、「今治に来て2年になるけど、今治人の友達いる奴いるか？」と聞いたら誰もいませんでした。

そうか、試合を見に来てくださいというのではなく、我々が行かなければいけないんだと気づきました。残業は20時までにして街に出てフットサルのクラブに入ったりして友達づくりを始めました。

それ以外にもお年寄りに困ったことがあったら何でもいってください、我々の育成の子供とコーチでお手伝いしますという「孫の手活動」。全国の高校生や大学生が集まって地域課題解決のワークショップを行う「Bari Challenge University」。しまなみの自然を活かした8泊9日無人島体験などの「野外体験教育」や「環境教育」など、サッカー以外のいろいろなことをやりました。そういう積み重ねで少しずつ認めていただけるようになりました。

2018年のシーズン、最終戦でJリーグに昇格できないことが決まりました。

スポンサーも逃げるだろうし、批判を受けるだろうと思っていたのが、まったくの逆で「来年は絶対に上がるぞ」と自分ごとになり、「スポンサー料上げるからもっといい選手とれ」、そして最後には考えられないような金額を寄付したいと一人の女性が事務所にやってきました。

今治が動き出した手応えを感じました。そして、昨年（２０１９年）、念願のＪリーグ入りを果たしました。

次はＪ2、Ｊ1仕様のスタジアムを建てなければなりません。

今度は最低でも30億〜40億円かかります。そんな大金はないし、くれる人もいません。そうするとスタジアムや周りでの事業に投資をしてもらわないといけません。いまの今治にどこか1社に投資をお願いしても見向きもしてもらえないでしょう。

でもラスベガスは砂漠の中につくられました。おそらくひとつの会社に砂漠に投資しませんかといっても誰もしなかったでしょう。ひとつのストーリーのもとに数社で一緒に投資することによってブランド価値が生まれ、乗り遅れまいと他の資本が集まってきたのだと思います。

今治も同じです。そのストーリーを「Bari Healing Village」と呼んでいます。

これからＡＩやＩｏＴが進化し、人間がナビに従うようにＡＩに判断を委ねて生きていく時代が来るでしょう。そのときに人間は必ず人間性を取り戻そうとすると思います。それはテクノロジーやＡＩの力でより便利快適になる「幸せ」だけではなく、困難を乗り越えたり、人と信頼し合う絆ができたりという「幸せ」を掴むことだと思います。その後者の「幸せ」

を我々のスポーツは提供できるのです。

この新スタジアムのエリアは、スポーツ、健康、教育をテーマとしたいろいろな施設、サービスを備え、そこで人間性を取り戻す、心の豊かさを取り戻す場所になるのです。そして、そのエリアの中心にあるスタジアムは、コンクリートでつくったら後は朽ちていくだけというのではなく、どんどん緑豊かになり人々の心の拠り所となる「里山スタジアム」になるのです。

こんな妄想に近いストーリーを語っていたら、市から土地の無償貸与が決まり、採算度外視で一緒にやろうといってくださる設計会社、工事業者が集まってきました。そして、一番重要な資金調達も先は見えてきました。きっと建ちます。

そしてこの今治が活気に満ち、笑顔が溢れる、みんなが来たくなる町になっている姿が私には見えます。

地方創生とは仕事をつくったりすることも大切ですが、一番は人の心を動かすことなのかもしれません。

FC今治　**岡田　武史**

◉おわりに

日本が、経済的にも精神的にも豊かになっている世界をつくろう

M&A思考は、経営者の視点を持たなければできないことである。M&Aはいまや経営者としての必須科目といえる。FC今治の岡田さんは、まさにM&A思考（最高の協調戦略）を持った経営者で、新しい志で、経済的にも精神的にも豊かな会社を今治でつくっている最中である。私の経験から、「M&Aを決断できる経営者はとにかく魅力的」だと感じている。新しいことが好きで、現状に満足せず、自社だけでなく業界を変えていこうという思考を持っている。

たとえば、東証一部に上場している株式会社SHIFTは、2014年上場時の時価総額が34億円、初値時が158億円だったが、いまや約1500億円になっている。これだけの成長力があるのは、業界全体をよくしていこうという意思があるからだ。時価総額1000億円とは業界へのインパクトがないと達成できない株価だ。こういった株価がついているのは、創業経営者である丹下大社長が「魅力的だから」という一言に尽きる。

会社員でも、同じ会社の中で不毛な戦いを挑んでいる方が多いのではないかと思う。同じような仕事を、違う部署でやっていたりして、目線が業界全体どころか社内にも向いていない。ルーティンの仕事で、毎年同じようなことをして過ごしている。新しい人に出会ったり、新しいことに取り組んだりせず、魅力をなくしてしまっていないだろうか。そうしていると、経済的な意味だけでなく、精神的にも豊かさをなくしてしまう可能性がある。

弁護士や公認会計士、医者などのプロフェッショナルも、スポーツ選手も、M&A思考が必要だと考えている。プロフェッショナル出身で上場する会社もずいぶん増えてきた。もちろん、スポーツチームでもFC今治の岡田さんのように、選手、監督出身でありながら、経営的な視点を持った「経営者」として活躍する魅力的な人物が増えてきた。本田圭佑や長友佑都などのサッカー選手も起業家・投資家として活躍し始めている。

海外のスポーツ選手には経営者が多いが、日本はこれからだ。「人手不足」といわれるが、日本から急に労働者が減った訳ではない。人口が減れば、お客さんも減り、適正な規模になっていくはずだ。いまも人気企業には採用希望者が殺到している。それは、つまり一緒に働きたいと思わせるような魅力的な経営者がいるかどうかにかかっている。岡田さんが魅力的な経営者だからこそ、FC今治には、優秀で魅力的な経営メンバー、選手、スタッフが集まってきているのだ。それも、東京から地方に集まってきている。

日本は、可能性に満ちた国だ。人口増加、成長が著しいASEANの近くであり、文化的にも宗教的にもバッティングする国は少ない。ビジネスだけでなく、教育や食事、スポーツなどの分野でもインフラを整備しやすく、世界のリーダーとなれる分野がたくさんある。

日本は、戦後経済的に復興し、躍進を遂げた。これは、偉大な創業者が夢やビジョンをもってソニーやホンダを立ち上げ、大企業に育て上げたからだ。1980年代に日本が「経済的に」成功した大きな要因は、「真似る」ことが得意だったからではないだろうか。

当時の日本は人口ボーナス期で、ひたすら人口が増える一方であり、大量生産・大量消費が日本の経済水準を底上げした。こうした右肩上がりの時代においては、同じような客層に、似たような商品を提供し、改善を重ねることで成長するというモノカルチャー的な経済行動が、成長の源泉となった。

しかし、時代は変わった。日本は成熟したマーケットとなり、競争は激化していった。ライフスタイルは多様化し、細分化されたマーケットで勝ち抜くには、画一的な製品では通用しなくなった。中国は安価な商品を、アメリカはイノベーティブなものを、ヨーロッパは伝統的な重みのあるブランドで市場を勝ち抜いている。価値観は大きく変わり、お金でモノを買うことがすべてであった世代から、時間や体験を重要視する世代に移り変わっている。さらに、人口減少時代となり、国内では農業をはじめとする「既得権益」が成長を阻害し始めている。

多くの日本企業は「過去からの延長」にとらわれ、イノベーションが起きなくなり失速していった。競争ではなく、協調して次のステップに進むべき時代だ。M&Aという手法は、企業同士が手を組み、一緒になって新しいビジネスを始めたり、より大きなビジネスに挑戦したりするための手段だ。とくに、国内で戦うのではなく、世界に出るために必須のツールといえる。

企業だけでなく、個人にも「M&A」思考は重要だ。「過去からの延長」にとらわれることなく、あるいは、自分の力だけで挑戦するのではなく、複数で知恵を出し合って、協力してやっていけば新しい道が開けるはずだ。

伊勢神宮は、1300年にわたり、20年ごとに式年遷宮が行われ、社殿や神宝を新しくつくりかえてきた。新築マンションの価値は、物質的には建てた時点から下落していく一方だが、伊勢神宮の価値は年々増すばかりである。守ることと同時に新しくしていくことで、永く本質的な価値が保たれているからだ。

「歴史が大切にされているという精神的な価値」と、常に新しい状態を保つという「高度な技能による物質的な価値」の両輪によって、多くの人の拠り所となり得る「本質的な価値」を守り続けているのだ。M&Aで老舗企業が上場企業に売却するケースなどは、こういった「守ること」と「新しくアップデートすること」の両方を実現するための魔法のようなものだ。

今後、日本の時価総額トップ10に新しい企業が入り、新しいサービスが日本から世界に広まっていくことを期待したい。

そのためにも、M&A思考をあらゆる人が意識する世の中になってほしい。そして、日本の企業が過去からの延長に甘んじることなく、志と本質的な価値を追求し、物質的にも精神的にも豊かな社会となる世界をつくっていきたいと願っている。

渡部　恒郎

竹葉　聖（業界再編部　ベンチャー企業サポート室　マネージャー）
公認会計士試験合格後、監査法人トーマツを経て、日本M&Aセンターに入社。前職での会計知識と、IT業界についての知見をもとにM&A業界で最もITソフトウェア業界のオーナーと接触しIT業界のM&A業務に注力している。当社、ベンチャー企業サポート室のマネージャーを兼任。

田中　菖平（業界再編部　IT業界支援室　マネージャー）
上智大学経済学部卒業後、日本M&Aセンター入社。業界特化型の業界再編部の立ち上げ時から在籍。ITソフトウェア業界を専門とし、豊富な成約実績を持つ。

高山　義弘（業界再編部　建設業界支援室　マネージャー）
同志社大学商学部卒業。在学中に外食事業会社の取締役として8年間経営に携わる。2012年公認会計士試験合格後、大手監査法人にて外資証券会社及び国内PEファンドの財務監査及び内部統制助言業務に携わる。その後大手M&Aアドバイザリー会社を経て日本M&Aセンターに入社し、建設業界のM&A成約に取り組む。AIベンチャー企業とJFEエンジニアリングのM&A、上下水道工事会社とミライトのM&Aを手掛けた。

白鳥　雄飛（業界再編部　食品業界支援室　マネージャー）
東京工業大学卒業後、東京大学大学院理学系研究科修了。リクルートで法人営業に従事した後、日本M&Aセンターへ入社。入社以来、主に外食企業を中心にM&A支援に取り組んでいる。

松岡　弘仁（業界再編部　食品業界支援室　マネージャー）
東京大学法学部卒業後、日本M&Aセンターに入社。入社以来、食品業界を専門として、外食業、食品卸業などのM&Aに取り組む。

寺田　俊平（業界再編部　調剤薬局支援室　マネージャー）
早稲田大学政治経済学部卒業後、三菱UFJ銀行を経て、日本M&Aセンターに入社。調剤薬局担当として西日本を中心にM&A支援に取り組んでいる。

沖田　大紀（業界再編部　調剤薬局支援室　マネージャー）
青山学院大学経済学部卒業後、大和証券を経て、日本M&Aセンターに入社。入社以来、調剤薬局担当として東日本を中心にM&A支援に取り組んでいる。

【制作協力】
今井進一／小林大河／原佑輔／田島聡士／永田雄嗣／室井優太郎／木藤直樹／江幡誠／戸塚直道／渡邉智博／河田航佑／立松裕規／石本翔／山本健／岡部康徳／横倉有紀／藤川祐喜／龍高志／植野瑠衣／香取薫

【執筆協力】
株式会社日本M&Aセンター

山本　夢人（業界再編部　調剤薬局支援室長　兼物流業界支援室長）
東京大学工学部卒業。野村證券を経て、土木資材メーカーの副社長として経営に参画後、日本M&Aセンターに入社。経営者としての経験をもとに中小企業オーナーの立場に立ったM&Aを提案。現在は調剤薬局支援室長と物流業界の責任者を兼任している。

瀬谷　祐介（業界再編部　IT業界支援室長）
外資系金融機関を経て、日本M&Aセンターに入社。業界再編部の立ち上げメンバーであり、現在はIT業界の責任者として、中小零細企業から、上場企業まで数多くの友好的なM&A、事業承継を実現している。これまで主担当として50件以上を成約に導いており国内有数のM&Aプレイヤーの1人である。東芝情報システムとデンソーとの資本提携等を手掛けた。

江藤　恭輔（業界再編部　食品業界支援室長）
青山学院大学法学部卒業後、大手金融機関での法人営業を経て2015年に日本M&Aセンターに入社。食品業界を専門として製造業、小売業、外食業などのM&Aに取り組む。17年は「丸亀製麺」を展開するトリドールHDと「晩杯屋」のアクティブソース、「ラー麺ずんどう屋」を展開するZUNDのM&Aを手掛けた。

太田　隼平（業界再編部　製造業界支援室　マネージャー）
京都大学経済学部を卒業後、キーエンスでセールスエンジニアの経験を経て、日本M&Aセンターに入社。ITソフトウェア業界と製造業を専門とし、地域問わず中堅・中小企業の事業承継及び成長戦略に関するコンサルティング業務に注力している。

山田　紘己（業界再編部　住宅・不動産業界支援室長　兼調剤薬局支援室　マネージャー）
慶應義塾大学商学部、米国コロラド大学ビジネススクールを経て日本M&Aセンター入社。業界再編部の立ち上げに参画。以来、業界再編業種を中心に、幅広い業界でM&Aを支援。現在は、住宅・不動産業界チームに所属し、同業界に係る数多くのM&Aに取り組む。

【著者紹介】
渡部恒郎（わたなべ　つねお）
株式会社日本 M&A センター 上席執行役員
業種特化事業部長 兼 業界再編部長
1983年大分生まれ、大阪育ち。京都大学経済学部卒業。在学中に入社したベンチャー企業で No.2となり、関連会社を設立し、取締役に就任。
卒業後、日本 M&A センター入社。2008年から2015年までの 8 年間で最優秀社員賞を 3 度受賞。100件を超える M&A を成約に導き、中堅・中小企業 M&A の No.1 コンサルタントとして M & A 業界を牽引してきた。業界再編 M&A の第一人者。業界再編部を立ち上げ、わずか 3 年後、11名で売上29億円の部署に育て上げ、2019年には同社内で最大の部署となる。2017年同社最年少で執行役員就任、2018年に現職就任。代表的な成約案件であるトータル・メディカルサービスとメディカルシステムネットワークの TOB は日本の株式市場で最大のプレミアムがついた（グループ内再編を除く）。著書の『業界メガ再編で変わる10年後の日本 中堅・中小企業 M&A が再編の主役だ』（東洋経済新報社）は amazon 総合 1 位のベストセラーとなる。

M&A思考が日本を強くする

2020 年 4 月 2 日発行

著　者――渡部恒郎
発行者――駒橋憲一
発行所――東洋経済新報社
〒103-8345　東京都中央区日本橋本石町 1-2-1
電話＝東洋経済コールセンター　03(6386)1040
https://toyokeizai.net/

装丁・ＤＴＰ…村上顕一
印刷・製本……藤原印刷
Printed in Japan　　ISBN 978-4-492-96176-6